最新段階式

簿記検定問題集

全商 3級

実教出版

本書の内容と利用のしかた

本書は，簿記の学習に取り組み，全商簿記実務検定試験をめざすみなさんが，簿記の知識を確実に身につけ，検定試験の出題形式や傾向を的確にとらえられるよう編集された問題集です。

簿記の学習は決してむずかしいものではありませんが，しっかりと自分のものにするためには，実際に問題にぶつかり解決していく努力を積み重ねることが必要です。

本書は，長年，簿記教育にたずさわってきた現場の教師陣が，平素の指導を通じて体得したものを十分に織り込んで編集したものです。日頃の学習に，検定試験のチャレンジに，大いに活用してください。

本書には以下のような特色があります。

(1) 各種の簿記教科書を分析し，学習項目を網羅するとともに，どの教科書とも併用できるよう配列を工夫しました。

(2) 検定試験の出題範囲・傾向を分析し，各項目のなかに，的確なまとめと問題を収載しました。

(3) 各項目の問題は，原則として，基本問題―練習問題―検定問題の配列とし，基本的な問題から，段階をおって程度の高い問題へと進めるようにしました。

[内　容]

●要点の整理……各項目の学習事項を要約し，的確につかめるようにしました。また，適宜，例題をもちいることによって，取引の流れのなかでスムーズに理解できるようにしました。

●基本問題……各項目のもっとも基本的な学習要素について問う問題を出題しました。いきなり問題に入っても戸惑うことのないよう，適宜，本文中に解法のポイントを示しました。

●練習問題……基本問題からステップアップし，検定出題レベルの問題につなげるための問題を出題しました。重要な項目では，いろいろなパターンの問題を練習できるようにしました。

●検定問題……全商簿記実務検定試験の過去の出題問題を，各項目ごとに分類し，出題しました。なお，範囲の関係で，実務検定試験問題の一題全部を出題できないときは部分的に示し，その傾向がわかるようにしました。

●全商検定試験出題形式別問題……検定試験の出題傾向を分析して，全範囲から作問した程度・内容が同じ問題を多数出題しました。

●日商ではこうでる！……日商の試験にもチャレンジしたい人に向け，発展的な学習として「日商ではこうでる」を掲載しました。

◇解答編……別冊。解答にいたる過程の説明や注意事項を詳しく示しました。

簿記は，暗記科目ではありません。
簿記は，理解の科目です。考える科目です。
このことを理解し，簿記特有の考え方や組み立てを身につけ，十分な実力を養成してください。
みなさんの努力が実を結び，検定試験合格の栄冠を得られることを期待しています。

執筆者一同

もくじ

簿記の基礎

取引の記帳

決　算

伝票・その他

全商検定試験出題形式別問題

日商ではこうでる！

●付　録

1 資産・負債・純資産と貸借対照表

要点の整理

① 資　産

企業の経営活動に必要な現金・商品・建物・備品・土地などの財貨や，売掛金・貸付金など，後日一定金額を受け取る権利（債権）を**資産**（assets）という。

② 負　債

買掛金・借入金など，企業が将来一定の金額を支払わなければならない義務（債務）を**負債**（liabilities）という。

③ 純資産

資産の総額から負債の総額を差し引いた金額を**純資産**（net assets）といい，簿記ではこの純資産の額を**資本**（capital）という。これは次の資本等式によって示すことができる。

資　産　－　負　債　＝　資　本

④ 貸借対照表

企業の一定時点における財政状態を明らかにするために，資産・負債・資本（純資産）を記入した表を，**貸借対照表**（Balance Sheet；B/S）という。

貸　借　対　照　表

札幌商店　　　　令和○年/月/日　　　　（単位：円）

資　　産	金　　額	負債および純資産	金　　額
現　　金	20,000	借　入　金	10,000
商　　品	10,000	資　本　金	220,000
備　　品	200,000		
	230,000		230,000

〔貸借対照表の作成上の留意点〕
①企業名を記入する。
②作成年月日を記入する。
③左側には資産の各項目を記入し，右側には負債・資本の各項目を記入する。
④資本は「資本金」として表示する。

貸借対照表は，次の貸借対照表等式によって示すことができる。

資　産　＝　負　債　＋　資　本

上記の札幌商店の資産・負債・資本を貸借対照表等式にあてはめると，次のとおりである。

¥230,000（資産）＝¥10,000（負債）＋¥220,000（資本）

⑤ 財産法による純損益の計算

会計期間の初めを**期首**，終わりを**期末**といい，個人企業では期首は/月/日であり，期末は/2月3/日である。

純損益は期末の資本と期首の資本を比較して求めることができる。この計算方法を**財産法**という。

期末資本　－　期首資本　＝　当期純利益（マイナスの場合は当期純損失）

期末に作成する貸借対照表の資本は，期首の資本金と当期純利益に分けて，次のように表示する。

貸　借　対　照　表

札幌商店　　　　令和○年/2月3/日　　　　（単位：円）

資　　産	金　　額	負債および純資産	金　　額
現　　金	1,000	買　掛　金	10,000
売　掛　金	9,000	借　入　金	8,000
商　　品	18,000	資　本　金	220,000
備　　品	218,000	当期純利益	8,000
	246,000		246,000

期末資産　＝　期末負債　＋　期首資本　＋　当期純利益

基本問題

1-1 次の各項目を，資産・負債・資本に分類しなさい。

買掛金　現金　売掛金　借入金　貸付金
商品　備品　資本金　建物　土地

資産	
負債	
資本	

ポイント 資産は商売に役立つもの，あるいは，たくさんあったほうがうれしいものという見方で判断してみよう。

1-2 次に示す資産や負債を簿記では何というか，解答欄に記入しなさい。

(1) 商品を掛けで売り上げたときに生じる債権
(2) 商品を掛けで仕入れたときに生じる債務
(3) 所有する金銭など
(4) 現金を貸し付けたときに生じる債権
(5) 現金を借り入れたときに生じる債務
(6) 販売するために所有する物品
(7) 営業に用いる建物などの敷地
(8) 営業に用いる机・いす・金庫・事務機器・陳列ケースなど
(9) 営業に用いる店舗・事務所など

(1)		(2)		(3)		(4)	
(5)		(6)		(7)		(8)	
(9)							

1-3 青森商店の期首（令和○年／月／日）の資産と負債によって貸借対照表を完成しなさい。

令和○年／月／日の資産と負債

現金 ¥ 90,000　商品 ¥430,000　備品 ¥280,000　借入金 ¥200,000

貸借対照表

青森商店　令和○年(　)月(　)日　(単位：円)

資産	金額	負債および純資産	金額
現金	(　)	(　)	(　)
(　)	(　)	(　)	(　)
(　)	(　)		
	(　)		(　)

ポイント 資本金は資本等式を用いて計算する。資産¥800,000－負債¥200,000＝資本¥600,000

1-4 前問1-3の青森商店の期末（令和○年12月31日）における資産と負債は，次のとおりであった。よって，貸借対照表を作成しなさい。

令和○年12月31日の資産と負債

現　金 ¥150,000　売掛金 ¥960,000　商　品 ¥540,000　備　品 ¥250,000
買掛金 870,000　借入金 200,000

貸借対照表

(　　　)商店　令和○年(　)月(　)日　(単位：円)

資産	金額	負債および純資産	金額

ポイント 期末資本¥830,000は，期首の資本金と当期純利益とに分けて表示する。

1-5 秋田商店の期末（令和○年12月31日）における資産と負債は，次のとおりであった。よって，貸借対照表を作成しなさい。なお，期首の資本金は¥550,000であった。

現　金 ¥ 90,000　売掛金 ¥260,000　商　品 ¥470,000
備　品 200,000　買掛金 220,000　借入金 200,000

貸借対照表

(　　　)商店　令和○年(　)月(　)日　(単位：円)

資産	金額	負債および純資産	金額

練習問題

1-6 岩手商店は，令和○年1月1日に現金¥700,000と商品¥300,000を出資して，商品売買業を開始した。同年12月31日の資産および負債は，次のとおりであった。

現　金 ¥250,000　売掛金 ¥510,000　商　品 ¥740,000
備　品 400,000　買掛金 340,000　借入金 300,000

(1) ① 期首資本，② 期末資産，③ 期末資本，④ 当期純損益の額を求めなさい。
(2) 貸借対照表を作成しなさい。

(1)

① 期首資本	② 期末資産	③ 期末資本	④ 当期純損益
¥	¥	¥	純利益 純損失 ¥

(注) ④の純利益または純損失のいずれかを○で囲む。

(2)

貸借対照表

(　　　)商店　令和○年(　)月(　)日　(単位：円)

資産	金額	負債および純資産	金額

1-7 宮城商店（決算年1回　12月31日）の期首と期末の資産および負債は下記のとおりであった。よって，期首と期末の貸借対照表を作成しなさい。

期首の資産・負債

現　　金	¥ 800,000	売 掛 金	¥ 300,000	商　　品	¥1,200,000
貸 付 金	200,000	買 掛 金	500,000		

期末の資産・負債

現　　金	¥ 500,000	売 掛 金	¥ 600,000	商　　品	¥1,100,000
建　　物	3,000,000	備　　品	800,000	土　　地	4,000,000
買 掛 金	900,000	借 入 金	6,800,000		

貸　借　対　照　表

(　　　　)商店　　　令和○年(　　)月(　　)日　　　(単位：円)

資　　産	金　　額	負債および純資産	金　　額

貸　借　対　照　表

(　　　　)商店　　　令和○年(　　)月(　　)日　　　(単位：円)

資　　産	金　　額	負債および純資産	金　　額

1-8 次の空欄のなかに，あてはまる金額を計算しなさい。

	期首資産	期首負債	期首資本	期末資産	期末負債	期末資本	当期純利益	当期純損失
(1)	750,000	300,000		960,000	310,000			／
(2)		240,000		890,000		540,000	／	160,000
(3)	960,000		710,000		220,000	900,000		／

2 収益・費用と損益計算書

要点の整理

① 収益

企業の経営活動によって，資本が増加する原因を**収益**（revenues）という。収益には，商品売買益・受取手数料・受取利息などがある。

② 費用

企業の経営活動によって，資本が減少する原因を**費用**（expenses）という。費用には，給料・広告料・交通費・通信費・支払家賃・水道光熱費・雑費・支払利息など多数ある。

③ 損益法による純損益の計算

一会計期間の収益の総額から費用の総額を差し引いて純損益を計算する方法を**損益法**という。

収益総額 － 費用総額 ＝ 当期純利益（マイナスの場合は当期純損失）

④ 損益計算書

企業の一会計期間の経営成績を明らかにする表を**損益計算書**（Profit and Loss Statement；P/L または Income Statement；I/S）という。

損益計算書

札幌商店　　令和○年1月1日から令和○年12月31日まで　　（単位：円）

費用	金額	収益	金額
給料	13,000	商品売買益	30,000
広告料	5,000	受取手数料	5,000
支払家賃	8,000		
支払利息	1,000		
当期純利益	8,000		
	35,000		35,000

〔損益計算書の作成上の留意点〕

①企業名を記入する。

②会計期間を記入する。

③左側には費用の各項目を記入し，右側には収益の各項目を記入する。

④当期純利益が生じたときは左側に，当期純損失が生じたときには右側に記入する。

損益計算書は，次の損益計算書等式によって示すことができる。

費用総額 ＋ 当期純利益 ＝ 収益総額

上記の札幌商店の収益・費用を損益計算書等式にあてはめると，次のとおりである。

¥27,000（費用）＋¥8,000（当期純利益）＝¥35,000（収益）

⑤ 貸借対照表と損益計算書の関係

貸借対照表は財産法による純利益の表示であり，損益計算書は損益法による純利益の表示である。純利益（または純損失）の金額は，どちらの方法で計算しても同一の金額となる。

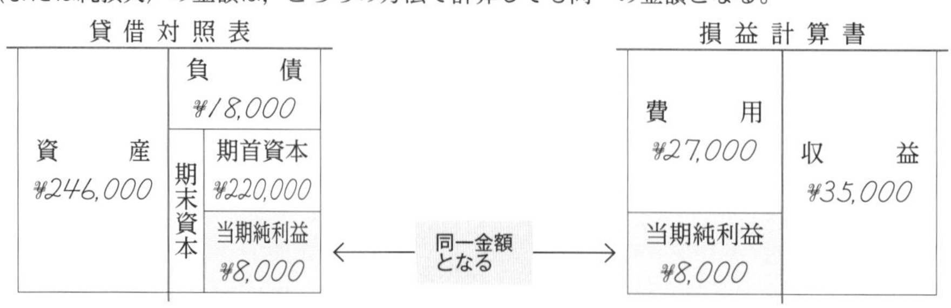

基本問題

2-1 次の各項目を，収益と費用に分類しなさい。

給　　料　　広 告 料　　商品売買益　　支 払 家 賃　　通 信 費
交 通 費　　受取手数料　　雑　　費　　支 払 利 息　　受 取 利 息

収　　益	
費　　用	

ポイント 項目の名称に「受取」や「益」がつくと一般的には収益に分類され，「支払」や「損」・「費」などがつくと費用に分類される。

2-2 次に示す収益や費用を簿記では何というか，解答欄に記入しなさい。

(1) 商品の売上価額から商品の仕入価額を差し引いた金額
(2) 従業員などに支払う給与
(3) 新聞・ちらし・テレビなどへの広告代金
(4) 商品売買の仲介などで受け取った手数料
(5) 店舗や事務所として借りた建物の賃借料
(6) 店舗や事務所などの敷地の賃借料
(7) 電話料・郵便切手代・インターネットの接続料など
(8) 所有する建物を貸して受け取った家賃
(9) 帳簿・伝票・コピー用紙などの事務用品代金など
(10) 店舗の火災などに備えてかける保険の料金
(11) 店舗の照明器具の取り替えや備品などの修繕の費用
(12) 水道料・電気料・ガス代など
(13) バス代・電車賃・タクシー代など
(14) 貸付金や預金などで受け取った利息
(15) 特定の項目に入らない営業諸費用
(16) 借入金に対して支払った利息

(1)		(2)		(3)		(4)	
(5)		(6)		(7)		(8)	
(9)		(10)		(11)		(12)	
(13)		(14)		(15)		(16)	

2-3 山形商店の令和○年1月1日から令和○年12月31日までの収益と費用は，次のとおりであった。よって，損益計算書を完成しなさい。

商品売買益 ¥940,000　　受取手数料 ¥ 30,000　　給　　料 ¥380,000
広 告 料 170,000　　支 払 家 賃 240,000　　支 払 利 息 20,000

損　益　計　算　書

(　　　)商店　令和○年(　　)月(　　)日から令和○年(　　)月(　　)日まで　　(単位：円)

費　　用	金　　額	収　　益	金　　額
給　　料	(　　　)	(　　　)	940,000
(　　　)	170,000	受 取 手 数 料	(　　　)
支 払 家 賃	(　　　)		
(　　　)	20,000		
(　　　)	(　　　)		
	(　　　)		(　　　)

ポイント 収益総額から費用総額を差し引いて当期純利益を求める。

2-4 宮城商店の令和○年1月1日から同年12月31日までの収益・費用は，次のとおりである。

収益および費用

商品売買益	¥794,000	受取手数料	¥126,000	受取利息	¥35,000	給料	¥487,000
広告料	139,000	支払家賃	168,000	雑費	74,000	支払利息	25,000

(1) ① 収益総額，② 費用総額，③ 当期純損益の額を求め，(2) 損益計算書を作成しなさい。

(1)

①	収益総額 ¥	②	費用総額 ¥	③	当期純損益の額 純利益 純損失 ¥

（注）③の純利益または純損失のいずれかを○で囲む。

(2)

損　益　計　算　書

(　　　　)商店　令和○年(　　)月(　　)日から令和○年(　　)月(　　)日まで　(単位：円)

費　用	金　額	収　益	金　額

ポイント 収益総額－費用総額＝当期純利益（マイナスのときは当期純損失）の計算式を利用する。

練習問題

2-5 福島商店の期末（令和○年12月31日）の資産と負債，および期間中（令和○年1月1日から令和○年12月31日まで）の収益と費用は次のとおりであった。

期末の資産と負債

現金	¥374,000	売掛金	¥682,000	商品	¥563,000
備品	300,000	買掛金	519,000	借入金	200,000

期間中の収益と費用

商品売買益	¥1,170,000	受取手数料	¥134,000	給料	¥750,000
広告料	158,000	支払家賃	180,000	支払利息	16,000

(1) ① 期末資本，② 当期純損益，③ 期首資本の額を求めなさい。

(2) 貸借対照表および損益計算書を作成しなさい。

(1)

①	期末資本 ¥	②	当期純(　　　) ¥	③	期首資本 ¥

(2)

貸　借　対　照　表

(　　　　)商店　(　　　　　　　　)　(単位：円)

資　産	金　額	負債および純資産	金　額

損益計算書

(　　　　　)商店　　(　　　　　　　　　　　　)　　(単位：円)

費用	金額	収益	金額

2-6 次の空欄のなかに，あてはまる金額を計算しなさい。

	期首資本	期末			収益総額	費用総額	当期純利益	当期純損失
		資産	負債	資本				
(1)			390,000	540,000	680,000		／	90,000
(2)	720,000	1,580,000				650,000	260,000	／
(3)	700,000		350,000	845,000	875,000			／

検定問題

2-7 次の各問いに答えなさい。

(1) 甲府商店（個人企業）の下記の資料によって，次の金額を計算しなさい。（第90回）

a．期間中の収益総額　　b．期末の負債総額

資　料

i　期間中の費用総額　¥6,692,000
ii　当期純利益　¥240,000
iii　期首の資産総額　¥5,120,000
iv　期首の負債総額　¥1,940,000
v　期末の資産総額　¥5,500,000

a	¥	b	¥

(2) 次の各文の［　　］に入る金額を求めなさい。（第89回）

a．徳島商店（個人企業）の当期の収益総額が¥1,175,000で，当期純利益が¥38,000であるとき，当期の費用総額は［ ア ］である。

b．愛媛商店（個人企業）の期首の資産総額は¥3,180,000 負債総額は¥2,246,000であった。当期純利益が¥210,000で，期末の負債総額が¥2,546,000であるとき，期末の資産総額は［ イ ］である。

ア	¥	イ	¥

(3) 南北商店（個人企業）の下記の資料によって，次の金額を計算しなさい。（第88回）

a．期間中の費用総額　　b．期末の資産総額

資　料

i　期間中の収益総額　¥6,419,000
ii　当期純損失　¥537,000
iii　期首の資産総額　¥3,460,000
iv　期首の負債総額　¥1,182,000
v　期末の負債総額　¥1,428,000

a	¥	b	¥

(4) 次の各文の［　　］に入る金額を求めなさい。（第87回）

a．大分商店（個人企業）の当期の収益総額は¥4,270,000で，当期の費用総額が¥3,590,000であるとき，当期純利益は¥［ ア ］である。

b．鹿児島商店（個人企業）の期首の資産総額は¥4,380,000 負債総額は¥2,750,000であった。期末の資産総額は¥5,190,000で，この期間中の当期純利益が¥420,000であるとき，期末の負債総額は¥［ イ ］である。

ア	¥	イ	¥

3 取引と勘定

要点の整理

① 取　引

資産・負債・資本が増減することがら，および収益・費用が発生することがらを**取引**（transactions）という。

② 勘　定

資産・負債・資本の増加・減少や収益・費用の発生について，その内容を明らかにするために設けられた記録・計算の単位を**勘定**（account；a/c）という。また，勘定につけた名称を**勘定科目**という。

- 勘定
  - 貸借対照表に属する勘定
    - **資産の勘定**……現金・売掛金・商品・貸付金・建物・備品・土地など
    - **負債の勘定**……買掛金・借入金など
    - **資本の勘定**……資本金など
  - 損益計算書に属する勘定
    - **収益の勘定**……商品売買益・受取手数料・受取利息など
    - **費用の勘定**……給料･広告料･支払家賃･通信費･消耗品費･支払利息など

③ 勘定口座

それぞれの勘定の増減を記録・計算するために設けられた帳簿上の場所を**勘定口座**という。

勘定口座の形式には，**標準式**と**残高式**がある。学習の便宜上略式のＴ字形を用いることが多い。

簿記では，左側を**借方**（debit，debtor；Dr.），右側を**貸方**（credit，creditor；Cr.）という。

〔標準式〕　　現　　金　　1

令和○年		摘　要	仕丁	借　方	令和○年		摘　要	仕丁	貸　方

〔残高式〕　　現　　金　　1

令和○年		摘　要	仕丁	借　方	貸　方	借または貸	残　高

④ 勘定口座の記入法

貸借対照表の記入にしたがい，資産の増加は借方に，負債・資本の増加は貸方にそれぞれ記入する。減少はその反対側に記入する。

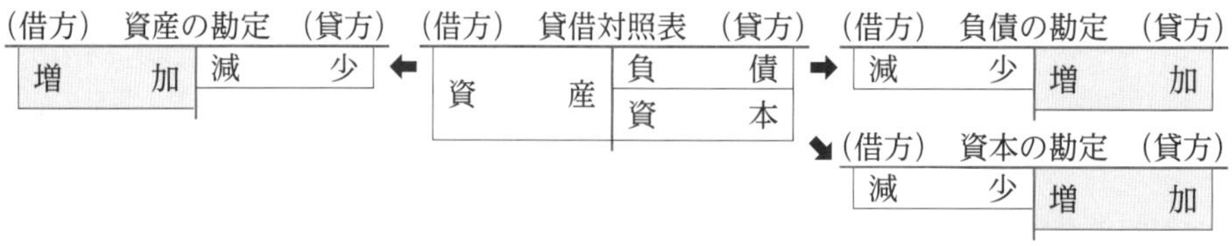

損益計算書の記入にしたがい，費用の発生は借方，収益の発生は貸方にそれぞれ記入する。

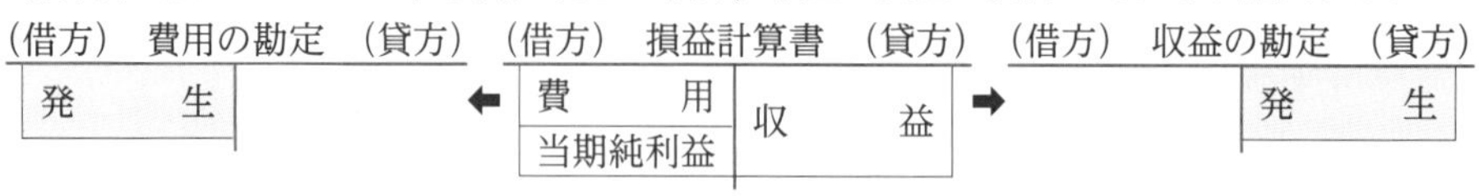

⑤ 取引要素の結合関係

取引を構成する要素を取引要素という。この結合関係は次のとおりである。

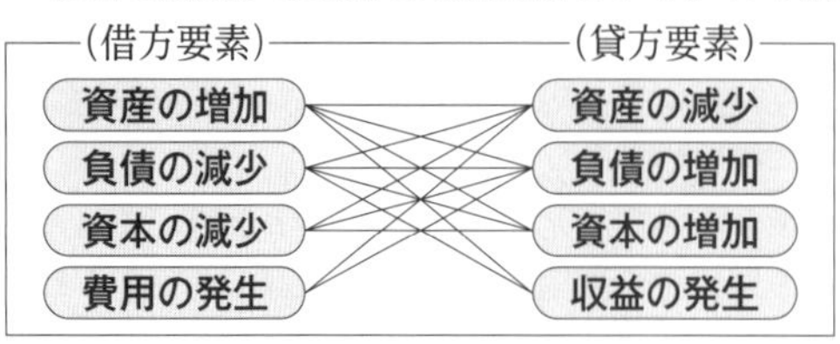

すべての取引は，左図の借方要素と貸方要素との組み合わせから成り立っている。一つの取引で借方が二つ以上，あるいは貸方が二つ以上の取引要素の結合もある。

基本問題

3-1 次の文は取引について説明したものである。空欄に入るもっとも適当な用語を答えなさい。

簿記において，資産・負債・資本を増減させることがらを［ ア ］という。また，収益が発生すると資本が増加し，費用が発生すると［ イ ］が減少するので，収益・費用の発生も［ ア ］である。なお，商品の盗難や建物の火災が起きたときも，資産・負債・資本が増減するので［ ア ］である。

ア		イ	

3-2 次の勘定科目について資産はA，負債はL，資本はC，費用はE，収益はRを記入しなさい。

(1) 給　　料　(2) 現　　金　(3) 広 告 料　(4) 売 掛 金　(5) 商品売買益
(6) 買 掛 金　(7) 支払家賃　(8) 商　　品　(9) 通 信 費　(10) 貸 付 金
(11) 受取手数料　(12) 借 入 金　(13) 資 本 金　(14) 消耗品費　(15) 建　　物
(16) 雑　　費　(17) 備　　品　(18) 支払利息

(1)	(2)	(3)	(4)	(5)	(6)	(7)	(8)	(9)
(10)	(11)	(12)	(13)	(14)	(15)	(16)	(17)	(18)

3-3 下記の取引について，取引要素の結合関係を考えて分解し，次の［例１］［例２］にならって解答欄に記入しなさい。

［例１］現金¥900,000の出資を受けて開業した。　［例２］給料¥200,000を現金で支払った。

(1) 商品¥60,000を仕入れ，代金は掛けとした。
(2) 手数料¥10,000を現金で受け取った。
(3) 備品¥500,000を購入し，代金は現金で支払った。
(4) 広告料¥20,000を現金で支払った。
(5) 買掛金¥60,000を現金で支払った。
(6) 原価¥40,000の商品を¥50,000で売り渡し，代金は現金で受け取った。
(7) 銀行から現金¥300,000を借り入れた。
(8) 原価¥70,000の商品を¥90,000で売り渡し，代金は掛けとした。
(9) 借入金¥300,000を現金で返済した。
(10) 支払利息¥2,000を現金で支払った。

［例１］	現　　金（ 資　産 ）の（ 増　加 ）	資 本 金（ 資　本 ）の（ 増　加 ）
［例２］	給　　料（ 費　用 ）の（ 発　生 ）	現　　金（ 資　産 ）の（ 減　少 ）
(1)	商　　品（ 資　産 ）の（　　）	買 掛 金（ 負　債 ）の（　　）
(2)	現　　金（ 資　産 ）の（　　）	受取手数料（ 収　益 ）の（　　）
(3)	備　　品（　　）の（　　）	現　　金（ 資　産 ）の（　　）
(4)	広 告 料（　　）の（　　）	現　　金（ 資　産 ）の（　　）
(5)	買 掛 金（　　）の（　　）	現　　金（ 資　産 ）の（　　）
(6)	現　　金（ 資　産 ）の（　　）	商　　品（ 資　産 ）の（　　） 商品売買益（　　）の（　　）
(7)	現　　金（ 資　産 ）の（　　）	借 入 金（　　）の（　　）
(8)	売 掛 金（　　）の（　　）	商　　品（ 資　産 ）の（　　） 商品売買益（ 収　益 ）の（　　）
(9)	借 入 金（　　）の（　　）	現　　金（ 資　産 ）の（　　）
(10)	支払利息（　　）の（　　）	現　　金（ 資　産 ）の（　　）

ポイント 資産の増加または減少から先に考えると分解しやすい。

練習問題

3-4 次の取引について取引要素の結合関係を考えて分解し，例にならって記入しなさい。

(例) 4月1日　現金¥500,000の出資を受けて，商品売買業を始めた。

4月 3日　商品¥270,000を仕入れ，代金は掛けとした。
　　 8日　原価¥140,000の商品を¥180,000で売り渡し，代金は掛けとした。
　　10日　備品¥320,000を購入し，代金は現金で支払った。
　　15日　商品売買の仲介をおこない，仲介手数料として現金¥60,000を受け取った。
　　18日　銀行から¥400,000を借り入れ，利息¥28,000を差し引かれて，残額を現金で受け取った。
　　25日　買掛金¥150,000を現金で支払った。
　　30日　店舗の家賃¥30,000を現金で支払った。

(例) 4月1日	現　　金(資　産)の増加	500,000	⟷	資　本　金(資　本)の増加	500,000
3日	(　　)	270,000	⟷	(　　)	270,000
8日	(　　)	180,000	⟷	(　　) (　　)	140,000 40,000
10日	(　　)	320,000	⟷	(　　)	320,000
15日	(　　)	60,000	⟷	(　　)	60,000
18日	(　　) (　　)	372,000 28,000	⟷	(　　)	400,000
25日	(　　)	150,000	⟷	(　　)	150,000
30日	(　　)	30,000	⟷	(　　)	30,000

3-5 前問3-4の取引の分解にもとづいて，4月1日の例にならって勘定口座に記入しなさい。

現　金

4/ 1　500,000	

売　掛　金

商　品

備　品

買　掛　金

借　入　金

資　本　金

	4/ 1　500,000

商品売買益

受取手数料

支払利息

支払家賃

4 仕訳と転記

要点の整理

① 仕　訳

取引について，勘定科目と金額を確定し，これを借方に記入するか，貸方に記入するか決めることを**仕訳**（journalizing）という。

例 4月26日　商品¥70,000を仕入れ，代金は現金で支払った。

勘定科目と金額の確定………商品　¥70,000　と　現金　¥70,000

借方と貸方の決定……………商品（資産）の増加は借方に記入，現金（資産）の減少は貸方に記入。

4/26（借）商　　品 70,000　　（貸）現　　金 70,000

② 転　記

仕訳した取引を勘定口座に記入することを**転記**（posting）という。

〔仕訳〕4/26（借）商　　品 70,000　　（貸）現　　金 70,000

① 商品勘定の借方に¥70,000を記入する

② 現金勘定の貸方に¥70,000を記入する

（借方）	商　品		（貸方）
4/26	70,000		

（借方）	現　金		（貸方）
		4/26	70,000

基本問題

4-1 次の取引の仕訳を示し，勘定口座に転記しなさい。

4月 6日　商品¥80,000を仕入れ，代金は掛けとした。

（借）	（貸）

商　　品

買　掛　金

10日　売掛金¥30,000を現金で受け取った。

（借）	（貸）

現　　金

売　掛　金

12日　広告料¥15,000を現金で支払った。

（借）	（貸）

広　告　料

現　　金

15日　原価¥50,000の商品を¥75,000で売り渡し，代金は現金で受け取った。

（借）	（貸）

現　　金

商　　品

商品売買益

ポイント「取引要素の結合関係」を考えて取引を分解する。

練習問題

4-2 次の取引の仕訳を示しなさい。

5月 1日 現金¥600,000の出資を受けて開業した。
2日 商品¥300,000を仕入れ，代金は掛けとした。
6日 銀行から現金¥200,000を借り入れた。
8日 備品¥280,000を購入し，代金は現金で支払った。
11日 商品¥260,000（原価¥200,000）を売り渡し，代金は掛けとした。
13日 買掛金の一部¥170,000を現金で支払った。
17日 商品売買の仲介をおこない，その手数料¥50,000を現金で受け取った。
20日 銀行に借入金の一部¥100,000とその利息¥7,000をともに現金で支払った。
25日 従業員に対して，本月分の給料¥130,000を現金で支払った。
31日 売掛金の一部¥140,000を現金で受け取った。

	借　　方	貸　　方
5/ 1		
2		
6		
8		
11		
13		
17		
20		
25		
31		

4-3 4-2の5月13日までの取引を，下記の勘定口座に転記しなさい。

現　　金

売　掛　金

商　　品

備　　品

買　掛　金

借　入　金

資　本　金

商品売買益

4-4 次の取引の仕訳を示し，各勘定口座に転記しなさい。

5月 1日 現金¥500,000の出資を受けて，商品売買業を開始した。
2日 商品陳列ケース，事務用机・いすなど備品¥300,000を買い入れ，代金は現金で支払った。
6日 商品¥400,000を仕入れ，代金は掛けとした。
9日 広告宣伝をおこない，広告料¥40,000を現金で支払った。
13日 商品¥390,000（原価¥300,000）を売り渡し，代金は掛けとした。
15日 商品¥300,000を仕入れ，代金のうち¥100,000は現金で支払い，残額は掛けとした。
18日 銀行から¥500,000を借り入れ，利息¥20,000を差し引かれ，現金¥480,000を受け取った。
22日 買掛金のうち¥270,000を現金で支払った。
25日 従業員に本月分の給料¥90,000を現金で支給した。

	借　方	貸　方
5/ 1		
2		
6		
9		
13		
15		
18		
22		
25		

現　金

売　掛　金

商　品

備　品

買　掛　金

借　入　金

資　本　金

商品売買益

給　料

広　告　料

支払利息

5 仕訳帳と総勘定元帳

要点の整理

① 仕訳帳と総勘定元帳

すべての取引の仕訳を発生順に記入する帳簿を**仕訳帳**（journal）という。また，すべての勘定口座を集めた帳簿を**総勘定元帳**（general ledger）（単に元帳ともいう）という。仕訳帳に記入した取引は，ここから総勘定元帳に転記する。

仕訳帳と総勘定元帳は，簿記のしくみを支えるうえで最低限必要な帳簿であるから，この二つの帳簿を**主要簿**という。

取　　引 —（仕訳）→ 仕　訳　帳 —（転記）→ 総勘定元帳

② 仕訳帳と総勘定元帳の記入法

仕　訳　帳　　　1

令和○年		摘　　要	元丁	借　方	貸　方
5	1	現　金	1	500,000	
		商　品	3	500,000	
		資 本 金	7		1,000,000
		出資を受けて開業⑥			
	15	現　金	1	160,000	
		売 掛 金	2	200,000	
		商　品	3		300,000
		商品売買益	8		60,000
		埼玉商店に売り渡し			
	31	雑　費	13	48,000	
		現　金	1		48,000
		営業諸費用の支払い			
①		②	③	④	⑤

〔仕訳帳の記入法〕

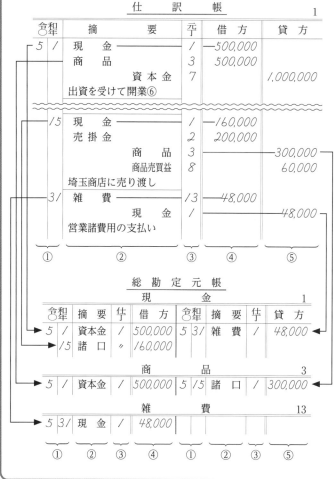

①日付欄…取引が発生した月日を記入する。

②摘要欄…左側に借方の勘定科目を，右側に貸方の勘定科目を記入する。

③元丁欄…元帳の勘定口座に転記したあと，その勘定口座の番号またはページ数を記入する。

④借方欄…借方の勘定科目の金額を記入する。

⑤貸方欄…貸方の勘定科目の金額を記入する。

⑥小書き…取引を仕訳したあとに，取引の内容を簡単に記入する。

総　勘　定　元　帳

現　　金　　　1

令和○年		摘　要	仕丁	借　方	令和○年		摘　要	仕丁	貸　方
5	1	資本金	1	500,000	5	31	雑　費	1	48,000
	15	諸　口	〃	160,000					

商　　品　　　3

令和○年		摘　要	仕丁	借　方	令和○年		摘　要	仕丁	貸　方
5	1	資本金	1	500,000	5	15	諸　口	1	300,000

雑　　費　　　13

令和○年		摘　要	仕丁	借　方	令和○年		摘　要	仕丁	貸　方
5	31	現　金	1	48,000					
①		②	③	④	①		②	③	⑤

〔総勘定元帳の記入法〕

①日付欄…仕訳帳に記入されている日付を記入する。

②摘要欄…仕訳の相手勘定科目を記入する。相手勘定科目が二つ以上のときは「諸口」と記入する。

③仕丁欄…仕訳が記入されている仕訳帳のページ数を記入する。

④借方欄…仕訳帳の借方欄に記入されている金額を記入する。

⑤貸方欄…仕訳帳の貸方欄に記入されている金額を記入する。

基本問題

5-1 次の取引にもとづいて，仕訳帳を完成しなさい。ただし，元丁欄は**5-2**の問題に取り組むときに記入すること。

5月 1日 現金¥800,000の出資を受けて，商品売買業を開始した。
7日 盛岡商店から商品¥500,000を仕入れ，代金のうち¥300,000は現金で支払い，残額は掛けとした。
13日 花巻商店へ商品¥490,000（原価¥370,000）を売り渡し，代金は現金で受け取った。
19日 営業用の金庫¥260,000を購入し，代金は現金で支払った。
25日 従業員に本月分の給料¥110,000を現金で支払った。

仕　訳　帳　　1

令和○年		摘　要	元丁	借　方	貸　方
5	1	（　　　　）			
		資本金			
		出資を受けて開業			
	7	（　　　　）			
		現金			
		（　　　　）			
		盛岡商店から仕入れ			
	13	（　　　　）			
		商品			
		（　　　　）			
		花巻商店に売り渡し			
	19	（　　　　）			
		（　　　　）			
		金庫の購入			
	25	（　　　　）			
		（　　　　）			
		給料の支払い			

ポイント 元丁欄は転記したあとに書く。

5-2 **5-1**の仕訳帳から，総勘定元帳の現金勘定，商品勘定，給料勘定に転記し，勘定口座を完成しなさい。なお，転記後，**5-1**の仕訳帳の元丁欄に口座番号を記入すること。

総　勘　定　元　帳

現　金　　1

令和○年		摘要	仕丁	借方	令和○年		摘要	仕丁	貸方
5	1		1	800,000	5	7	商品	1	300,000
	13	諸口	〃			19			
						25			

商　品　　3

令和○年		摘要	仕丁	借方	令和○年		摘要	仕丁	貸方
5	7				5	13			

給　料　　10

令和○年		摘要	仕丁	借方	令和○年		摘要	仕丁	貸方
5	25								

ポイント 転記は，日付・金額・相手科目・仕訳帳ページ数の順に記入する。

5-3 次の取引を仕訳帳に記入して完成しなさい。ただし，元丁欄は**5-4**の問題に取り組むときに記入すること。

5月19日　小樽商店から売掛金¥150,000を現金で受け取った。
　21日　札幌商店から商品¥340,000を仕入れ，代金のうち¥100,000は現金で支払い，残額は掛けとした。
　24日　全商銀行から¥500,000を借り入れ，利息¥20,000を差し引かれ，手取金を現金で受け取った。
　25日　千歳商店に商品¥280,000（原価¥230,000）を売り渡し，代金のうち¥80,000は現金で受け取り，残額は掛けとした。
　27日　札幌商店に対する買掛金のうち，¥160,000を現金で支払った。
　31日　家賃¥70,000を現金で支払った。

仕　　訳　　帳　　　3

令○	和年	摘　　要	元丁	借　方	貸　方
5	19	(　　　　)			
		(　　　　)			
		小樽商店から売掛金の回収			
	21	(　　　　)			
		(　　　　)			
		(　　　　)			
		札幌商店から仕入れ			
	24	(　　　　)			
		(　　　　)			
		(　　　　)			
		全商銀行から借り入れ			
	25	(　　　　)			
		(　　　　)			
		(　　　　)			
		(　　　　)			
		千歳商店に売り渡し			
	27	(　　　　)			
		(　　　　)			
		札幌商店に買掛金の支払い			
	31	(　　　　)			
		(　　　　)			
		家賃の支払い			

5-4 **5-3**の仕訳帳から，次の総勘定元帳の勘定口座に転記しなさい。なお，転記後，**5-3**の仕訳帳の元丁欄に口座番号を記入すること。

総　勘　定　元　帳

現　　　　金　　　　1

令○和年		摘　　要	仕丁	借　　方	令○和年		摘　　要	仕丁	貸　　方

売　　掛　　金　　　　2

商　　　　品　　　　3

買　　掛　　金　　　　6

借　　入　　金　　　　7

商　品　売　買　益　　　　9

支　払　家　賃　　　　14

支　払　利　息　　　　17

練習問題

5-5 次の取引を仕訳帳に記入し，総勘定元帳に転記しなさい。(小書きは省略する。)

5月 1日　現金¥800,000，備品¥200,000の出資を受けて，商品売買業を開始した。

6日　盛岡商店から商品¥300,000を仕入れ，代金は掛けとした。

8日　仙台商店へ商品¥260,000（原価¥200,000）を売り渡し，代金のうち¥100,000は現金で受け取り，残額は掛けとした。

13日　秋田商店から商品¥200,000を仕入れ，代金のうち半額は現金で支払い，残額は掛けとした。

17日　郡山商店へ商品¥350,000（原価¥250,000）を売り渡し，代金は掛けとした。

25日　盛岡商店に対する買掛金のうち，¥240,000を現金で支払った。

28日　従業員に本月分の給料¥130,000を現金で支払った。

仕　訳　帳　　1

令○和年		摘　要	元丁	借　方	貸　方

総　勘　定　元　帳

現　　金　　1

令○和年		摘　要	仕丁	借　方	令○和年		摘　要	仕丁	貸　方

売　掛　金　　2

商　　品　　3

備　　品　　4

買　掛　金　　5

資　本　金　　6

商品売買益　　7

給　　料　　8

5-6 次の取引を仕訳帳に記入し，残高式の現金勘定と買掛金勘定に転記しなさい。(小書きは省略する。)

取　　引

/月 7日　日光商店から商品¥240,000を仕入れ，代金のうち¥120,000は現金で支払い，残額は掛けとした。

10日　事務用机・いすなど¥250,000を買い入れ，代金は現金で支払った。

15日　銀行から¥300,000を借り入れ，利息¥5,000を差し引かれ，手取金は現金で受け取った。

20日　日光商店に対する買掛金¥60,000を現金で支払った。

23日　東山商店に商品¥260,000（原価¥190,000）を売り渡し，代金のうち¥50,000は現金で受け取り，残額は掛けとした。

仕　　訳　　帳　　1

令〇和年		摘　　要	元丁	借　方	貸　方

総　勘　定　元　帳

現　　金　　1

令〇和年		摘　要	仕丁	借　方	貸　方	借または貸	残　高
/	/	前期繰越	√	520,000		借	520,000

買　掛　金　　7

6 試算表

要点の整理

① 試算表

仕訳帳から総勘定元帳への転記が正しくおこなわれたかどうかを確かめることをおもな目的として作成する表を**試算表**（Trial Balance；T/B）という。試算表の借方の金額と貸方の金額の合計は必ず一致する。

② 試算表の種類

(1) **合 計 試 算 表**……各勘定口座の借方合計額と貸方合計額を集めて作成する。
(2) **残 高 試 算 表**……各勘定口座の残高を集めて作成する。
(3) **合計残高試算表**……合計試算表と残高試算表を一つにまとめて作成する。

③ 貸借平均の原理

ある勘定の借方に記入された金額は，他の勘定の貸方にも記入される。したがって，すべての勘定の借方に記入された金額の合計額と貸方に記入された金額の合計額は，必ず一致する。これを，**貸借平均の原理**（principle of equilibrium）という。試算表は，この貸借平均の原理を用いて作成される。

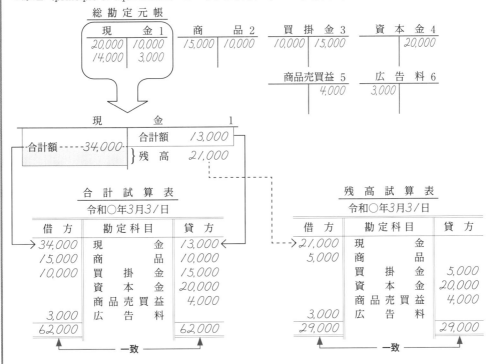

総 勘 定 元 帳

現	金 1
20,000	10,000
14,000	3,000

商	品 2
15,000	10,000

買 掛	金 3
10,000	15,000

資 本	金 4
	20,000

商品売買益	5
	4,000

広 告	料 6
3,000	

現	金 1
合計額 34,000	合計額 13,000
	残 高 21,000

合 計 試 算 表
令和○年3月31日

借 方	勘定科目	貸 方
34,000	現 金	13,000
15,000	商 品	10,000
10,000	買 掛 金	15,000
	資 本 金	20,000
	商 品 売 買 益	4,000
3,000	広 告 料	
62,000		62,000

一致

残 高 試 算 表
令和○年3月31日

借 方	勘定科目	貸 方
21,000	現 金	
5,000	商 品	
	買 掛 金	5,000
	資 本 金	20,000
	商 品 売 買 益	4,000
3,000	広 告 料	
29,000		29,000

一致

合 計 残 高 試 算 表
令和○年3月31日

借 方		勘定科目	貸 方	
残 高	合 計		合 計	残 高
21,000	34,000	現 金	13,000	
5,000	15,000	商 品	10,000	
	10,000	買 掛 金	15,000	5,000
		資 本 金	20,000	20,000
		商 品 売 買 益	4,000	4,000
3,000	3,000	広 告 料		
29,000	62,000		62,000	29,000

一致

基本問題

6-1 次の勘定記録から，合計試算表を完成しなさい。

現 金	1
500,000	100,000
34,000	109,000
82,000	310,000
280,000	

売 掛 金	2
200,000	280,000
230,000	

商 品	3
200,000	180,000
360,000	240,000

買 掛 金	4
310,000	200,000
	260,000

資 本 金	5
	500,000

商品売買益	6
	54,000
	72,000

給 料	7
70,000	

雑 費	8
39,000	

合 計 試 算 表

令和○年3月31日

借 方	勘 定 科 目	貸 方
896,000	現 金	519,000

ポイント 合計試算表は，各勘定の合計額を集計して作成する。貸借平均の原理によって，借方合計額と貸方合計額が一致する。

6-2 次の勘定記録から，残高試算表を完成しなさい。なお，各勘定口座には合計額が記入してある。

現 金	1
820,000	567,000

売 掛 金	2
595,000	120,000

商 品	3
806,000	490,000

買 掛 金	4
195,000	416,000

借 入 金	5
	200,000

資 本 金	6
	500,000

商品売買益	7
	273,000

給 料	8
140,000	

支 払 利 息	9
10,000	

残 高 試 算 表

令和○年3月31日

借 方	勘 定 科 目	貸 方
253,000	現 金	

ポイント 残高試算表は，勘定口座に記録された金額の差額（残高）を集計して作成する。

6-3 次の取引を勘定口座の(　　)のなかに，金額だけを記入して，合計残高試算表を完成しなさい。

取　　引

(1) 商品¥180,000を仕入れ，代金は掛けとした。
(2) 売掛金のうち¥160,000を現金で回収した。
(3) 買掛金のうち¥85,000を現金で支払った。
(4) 原価¥130,000の商品を¥169,000で売り渡し，代金は掛けとした。
(5) 借入金¥200,000を現金で返済した。
(6) 雑費¥47,000を現金で支払った。
(7) 原価¥100,000の商品を¥140,000で売り渡し，代金は現金で受け取った。

現　金　1

借方	貸方
851,000	369,000
(　　)	(　　)
(　　)	(　　)
	(　　)

売掛金　2

借方	貸方
640,000	228,000
(　　)	(　　)

商　品　3

借方	貸方
940,000	560,000
(　　)	(　　)
	(　　)

買掛金　4

借方	貸方
300,000	580,000
(　　)	(　　)

借入金　5

借方	貸方
(　　)	200,000

資本金　6

借方	貸方
	700,000

商品売買益　7

借方	貸方
	176,000
	(　　)
	(　　)

受取手数料　8

借方	貸方
	46,000

給　料　9

借方	貸方
90,000	

雑　費　10

借方	貸方
38,000	
(　　)	

合計残高試算表
令和○年4月30日

借方 残高	借方 合計	勘定科目	貸方 合計	貸方 残高

ポイント 各勘定の借方合計額，貸方合計額を算出し，その金額を合計残高試算表の合計欄に記入する。次に，大きい金額から小さい金額を差し引いた残額を，大きい金額側の残高欄に記入する。

練習問題

6-4 次の取引を仕訳帳に記入して，総勘定元帳に転記し，月末に合計残高試算表を作成しなさい。
ただし，i　仕訳帳の2ページまでは記帳済みで，合計金額で示してある。
　　　　ii　小書きは省略すること。

取　引

5月20日　弘前商店に商品¥245,000（原価¥175,000）を売り渡し，代金は掛けとした。
　23日　青森商店から商品¥130,000を仕入れ，代金は掛けとした。
　25日　本月分の給料¥109,000を現金で支給した。
　27日　商品売買の仲介をおこない，手数料として現金¥50,000を受け取った。
　29日　全商銀行に借入金のうち¥200,000とそれに対する利息¥16,000をともに現金で支払った。
　31日　弘前商店に対する売掛金のうち¥180,000を現金で受け取った。

仕　訳　帳　　　　　3

令和○年		摘　要	元丁	借　方	貸　方
		前ページから		2,610,000	2,610,000

総　勘　定　元　帳

現　金　　　　　1

令和○年		摘　要	仕丁	借　方	令和○年		摘　要	仕丁	貸　方
				716,000					367,000

売　掛　金　　　　　2

				592,000					259,000

商　　品　3

令和○年		摘要	仕丁	借方	令和○年		摘要	仕丁	貸方
				680,000					434,000

備　　品　4

				240,000					

買　掛　金　5

				370,000					580,000

借　入　金　6

									300,000

資　本　金　7

									500,000

商品売買益　8

									170,000

受取手数料　9

給　　料　10

雑　　費　11

				12,000					

支払利息　12

合計残高試算表

令和○年5月31日

借方		勘定科目	貸方	
残高	合計		合計	残高

7 精算表

要点の整理

① 精算表の意味

残高試算表から損益計算書と貸借対照表を作成する決算手続きを一つにまとめた一覧表を**精算表**（work sheet；W/S）という。精算表は，決算手続きの全体的な流れを理解するのに役立ち，また損益計算書と貸借対照表を作成する場合の基礎資料となる。

② 精算表の作成法

① 残高試算表欄に各勘定の残高または残高試算表の各勘定の金額を書き移す。

② 収益の各勘定残高を損益計算書欄の貸方に，費用の各勘定残高を借方に書き移す。

③ 資産の各勘定残高を貸借対照表欄の借方に，負債・資本の各勘定残高を貸方に書き移す。

④ 損益計算書欄・貸借対照表欄の貸借差額を，当期純利益（または当期純損失）として金額の少ない側に記入し，各欄の貸借合計額を同一金額にして締め切る。

精　算　表

令和○年12月31日

勘定科目	残高試算表		損益計算書		貸借対照表	
	借方	貸方	借方	貸方	借方	貸方
現金	10,000				10,000	
売掛金	40,000	……③……		→	40,000	
商品	30,000				30,000	
買掛金		30,000	……③……		→	30,000
資本金		30,000				30,000
商品売買益		60,000	……②→	60,000		
給料	30,000	……②→	30,000			
広告料	10,000		10,000			
当期純利益			20,000	……④……	→	20,000
	120,000	120,000	60,000	60,000	80,000	80,000

（残高試算表の借方・貸方合計：①）

基本問題

7-1 次の精算表を完成しなさい。

精　算　表

令和○年12月31日

勘定科目	残高試算表		損益計算書		貸借対照表	
	借方	貸方	借方	貸方	借方	貸方
現金	170,000					
売掛金	280,000					
商品	360,000					
買掛金		250,000				
資本金		500,000				
商品売買益		225,000				
給料	120,000					
広告料	45,000					
当期純(　　)						
	975,000	975,000				

練習問題

7-2 次の精算表を完成しなさい。ただし，残高試算表欄の資本金は各自で計算すること。

精　　算　　表
令和○年12月31日

勘定科目	残高試算表		損益計算書		貸借対照表	
	借方	貸方	借方	貸方	借方	貸方
現金	198,000					
売掛金	372,000					
商品	390,000					
備品	280,000					
買掛金		350,000				
借入金		280,000				
資本金		(　　　)				
商品売買益		204,000				
受取手数料		16,000				
給料	144,000					
雑費	51,000					
支払利息	15,000					
(　　　)						

7-3 次の総勘定元帳勘定残高によって，次の各問いに答えなさい。ただし，元帳勘定残高の資本金は各自で計算すること。

(1) 精算表を作成しなさい。　(2) 期末の資本の金額を求めなさい。

元帳勘定残高

現金	¥170,000	売掛金	¥350,000	商品	¥280,000	備品	¥240,000
買掛金	290,000	借入金	200,000	資本金	□	商品売買益	270,000
受取手数料	20,000	給料	148,000	支払家賃	76,000	支払利息	16,000

(1)

精　　算　　表
令和○年12月31日

勘定科目	残高試算表		損益計算書		貸借対照表	
	借方	貸方	借方	貸方	借方	貸方

(2) 期末の資本の金額 ¥＿＿＿＿＿＿

8 決　算

要点の整理

① 決　算

一会計期間の経営成績と期末の財政状態を明らかにするために，期末の帳簿の記録を整理し，すべての帳簿を締め切り，損益計算書と貸借対照表を作成する一連の手続きを**決算**（closing books）という。

② 決算手続き

⑴ 決算予備手続き

1．仕訳帳（日常取引）の締め切り
2．試算表の作成
3．棚卸表の作成

⑵ 決算本手続き

1．総勘定元帳の締め切り
① 収益・費用の各勘定残高を，損益勘定に振り替える。
② 当期純損益（損益勘定の差額）を資本金勘定に振り替える。
③ 収益・費用の各勘定と損益勘定を締め切る。

給　料

	30,000	損　益	30,000

広 告 料

	10,000	損　益	10,000

損　益

給　料	30,000	商品売買益	50,000
広 告 料	10,000	受取手数料	10,000
資 本 金	20,000		
	60,000		60,000

商品売買益

損　益	50,000		50,000

受取手数料

損　益	10,000		10,000

①（各勘定から損益勘定へ振り替え）
②資本金勘定の貸方に振り替える。

〈決算振替仕訳〉

①	（借）商品売買益	50,000	（貸）損　益	60,000
	受取手数料	10,000		
①	（借）損　益	40,000	（貸）給　料	30,000
			広 告 料	10,000
②	（借）損　益	20,000	（貸）資 本 金	20,000

④ 資産・負債の各勘定と資本金勘定の残高を「次期繰越」と赤で記入して，勘定を締め切る。

2．繰越試算表の作成　　資産・負債および資本の各勘定の繰越額を集めて作成する。

現　金

	50,000		40,000
		次期繰越	10,000
	50,000		50,000
前期繰越	10,000		

売 掛 金

	60,000		20,000
		次期繰越	40,000
	60,000		60,000
前期繰越	40,000		

商　品

	70,000		40,000
		次期繰越	30,000
	70,000		70,000
前期繰越	30,000		

繰 越 試 算 表
令和○年12月31日

借　方	勘定科目	貸　方
10,000	現　金	
40,000	売 掛 金	
30,000	商　品	
	買 掛 金	30,000
	資 本 金	50,000
80,000		80,000

買 掛 金

	20,000		50,000
次期繰越	30,000		
	50,000		50,000
		前期繰越	30,000

資 本 金

次期繰越	50,000		30,000
		損　益	20,000
	50,000		50,000
		前期繰越	50,000

②損益勘定から振り替える。

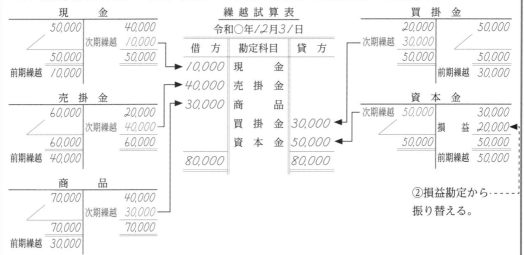

3．仕訳帳（決算仕訳）の締め切り

⑶ 決算の報告（p.40で学習）　　損益計算書・貸借対照表を作成する。

基本問題

8-1 次の収益の各勘定残高を損益勘定に振り替える仕訳を示し，これを転記して締め切りなさい。なお，各勘定には，日付・相手科目・金額を記入すること。

	借	方	貸	方
12/31	( )	( )	( )	( )
	( )	( )		

商品売買益

( )	( )	( )	12/ 6	現　金	27,000
			13	売掛金	49,000
			24	諸　口	56,000
			31	現　金	38,000
		( )			( )

受取手数料

( )	( )	( )	12/18	現　金	30,000

損　益

			( )	( )	( )
			( )	( )	( )

ポイント 損益勘定は，諸口とまとめずに日付・相手科目・金額を個別に記入する。

8-2 次の費用の各勘定残高を損益勘定に振り替える仕訳を示し，これを転記して締め切りなさい。なお，各勘定には，日付・相手科目・金額を記入すること。

	借	方	貸	方
12/31	( )	( )	( )	( )
			( )	( )

給　料

12/25	現　金	95,000	( )	( )	( )

雑　費

12/18	現　金	17,000	( )	( )	( )
31	現　金	48,000			
		( )			( )

損　益

( )	( )	( )			
( )	( )	( )			

ポイント 給料勘定・雑費勘定の借方残高は，損益勘定の借方に振り替える。したがって，仕訳の借方は損益勘定となる。

8-3 次の損益勘定の残高を資本金勘定に振り替える仕訳を示し，これを転記して締め切りなさい。なお，各勘定には，日付・相手科目・金額を記入すること。

	借	方	貸	方
12/31	( )	( )	( )	( )

損　益

12/31	給　料	95,000	12/31	商品売買益	170,000
〃	雑　費	65,000	〃	受取手数料	30,000
( )	( )	( )			
		( )			( )

資　本　金

			12/ 1	前期繰越	500,000
			( )	( )	( )

ポイント 損益勘定の収益総額から費用総額を差し引いた金額は，当期純損益である。本問では貸方残高なので当期純利益となるから資本金勘定の貸方に振り替える。

8-4 次の資産・負債・資本の各勘定を締め切るための記入を示しなさい。

現　金

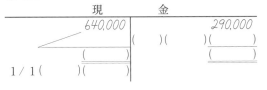

		640,000			290,000
			( )	( )	( )
		( )			( )
1/ 1	( )	( )			

借　入　金

( )	( )	( )			300,000
			1/ 1	( )	( )

資　本　金

( )	( )	( )			500,000
			12/31	損　益	40,000
		( )			( )
			1/ 1	( )	( )

ポイント 各勘定口座の貸借の差額は金額の小さい側に次期繰越として赤記し，貸借を同一金額にして締め切る。

練習問題

8-5 横浜商店の令和○年12月31日における下記の総勘定元帳の記録によって，
(1) 収益の各勘定の残高を損益勘定に振り替える仕訳を示し，勘定に転記しなさい。
(2) 費用の各勘定の残高を損益勘定に振り替える仕訳を示し，勘定に転記しなさい。
(3) 当期純損益を資本金勘定に振り替える仕訳を示し，勘定に転記しなさい。
(4) 各勘定口座を締め切りなさい。また，資産・負債・資本の勘定については，開始記入も示すこと。

	借　方	貸　方
(1)		
(2)		
(3)		

(4)

総勘定元帳

現金 1

700,000	480,000

売掛金 2

600,000	410,000

商品 3

500,000	440,000

買掛金 4

400,000	570,000

資本金 5

	240,000

商品売買益 6

	200,000

受取手数料 7

	30,000

給料 8

100,000	

広告料 9

50,000	

雑費 10

20,000	

損益 11

8-6 次の総勘定元帳の収益および費用の勘定記録にもとづいて，仕訳帳に決算に必要な仕訳を示し，総勘定元帳の各勘定口座に転記して締め切りなさい。ただし，決算日は12月31日とする。

仕　訳　帳　3

令和○年		摘要		元丁	借方	貸方
		決算仕訳				
12	31	(　　　　)				
		(　　　　)				
			(　　　　)			280,000
		収益の各勘定を損益勘定に振り替え				
	〃	(　　　　)			220,000	
			(　　　　)			
			(　　　　)			
			(　　　　)			
		費用の各勘定を損益勘定に振り替え				
	〃	(　　　　)				
			(　　　　)			
		当期純利益を資本金勘定に振り替え				

総　勘　定　元　帳

資　本　金　6

令和○年		摘要	仕丁	借方	令和○年		摘要	仕丁	貸方
					12	1	現金	1	500,000

商　品　売　買　益　7

					12	8	売掛金	1	160,000
						20	現金	2	80,000

受　取　手　数　料　8

					12	24	現金	2	40,000

給　料　9

12	25	現金	2	120,000					

広　告　料　10

12	4	現金	1	70,000					

雑　費　11

12	29	現金	2	30,000					

損　益　12

8-7 次の総勘定元帳の資産，負債および資本の各勘定を締め切り，繰越試算表を作成しなさい。なお，開始記入も示すこと。ただし，決算日は12月31日とする。

総　勘　定　元　帳

現　　金　　1

令○	和年	摘　要	仕丁	借　方	令○	和年	摘　要	仕丁	貸　方
				660,000					370,000

売　掛　金　　2

				820,000					350,000

商　　品　　3

				940,000					620,000

買　掛　金　　4

				280,000					600,000

借　入　金　　5

				100,000					300,000

資　本　金　　6

									500,000
					12	31	損　益	3	60,000

繰　越　試　算　表

令和○年12月31日

借　方	勘　定　科　目	貸　方

ポイント 資産・負債・資本の各勘定は，金額の小さい側に差額を「次期繰越」と書いて締め切る。次期繰越高を集計して繰越試算表を作成すると，借方合計金額と貸方合計金額は一致する。

8-8 函館商店の総勘定元帳の記録（各勘定とも合計金額で示してある）は，次のとおりであった。

(1) 決算に必要な仕訳を示しなさい。ただし，決算日は12月31日とする。

(2) (1)の仕訳を各勘定口座に転記して締め切りなさい。なお，開始記入もおこなうこと。

(3) 繰越試算表を作成しなさい。

(1)

	借　方	貸　方
12/31		
〃		
〃		

(2)

総　勘　定　元　帳

現　金　1

637,000	528,000

売　掛　金　2

810,000	560,000

商　品　3

940,000	669,000

備　品　4

240,000	

買　掛　金　5

460,000	792,000

資　本　金　6

	500,000

商品売買益　7

	256,000

受取手数料　8

	34,000

給　料　9

175,000	

支払家賃　10

50,000	

雑　費　11

27,000	

損　益　12

(3)

繰　越　試　算　表

令和○年12月31日

借　方	勘定科目	貸　方

8-9 帯広商店の次の取引を仕訳帳に記入し，総勘定元帳に転記して，合計試算表を作成しなさい。次に，仕訳帳に決算仕訳を示し，総勘定元帳の各勘定を締め切り，繰越試算表を作成しなさい。

ただし，i　仕訳帳の3ページまでの取引は，総勘定元帳の各勘定に合計額を示してある。

ii　仕訳帳の小書きは省略し，勘定には日付・相手科目・金額を記入すること。

iii　総勘定元帳には開始記入もおこなうこと。

取　　引

12月26日　仕入先釧路商店に対する買掛金のうち，¥150,000を現金で支払った。

28日　旭川商店に商品¥243,000（原価¥180,000）を売り渡し，代金は掛けとした。

29日　得意先広尾商店に対する売掛金のうち，¥120,000を現金で受け取った。

31日　広告料¥40,000と雑費¥19,000をともに現金で支払った。

仕　訳　帳　　　4

令和○年		摘　　要	元丁	借　方	貸　方
		前ページから		2,828,000	2,828,000
		決　算　仕　訳			

総　勘　定　元　帳

現　　金　　1

530,000	325,000

売　掛　金　　2

687,000	486,000

商　　品	3
835,000	420,000

備　　品	4
200,000	

買　掛　金	5
365,000	640,000

借　入　金	6
	200,000

資　本　金	7
	500,000

商品売買益	8
	217,000

受取手数料	9
	40,000

給　　料	10
135,000	

広　告　料	11
38,000	

雑　　費	12
26,000	

支　払　利　息	13
12,000	

損　　益	14

合　計　試　算　表

令和○年12月31日

借　方	勘　定　科　目	貸　方

繰　越　試　算　表

令和○年12月31日

借　方	勘　定　科　目	貸　方

9 損益計算書・貸借対照表 (1)

要点の整理

① 損益計算書の作成

損益計算書は，主として損益勘定にもとづいて作成する。その場合，損益勘定では，当期純利益が資本金（決算仕訳のときの損益勘定に対する相手科目）として記入されているが，損益計算書では**当期純利益**と記入する。

例

損　　益

12/31	給　料	30,000	12/31	商品売買益	50,000
〃	広告料	10,000	〃	受取手数料	10,000
〃	資本金	20,000			
		60,000			60,000

損益計算書

岩手商店　令和○年1月1日から令和○年12月31日まで（単位：円）

費　用	金　額	収　益	金　額
給　料	30,000	商品売買益	50,000
広告料	10,000	受取手数料	10,000
当期純利益	20,000		
	60,000		60,000

●当期純損失の場合は，貸方に記入する。

② 貸借対照表の作成

貸借対照表は，資産・負債・資本の各勘定の残高や繰越試算表にもとづいて作成する。その場合，繰越試算表の資本金は当期純利益を含めた期末の資本金が記入されているが，貸借対照表では，期首の資本金と当期純利益に分けて記入する。

例

繰越試算表

令和○年12月31日

借　方	勘定科目	貸　方
10,000	現　金	
40,000	売掛金	
30,000	商　品	
	買掛金	30,000
	資本金	50,000
80,000		80,000

貸借対照表

岩手商店　令和○年12月31日　（単位：円）

資　産	金　額	負債および純資産	金　額
現　金	10,000	買掛金	30,000
売掛金	40,000	資本金	30,000
商　品	30,000	当期純利益	20,000
	80,000		80,000

●当期純損失の場合は，借方に記入する。

基本問題

9-1 福島商店の次の損益勘定および繰越試算表によって，損益計算書と貸借対照表を完成しなさい。ただし，会計期間は令和○年1月1日から令和○年12月31日までとする。

損　　益

12/31	給　料	150,000	12/31	商品売買益	287,000
〃	広告料	49,000	〃	受取手数料	42,000
〃	雑　費	37,000			
〃	支払利息	28,000			
〃	資本金	65,000			
		329,000			329,000

ポイント 損益勘定の当期純利益は「資本金」として記入されているが，損益計算書では「当期純利益」と記入する。

繰越試算表

令和○年12月31日

借　方	勘定科目	貸　方
190,000	現　金	
460,000	売掛金	
330,000	商　品	
	買掛金	375,000
	借入金	240,000
	資本金	365,000
980,000		980,000

損　益　計　算　書

(　　　)商店　令和○年(　　)月(　　)日から令和○年(　　)月(　　)日まで　(単位：円)

費　用	金　額	収　益	金　額

貸　借　対　照　表

(　　　)商店　令和○年(　　)月(　　)日　(単位：円)

資　産	金　額	負債および純資産	金　額

練習問題

9-2 郡山商店の期末における総勘定元帳勘定残高は，次のとおりである。よって，損益計算書と貸借対照表を作成しなさい。ただし，会計期間は令和○年1月1日から令和○年12月31日までとする。

元帳勘定残高

現　金	¥225,000	売掛金	¥397,000	商　品	¥348,000
備　品	260,000	買掛金	340,000	借入金	400,000
資本金	500,000	商品売買益	276,000	受取手数料	54,000
給　料	198,000	広告料	70,000	雑　費	48,000
支払利息	24,000				

損　益　計　算　書

(　　　)商店　令和○年(　　)月(　　)日から令和○年(　　)月(　　)日まで　(単位：円)

費　用	金　額	収　益	金　額

貸　借　対　照　表

(　　　)商店　令和○年(　　)月(　　)日　(単位：円)

資　産	金　額	負債および純資産	金　額

10 現金・現金出納帳・現金過不足

要点の整理

① 現金（資産）

現金（cash）を受け取ったときは**現金勘定**（資産）の借方に，支払ったときは貸方に記入する。簿記上の現金には通貨のほか他人振り出しの小切手，配当金領収証，送金小切手などがある。

例 1/ 8 船橋商店から売掛金の回収として，¥50,000を同店振り出しの小切手で受け取った。

（借）現　金 50,000 （貸）売掛金 50,000

21 市川商店から商品¥20,000を現金で仕入れた。

（借）商　品 20,000 （貸）現　金 20,000

現　金

1/1 前期繰越 10,000	1/21 商　品 20,000
1/8 売掛金 50,000	残　高 ¥40,000

② 現金出納帳（cash book）

現金収支の明細を記入し，残高を明らかにする帳簿で，このような帳簿を**補助簿**という。

現　金　出　納　帳　　1

令和○年		摘　　要	収　入	支　出	残　高
1	1	前月繰越	10,000		10,000
	8	船橋商店から売掛金回収　小切手受け取り	50,000		60,000
	21	市川商店から商品仕入れ		20,000	40,000
	31	次月繰越		40,000	
			60,000	60,000	

両者の残高は一致

取引先名や取引内容の明細を記入する。

（注）補助簿に対して，仕訳帳・総勘定元帳を主要簿という。

③ 現金過不足　2級の範囲

実際有高・帳簿残高 → 照　合 → ① 不一致（帳簿残高を修正し，実際有高に合わせる） → ② 原因判明（該当する勘定に振り替える） → ③ 決　算（原因が不明の場合は雑損勘定・雑益勘定に振り替える）

〈実際有高が帳簿残高より少ないとき〉

例 ① 実際有高が帳簿残高より¥3,000不足していた。

（借）現金過不足 3,000 （貸）現　　金 3,000

② 不足額のうち¥2,000は，通信費の記帳もれであることが判明した。

（借）通 信 費 2,000 （貸）現金過不足 2,000

③ 決算にあたり，原因不明の不足額¥1,000を雑損勘定に振り替えた。

（借）雑　　損 1,000 （貸）現金過不足 1,000

現　金

借方合計 60,000	貸方合計 30,000
	①不足額 3,000
	実際有高¥27,000

現金過不足

①不足額 3,000	② 2,000
	③ 1,000

通　信　費

② 2,000	

雑　　損

③ 1,000	

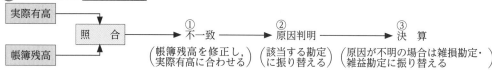

〈実際有高が帳簿残高より多いとき〉

例 ① 実際有高が帳簿残高より¥3,000過剰であった。

（借）現　　金 3,000 （貸）現金過不足 3,000

② 過剰額のうち¥1,500は，受取利息の記帳もれであることが判明した。

（借）現金過不足 1,500 （貸）受 取 利 息 1,500

③ 決算にあたり，原因不明の過剰額¥1,500を雑益勘定に振り替えた。

（借）現金過不足 1,500 （貸）雑　　益 1,500

受 取 利 息

	② 1,500

雑　　益

	③ 1,500

現金過不足

② 1,500	①過剰額 3,000
③ 1,500	

現　金

借方合計 60,000	貸方合計 30,000
①過剰額 3,000	実際有高 ¥33,000

基本問題

10-1 次の取引の仕訳を示しなさい。

1月28日　太田商店から売掛金￥30,000を同店振り出しの小切手で受け取った。
　30日　中里商店の商品売買の仲介をおこない，手数料￥15,000を送金小切手で受け取った。
　31日　熊谷商店から商品￥130,000を仕入れ，代金のうち￥100,000は現金で支払い，残額は掛けとした。

	借　　　方	貸　　　方
1/28		
30		
31		

ポイント 28日の他人振り出しの小切手を受け取ったときや，30日の送金小切手を受け取ったときは，現金勘定で処理する。

10-2 10-1の取引を現金出納帳に記入して締め切りなさい。開始記入も示すこと。

現　金　出　納　帳　　　2

令○和年		摘　　　要	収　入	支　出	残　高
		前ページから	1,750,000	1,326,000	424,000
		太田商店から売掛金の回収, 小切手受け取り			
		中里商店から仲介手数料, 送金小切手受け取り			
		熊谷商店から仕入れ, 一部現金で支払い			

ポイント 現金についての記入であるから，31日の支出を￥130,000としないように注意する。

10-3 次の連続する取引の仕訳を示しなさい。**2級の範囲**

(1)　現金の実際有高を調べたところ，帳簿残高より￥2,500少なかった。
(2)　この不足額のうち，￥1,900は保険料の記帳もれであることがわかった。
(3)　決算になっても，残りの不足額￥600については，原因がわからないので，雑損勘定に振り替えた。

	借　　　方	貸　　　方
(1)		
(2)		
(3)		

ポイント ①　(1)実際有高に合わせるように，帳簿残高を修正するので，現金勘定を減少させるようにすればよい。仕訳は現金過不足勘定の貸借をさきに考えるよりも，現金勘定の増減から仕訳したほうがよい。
②　(2)不足額の一部の原因が判明したので，その分だけ保険料勘定（費用）へ振り替える。

練習問題

10-4 次の取引の仕訳を示しなさい。

(1) 前橋商店の売掛金のうち¥45,000を同店振り出しの小切手で受け取った。

(2) 深谷商店から商品¥63,000を仕入れ，代金として¥50,000はさきに川越商店から受け取っていた小切手を渡し，残額は現金で支払った。

(3) 高崎商店へ原価¥100,000の商品を¥140,000で売り上げ，送金小切手を受け取った。

	借　方	貸　方
(1)		
(2)		
(3)		

10-5 次の取引を仕訳帳に記入し，総勘定元帳の現金勘定に転記しなさい。また，現金出納帳にも記入しなさい。ただし，仕訳帳の小書きは省略し，現金出納帳のみ月末に締め切り，開始記入も示すこと。

1月 6日　所沢商店から，商品¥50,000を仕入れ，代金は現金で支払った。

18日　浦和商店に貸し付けていた¥200,000とその利息¥3,800をともに，同店振り出しの小切手で返済を受けた。

22日　狭山商店に商品¥60,000（原価¥50,000）を売り渡し，代金のうち¥40,000は送金小切手の送付を受け，残額は掛けとした。

仕　訳　帳　　1

令○年		摘　要	元丁	借　方	貸　方
1	1	前期繰越高	√	6,391,000	6,391,000

総　勘　定　元　帳

現　金　　1

令○年		摘　要	仕丁	借　方	令○年		摘　要	仕丁	貸　方
1	1	前期繰越	√	325,000					

現　金　出　納　帳　　1

令○年		摘　要	収　入	支　出	残　高
/	/	前月繰越	325,000		325,000

検定問題

10-6 次の取引の仕訳を示しなさい。

(1) 神奈川商店に借用証書によって，現金¥270,000を貸し付けた。（第89回）
(2) 事業規模を拡大するため，事業主から現金¥800,000の追加出資を受けた。（第84回一部修正）
(3) 富山新聞販売店に折り込み広告代金として¥30,000を現金で支払った。（第91回）

	借　方	貸　方
(1)		
(2)		
(3)		

ポイント (2) 出資を受けて開業したときと同じように考えればよい。（追加出資についてはp.91参照）

11 当座預金・当座預金出納帳・当座借越・その他の預金

要点の整理

① 当座預金（資産）

当座預金は，銀行との当座取引契約によって預ける無利息の預金である。この預金を引き出すときは一般に小切手を用いる。銀行の当座預金口座に現金や他人振り出しの小切手などを預け入れたときには，**当座預金勘定**（資産）（checking account）の借方に記入する。また，小切手を振り出したときには，その貸方に記入する。当座預金勘定の残高は借方に生じ，当座預金の残高を示す。

例 1/ 5 当座取引契約を結び，現金¥100,000を預け入れた。
（借）当座預金 100,000 （貸）現 金 100,000
10 鎌倉商店に対する買掛金¥60,000を，小切手＃3を振り出して支払った。
（借）買掛金 60,000 （貸）当座預金 60,000
24 横浜商店に対する売掛金¥80,000を回収し，同店振り出しの小切手を受け取り，ただちに当座預金に預け入れた。
（借）当座預金 80,000 （貸）売掛金 80,000

当 座 預 金

（預入高）	（引出高）
1/ 5 現 金 100,000	1/10 買掛金 60,000
24 売掛金 80,000	} 現在高 ¥120,000

② 当座預金出納帳

当座預金の預け入れと引き出しについての明細を記録する補助簿である。

当 座 預 金 出 納 帳

東 西 銀 行　　1

令和○年		摘 要	預 入	引 出	借または貸	残 高
1	5	当座取引契約を結び，現金を預け入れ	100,000		借	100,000
	10	鎌倉商店に買掛金支払い，小切手#3		60,000	〃	40,000
	24	横浜商店から売掛金回収	80,000		〃	120,000

▲取引の明細を記入する。　▲当座預金の残高がある場合は「借」，当座借越の場合は「貸」と記入

③ 当座借越（負債） 2級の範囲

当座預金残高を超えて小切手を振り出すことはできないが，あらかじめ銀行と当座借越契約を結んでおけば，その借越限度額までは銀行は支払いに応じる。この預金残高を超えた額は，**当座借越**といい，銀行からの借り入れを意味している。当座預金残高を超過して小切手を振り出したときは，当座預金勘定は貸方残高になり，これは当座借越の残高を示す。

例 1/12 川崎商店に対する買掛金の支払いとして，小切手#4 ¥160,000を振り出して支払った。ただし，当座預金残高は¥100,000であり，¥300,000を限度額とする当座借越契約を結んでいる。
（借）買掛金 160,000 （貸）当座預金 160,000
26 厚木商店から売掛金¥90,000を同店振り出しの小切手で受け取り，ただちに当座預金に預け入れた。
（借）当座預金 90,000 （貸）売掛金 90,000

当 座 預 金

100,000	1/12 買掛金 160,000
当座借越 ¥60,000 {	

⬇

当 座 預 金

100,000	1/12 買掛金 160,000
1/26 売掛金 90,000	} 現在高 ¥30,000

④ その他の預金

普通預金，定期預金，通知預金などは，それぞれの勘定口座を設けて記帳する。その他の預金も当座預金の場合と同じ方法で，預け入れは借方，引き出しは貸方に記入する。

例 1/ 6 東西銀行に現金¥90,000を普通預金として預け入れた。
（借）普通預金 90,000 （貸）現 金 90,000
23 東西銀行の普通預金¥50,000を通知預金に振り替えた。
（借）通知預金 50,000 （貸）普通預金 50,000
28 東西銀行の定期預金¥100,000が満期となり，利息¥6,000とともに現金で受け取った。
（借）現 金 106,000 （貸）定期預金 100,000
受取利息 6,000

基本問題

11-1 次の取引の仕訳を示しなさい。

(1) 全商銀行と当座取引契約を結び，現金¥200,000を預け入れた。
(2) 三浦商店から商品¥80,000を仕入れ，代金は小切手を振り出して支払った。
(3) 鎌倉商店から売掛金の回収として，¥50,000を同店振り出しの小切手で受け取り，ただちに当座預金に預け入れた。

	借　方	貸　方
(1)		
(2)		
(3)		

ポイント ① (1)当座預金が増加する。　② (2)小切手を振り出したときは，当座預金が減少する。
③ (3)小切手をただちに預け入れたときは，（借方）当座預金と仕訳する。

11-2 次の連続した取引の仕訳を示し，下記の勘定に転記しなさい。

1月4日　大船商店に対する買掛金¥190,000を小切手#5を振り出して支払った。
5日　横須賀商店から商品売買の仲介手数料¥70,000を現金で受け取り，ただちに当座預金に預け入れた。

	借　方	貸　方
1/4		
5		

当　座　預　金

1/1 前期繰越 250,000	

ポイント 4日の取引のように小切手を振り出すときは，必ず当座預金勘定の残高に注意する。

11-3 11-2の取引を当座預金出納帳に記入しなさい。ただし，締め切らなくてよい。

当　座　預　金　出　納　帳　　　1

令○和年		摘　要	預　入	引　出	借または貸	残　高
1	1	前月繰越	250,000		借	250,000

ポイント 「借または貸」の欄には，上と同じ場合「〃」と記入する。

11-4 次の連続した取引の仕訳を示しなさい。

(1) 現金¥370,000を全商銀行に1か年の定期預金として預け入れた。
(2) 全商銀行に預け入れていた上記の預金が本日満期となったので，利息¥18,500とともに普通預金に預け入れた。
(3) 全商銀行に預け入れていた普通預金¥80,000を当座預金に振り替えた。
(4) 全商銀行に預け入れていた通知預金¥75,000を引き出し，全額を普通預金に預け入れた。

	借　方	貸　方
(1)		
(2)		
(3)		
(4)		

練習問題

11-5 次の連続した取引の仕訳を示しなさい。

7月 1日 全商銀行と当座取引契約を結び，現金¥550,000を預け入れた。

8日 藤沢商店から商品¥300,000を仕入れ，代金の一部については下記の小切手#1を振り出して支払い，残額は掛けとした。

AZ0001 小 切 手 東 京 1301 0007−123

支払地 東京都中央区日本橋1丁目12番39号

株式会社 全商銀行日本橋支店

金 額 ¥200,000※

上記の金額をこの小切手と引き替えに
持参人へお支払いください

令 和 ○ 年 7 月 8 日

振出地 東京都中央区

東京都中央区日本橋2丁目5番7号
東 京 商 店
振出人 東 京 保 夫 (東京)

15日 葉山家具店から事務用ロッカー¥280,000を買い入れ，代金は小切手#2を振り出して支払った。

20日 平塚商店に商品¥250,000（原価¥200,000）を売り渡し，代金のうち¥80,000は同店振り出しの小切手で受け取り，残額は掛けとした。

22日 藤沢商店に対する買掛金¥100,000の支払いとして，20日に受け取っていた平塚商店振り出しの小切手¥80,000を渡し，残額は小切手#3を振り出して支払った。

25日 平塚商店から売掛金¥170,000が当店の当座預金に振り込まれたとの連絡が，全商銀行からあった。

	借 方	貸 方
7/ 1		
8		
15		
20		
22		
25		

11-6 11-5の取引を当座預金出納帳に記入して締め切りなさい。なお，開始記入も示すこと。

当 座 預 金 出 納 帳

全 商 銀 行　　1

令和〇年		摘要	預入	引出	借または貸	残高

検定問題

11-7 次の取引の仕訳を示しなさい。

(1) 静岡商店から次の商品を仕入れ，代金の一部については，下記の小切手＃７を振り出して支払い，残額は掛けとした。（第84回）

C 品　500個　@¥630　¥315,000

HH0007　小 切 手　名古屋 2201 0914－022
支払地　愛知県名古屋市中川区野田3-280
株式会社　全商銀行愛知支店
金額　¥200,000※
上記の金額をこの小切手と引き替えに持参人へお支払いください　愛知県名古屋市東区徳川1-12-1
愛 知 商 店
令和〇年 1 月 27 日
振出地　愛知県名古屋市　振出人　愛 知 太 郎（愛知）

(2) 埼玉商店から売掛金の一部を次の小切手で受け取り，ただちに当座預金に預け入れた。（第89回）

HA0008　小 切 手　東京 0701 0914－007
支払地　埼玉県深谷市原郷80
株式会社　全商銀行深谷支店
金額　¥395,000※
上記の金額をこの小切手と引き替えに持参人へお支払いください　埼玉県深谷市仲町11-1
埼 玉 商 店
令和〇年 1 月 28 日
振出地　埼玉県深谷市　振出人　深 谷 翔 太（深谷）

(3) 全商銀行に現金¥300,000を普通預金として預け入れた。（第87回）

	借方	貸方
(1)		
(2)		
(3)		

12 小口現金

要点の整理

① 小口現金（資産）

日常の少額の支払いについては，そのつど小切手を振り出すかわりに，会計係があらかじめ一定額の現金を小口現金係に前渡ししておき，小口現金係からこの支払いをおこなう方法がある。この場合の小払資金を小口現金といい，**小口現金勘定**（資産）にこの収支を記入する。

② 定額資金前渡法（インプレスト システム）(imprest system)

会計係が小口現金を管理するための方法である。

例 7/ 1　小口現金として小切手¥90,000を振り出して小口現金係に渡した。

（借）小口現金　90,000　　（貸）当座預金　90,000

7/31　小口現金係から7月中の支払いの明細について次のとおり報告を受けた。

交 通 費　¥30,000　　通 信 費　¥25,000
消耗品費　¥15,000　　雑　　費　¥15,000

（借）交 通 費　30,000　　（貸）小口現金　85,000
　　　通 信 費　25,000
　　　消耗品費　15,000
　　　雑　　費　15,000

7/31　報告を受けた支出額と同額を，小切手を振り出して補給した。

（借）小口現金　85,000　　（貸）当座預金　85,000

上記7/31の小口現金勘定を相殺して，次のように仕訳してもよい。

（借）交 通 費　30,000　　（貸）当座預金　85,000
　　　通 信 費　25,000
　　　消耗品費　15,000
　　　雑　　費　15,000

小 口 現 金

7/ 1　90,000	7/31　85,000
7/31　85,000	現在高 ¥90,000

小 口 現 金

8/ 1　90,000	現在高 ¥90,000

③ 小口現金出納帳

小口現金の受け払いの明細を記録するための補助簿である（小口現金係が記帳する）。

小 口 現 金 出 納 帳

受　入	令和○年		摘　要	支　出	内訳 交通費	通信費	消耗品費	雑　費	残　高
90,000	7	1	小　切　手						90,000
		3	文 房 具 代	3,000			3,000		87,000
			合　　計	85,000	30,000	25,000	15,000	15,000	
85,000		31	小　切　手						90,000
		〃	次 月 繰 越	90,000					
175,000				175,000					
90,000	8	1	前 月 繰 越						90,000

支出した内容が，どの費用に属するかを分類して記入

会計係から受け入れ

小払資金の支出の記帳

補給を受けた額

期間のはじめはつねに定額となる。

基本問題

12-1 次の連続した取引の仕訳を示しなさい。

5月 1日　定額資金前渡法により，会計係は，小口現金として小切手¥25,000を振り出して小口現金係に渡した。

31日　小口現金係から，本月分の支払いについて次のような報告があった。

通信費 ¥5,000　消耗品費 ¥9,000　交通費 ¥6,800　雑　費 ¥1,800

〃 日　会計係は，支払額と同額の小切手を振り出して補給した。

	借　　　方	貸　　　方
5/ 1		
31		
〃		

ポイント 支払報告と補給が別になっていることに注意する。

12-2 12-1の5/31の取引で，小口現金勘定を相殺した仕訳を示しなさい。

借　　　方	貸　　　方

ポイント 支払報告と補給が同時におこなわれていることに注意する。

12-3 次の小口現金出納帳の内訳欄と残高欄に，必要な記入をおこないなさい。

小　口　現　金　出　納　帳　　8

受　入	令和○年		摘　要	支　出	内訳 通信費	交通費	水道光熱費	消耗品費	雑　費	残　高
80,000	8	1	小切手#15							80,000
		3	電　力　料	12,000						
		5	電　話　料	9,500						
		9	帳簿・伝票	1,500						

練習問題

12-4 小口現金係が7月中に小口現金から支払った内容は，次のとおりである。これを小口現金出納帳に記入して，完成しなさい。なお，31日に支払額と同額を会計係から，小切手#19で補給されている。

4日　バス回数券　¥2,000　　7日　コピー用紙　¥3,000　　13日　郵便切手　¥6,000
20日　バインダー　¥5,000　　25日　タクシー代　¥1,800　　28日　新聞代　¥2,800

小　口　現　金　出　納　帳　　7

受　入	令和○年		摘　要	支　出	内訳 通信費	消耗品費	交通費	雑　費	残　高
25,000	7	1	前月繰越						25,000
			合　計						

ポイント 支出欄と同じ金額が内訳欄にも記入される。

検定問題

12-5 定額資金前渡法を採用している北海道商店の次の小口現金勘定と小口現金出納帳から，（ア）と（イ）の金額を求めなさい。（第73回）

小口現金

1/1 前期繰越	30,000	1/31 諸　口	（ア）
31 当座預金	28,000		

小口現金出納帳

収入	令○年		摘要	支出	内訳 通信費	交通費	消耗品費	雑費	残高
30,000	1	1	前月繰越						30,000
		4	タクシー代	15,600		15,600			14,400
		10	新聞代	4,100				4,100	10,300
		19	帳簿代	3,500			3,500		6,800
		27	郵便切手代	4,800	4,800				2,000
			合計	28,000	4,800	15,600	3,500	4,100	
（　）		31	小切手受入高						（　）
		〃	次月繰越	（イ）					
（　）				（　）					

ア	¥	イ	¥

12-6 次の取引の仕訳を示しなさい。

(1) 定額資金前渡法を採用している滋賀商店の会計係は，月末に庶務係から次の小口現金出納帳にもとづいて，当月分の支払高の報告を受けたので，ただちに小切手を振り出して補給した。（第81回）

小口現金出納帳

収入	令○年		摘要	支出	内訳 通信費	交通費	雑費	残高
30,000	1	1	前月繰越					30,000
			合計	28,000	9,000	17,000	2,000	

(2) 定額資金前渡法（インプレスト・システム）を採用している石川商店の会計係は，庶務係に小口現金として¥50,000を前渡ししていたが，本日，当月分の支払高について，次のとおり報告を受けたので，ただちに小切手を振り出して補給した。（第91回）

通信費 ¥20,000　　消耗品費 ¥17,000　　雑費 ¥8,000

(3) 新潟商店では定額資金前渡法（インプレスト・システム）を採用することとし，小口現金として小切手¥30,000を振り出して庶務係に渡した。（第89回）

	借方	貸方
(1)		
(2)		
(3)		

13 仕入・売上，仕入帳・売上帳

要点の整理

① 3分法

これまで学んできた商品売買の記帳方法を**分記法**という。この方法によると，手許(てもと)有高はすぐ明らかとなるが，売り渡しのつど，その商品の仕入原価を調べなければならないので不便である。そこで商品売買の記帳を繰越商品（資産）・仕入（費用）・売上（収益）の3勘定を用いて処理する方法がひろくおこなわれている。これを**3分法**という。

② 仕入（費用）

商品を仕入れたときは**仕入勘定**（費用）の借方に記入し，返品したときは貸方に記入する。引取運賃などの仕入諸掛は，仕入原価に含めるので，仕入勘定の借方に記入する。

例 1/10　練馬商店から次の商品を仕入れ，代金は掛けとした。

　A　品　100個　@¥200　¥20,000
　B　品　200〃　〃〃300　¥60,000
　（借）仕　入　80,000　（貸）買掛金　80,000

1/12　練馬商店から仕入れた商品のうち，次の商品を返品した。

　A　品　10個　@¥200　¥ 2,000
　（借）買掛金　2,000　（貸）仕　入　2,000

1/20　豊島商店から次の商品を仕入れ，代金は小切手を振り出して支払った。なお，引取運賃¥4,000は現金で支払った。

　A　品　200個　@¥230　¥46,000
　（借）仕　入　50,000　（貸）当座預金　46,000
　　　　　　　　　　　　　　　現　金　4,000

仕　　入

借方	貸方
1/10 仕　入　高 80,000	1/12 仕入返品高 2,000
1/20 仕　入　高 50,000	純仕入高 ¥128,000

（借方の1/10・1/20の合計：総仕入高）

純仕入高＝総仕入高－仕入返品高

③ 仕入帳

仕入取引の明細を記録する補助簿を**仕入帳**という。

仕　入　帳

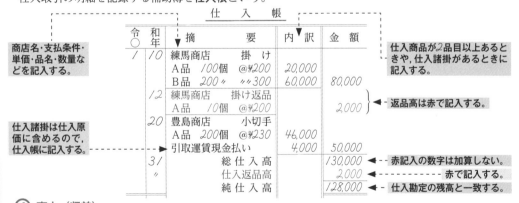

令和○年		摘　　要		内　訳	金　額
1	10	練馬商店	掛　け		
		A品　100個	@¥200	20,000	
		B品　200〃	〃〃300	60,000	80,000
	12	練馬商店	掛け返品		
		A品　10個	@¥200		2,000
	20	豊島商店	小切手		
		A品　200個	@¥230	46,000	
		引取運賃現金払い		4,000	50,000
	31		総 仕 入 高		130,000
	〃		仕入返品高		2,000
			純 仕 入 高		128,000

- 商店名・支払条件・単価・品名・数量などを記入する。
- 仕入商品が2品目以上あるときや，仕入諸掛があるときに記入する。
- 返品高は赤で記入する。
- 仕入諸掛は仕入原価に含めるので，仕入帳に記入する。
- 赤記入の数字は加算しない。
- 赤で記入する。
- 仕入勘定の残高と一致する。

④ 売上（収益）

商品を売り渡したときは**売上勘定**（収益）の貸方に販売価額で記入し，返品されたときは借方に記入する。発送運賃などは**発送費勘定**（費用）の借方に記入する。

例 1/ 9　千倉商店に次の商品を売り渡し，代金は掛けとした。

　B　品　15個　@¥500　¥7,500
　（借）売掛金　7,500　（貸）売　上　7,500

1/10　千倉商店から上記商品のうち1個が返品された。

　（借）売　上　500　（貸）売掛金　500

売　　上

借方	貸方
1/10 売上返品高 500	1/9 売　上　高 7,500
純売上高 ¥7,000	

（貸方の1/9：総売上高）

純売上高＝総売上高－売上返品高

⑤ 売上帳

売上取引の明細を記録する補助簿を**売上帳**という。記入方法は仕入帳に準ずる。

⑥ 繰越商品（資産）

前期繰越高を借方に記入する。

繰　越　商　品

借方	貸方
前期繰越高	

基本問題

13-1 次の取引の仕訳を示しなさい。ただし，商品に関する勘定は3分法によること。

(1) 市原商店から商品¥600,000を仕入れ，代金は掛けとした。

(2) 市原商店から仕入れた商品のうち，¥30,000は品違いにつき返品した。なお，代金は買掛金から差し引くことにした。

(3) 勝山商店から商品¥400,000を仕入れ，代金は掛けとした。なお，引取運賃¥5,300は現金で支払った。

(4) 勝山商店から仕入れた上記商品について¥8,000は品質不良のため返品した。なお，代金は買掛金から差し引くことにした。

	借　　方	貸　　方
(1)		
(2)		
(3)		
(4)		

ポイント ① 3分法であるから「商品」と仕訳しないこと。
② (3)の引取運賃などの仕入諸掛は仕入原価に加えるので，仕入金額に加算する。
③ (4)の仕訳で「返品」としないこと。

13-2 次の取引を仕入帳に記入して，月末に締め切りなさい。

9月10日　館山商店から次の商品を仕入れ，代金は掛けとした。
　A　品　200個　@¥ 500　¥100,000
　B　品　300〃　〃〃1,000　¥300,000

11日　富浦商店から次の商品を仕入れ，代金は掛けとした。なお，引取運賃¥6,400は現金で支払った。
　B　品　160個　@¥1,000　¥160,000

23日　富浦商店から仕入れた上記商品について，一部品違いのため次の商品を返品した。なお，代金は買掛金から差し引くことにした。
　B　品　5個　@¥1,000　¥　5,000

仕　入　帳　　9

令和○年		摘　　要	内　　訳	金　　額

ポイント ① 11日の引取運賃についても仕入帳に記入する。
② 23日の返品はすべて赤で記入する。

13-3 次の取引の仕訳を示しなさい。ただし，商品に関する勘定は3分法によること。

(1) 鴨川商店に商品¥350,000を売り渡し，代金のうち，¥100,000は現金で受け取り，残額は掛けとした。

(2) 鴨川商店に売り渡した上記商品の一部に品違いがあり，¥35,000の返品を受けた。なお，この代金は売掛金から差し引くことにした。

(3) 東金商店に商品¥460,000を売り渡し，代金は掛けとした。なお，発送費¥7,000を現金で支払った。

(4) 東金商店に売り渡した商品について¥5,000は品質不良のため返品を受けた。なお，代金は売掛金から差し引くことにした。

	借　　　方	貸　　　方
(1)		
(2)		
(3)		
(4)		

ポイント ① (1)3分法であるから，売り渡した商品の売価で記入する。
② (3)の売り渡し商品の発送のための費用は，発送費勘定を用いて処理する。

13-4 次の取引を売上帳に記入して，月末に締め切りなさい。

9月14日　野田商店に次の商品を売り渡し，代金のうち¥100,000は現金で受け取り，残額は掛けとした。

A　品　200個　@¥ 800　¥160,000

15日　野田商店に売り渡した上記商品の一部に，サイズ違いがあったので，次のとおり返品された。なお，この代金は売掛金から差し引くことにした。

A　品　20個　@¥ 800　¥ 16,000

25日　佐倉商店に次の商品を売り渡し，代金は掛けとした。なお，発送費¥10,000を現金で支払った。

A　品　300個　@¥ 800　¥240,000
B　品　200 〃　〃〃1,400　¥280,000

売　上　帳　9

令和○年		摘　要	内　訳	金　額

ポイント ① 返品の記入はすべて赤記する。
② 発送費は，売上帳には記入しない。

練習問題

13-5 次の取引の仕訳を示し，仕入勘定と売上勘定に転記しなさい。ただし，商品に関する勘定は3分法によること。

9月 1日　松戸商店から次の商品を仕入れ，代金は掛けとした。

A　品	100個	@¥1,500	¥150,000
B　品	80〃	〃〃1,000	¥ 80,000

2日　松戸商店から仕入れた上記商品のうちA品10個が品質不良であったので返品した。なお，この代金は買掛金から差し引くことにした。

5日　土浦商店に次の商品を売り渡し，代金のうち¥50,000は同店振り出しの小切手で受け取り，ただちに当座預金に預け入れ，残額は掛けとした。

A　品	70個	@¥1,800	¥126,000

7日　土浦商店に売り渡した上記商品のうち10個が色違いのため返品された。なお，この代金は売掛金から差し引くことにした。

12日　北浦商店に次の商品を売り渡し，代金は現金で受け取った。

A　品	60個	@¥1,900	¥114,000
B　品	50〃	〃〃1,200	¥ 60,000

13日　北浦商店に売り渡した上記商品の一部について，商品の一部に破損があり返品を受けた。なお，この代金は現金で返金した。

B　品	3個	@¥1,200	¥　3,600

20日　野田商店から次の商品を仕入れ，代金のうち¥40,000は小切手を振り出して支払い，残額は掛けとした。

A　品	150個	@¥1,600	¥240,000

	借　　方	貸　　方
9/ 1		
2		
5		
7		
12		
13		
20		

仕　入	

売　上	

13-6 前問**13-5**の取引を仕入帳・売上帳に記入して，締め切りなさい。

仕　入　帳　　9

令和○年		摘　要	内　訳	金　額

売　上　帳　　9

令和○年		摘　要	内　訳	金　額

検定問題

13-7 次の取引の仕訳を示しなさい。ただし，商品に関する勘定は3分法によること。

(1) 北海道商店から商品¥420,000を仕入れ，代金は掛けとした。なお，引取運賃¥6,000は現金で支払った。（第91回）

(2) 香川商店に商品¥895,000を売り渡し，代金は掛けとした。なお，発送費¥10,000は現金で支払った。（第89回）

	借　方	貸　方
(1)		
(2)		

14 商品有高帳

要点の整理

① 商品有高帳

商品の種類ごとに口座を設けて，受け入れ，払い出しおよび残高の明細を記録する**補助簿**である。単価・金額はすべて仕入原価で記入する。

② 先入先出法

仕入単価が異なる場合の払出単価を決定する方法の一つで，先に受け入れた単価の分を先に払い出すことにして払出単価を決める方法である。

商品名や取引の明細を記入する。

商 品 有 高 帳

(先入先出法)　品名 A 品　単位：個

令和○年		摘 要	受入 数量	受入 単価	受入 金額	払出 数量	払出 単価	払出 金額	残高 数量	残高 単価	残高 金額
1	1	前月繰越	20	100	2,000				20	100	2,000
	8	上野商店	40	110	4,400				{ 20	100	2,000
									{ 40	110	4,400
	12	新潟商店				{ 20	100	2,000			
						{ 10	110	1,100	30	110	3,300
	21	渋谷商店	50	120	6,000				{ 30	110	3,300
									{ 50	120	6,000
	31	次月繰越				{ 30	110	3,300			
						{ 50	120	6,000			
			110		12,400	110		12,400			
2	1	前月繰越	{ 30	110	3,300				{ 30	110	3,300
			{ 50	120	6,000				{ 50	120	6,000

売り上げたときも仕入原価で記入する。

仕入単価が異なったので2行に分けて記入する。

30個売り上げたが，@¥100のものから先に払い出す。

③ 移動平均法

仕入れのつど，残高欄の金額と仕入金額を合計し，その合計額を残高数量と仕入数量の合計数量で割って，新しい平均単価を計算し，これを払出単価とする方法である。

商 品 有 高 帳

(移動平均法)　品名 A 品　単位：個

令和○年		摘 要	受入 数量	受入 単価	受入 金額	払出 数量	払出 単価	払出 金額	残高 数量	残高 単価	残高 金額
10	1	前月繰越	100	300	30,000				100	300	30,000
	8	大宮商店	150	320	48,000				250	312	78,000
	12	浦和商店				150	312	46,800	100	312	31,200
	20	高崎商店	200	330	66,000				300	324	97,200
	25	熊谷商店				150	324	48,600	150	324	48,600
	31	次月繰越				150	324	48,600			
			450		144,000	450		144,000			
11	1	前月繰越	150	324	48,600				150	324	48,600

$\frac{¥30,000+¥48,000}{100個+150個}$ =@¥312

$\frac{¥31,200+¥66,000}{100個+200個}$ =@¥324

※　仕入返品は払出欄に記入，売上返品は受入欄に記入するので赤記する必要はない。

基本問題

14-1 次のA品の取引を商品有高帳に先入先出法によって記入し，締め切りなさい。なお，開始記入は省略する。

1月 8日　取手商店に200個　@¥280で掛け売りした。
　　10日　柏商店から400個　@¥220で掛けによって仕入れた。
　　18日　市川商店に300個　@¥300で掛け売りした。
　　25日　浦安商店から200個　@¥230で掛けによって仕入れた。

商　品　有　高　帳

(先入先出法)　　品 名　A　品　　単位：個

令和○年		摘　要	受入 数量	受入 単価	受入 金額	払出 数量	払出 単価	払出 金額	残高 数量	残高 単価	残高 金額
1	1	前月繰越	300	200	60,000				300	200	60,000

ポイント 売り渡したときの単価は，商品有高帳の記入には関係ない。残高欄の金額にもとづいて記入する。

14-2 次の取引を，商品有高帳に移動平均法によって記入し，締め切りなさい。

10月 9日　松山商店からA品　800個　@¥550　¥440,000を仕入れた。
　　16日　室戸商店にA品　250個　@¥750　¥187,500を売り渡した。
　　22日　香川商店からA品　250個　@¥560　¥140,000を仕入れた。
　　29日　高知商店にA品　410個　@¥800　¥328,000を売り渡した。

商　品　有　高　帳

(移動平均法)　　品 名　A　品　　単位：個

令和○年		摘　要	受入 数量	受入 単価	受入 金額	払出 数量	払出 単価	払出 金額	残高 数量	残高 単価	残高 金額
10	1	前月繰越	200	500	100,000				200	500	100,000

ポイント 9日，22日は平均単価を計算する。

練習問題

14-3 次のA品の取引を商品有高帳に記入して締め切りなさい。ただし，先入先出法によること。開始記入は省略する。また，A品の9月中の売上原価を計算しなさい。

9月 4日　笠間商店に2,000個 @¥250 ¥500,000を現金¥100,000と掛け¥400,000とで売り渡した。

10日　市原商店から500個 @¥200 ¥100,000を掛けで仕入れた。

12日　佐倉商店に1,000個 @¥260 ¥260,000を掛けで売り渡した。

21日　佐原商店から700個 @¥210 ¥147,000を掛けで仕入れた。

商品有高帳

(先入先出法)　品名　A品　単位：個

令和○年		摘要	受入			払出			残高		
			数量	単価	金額	数量	単価	金額	数量	単価	金額
9	1	前月繰越	2,600	180	468,000				2,600	180	468,000

A品の9月中の売上原価	¥

14-4 次の取引を移動平均法によって商品有高帳に記入し，締め切りなさい。

8月 7日　愛媛商店からボールペン 200ダース @¥730 ¥146,000を掛けで仕入れた。

12日　鳴門商店にボールペン 125ダース @¥900 ¥112,500を掛けで売り渡した。

20日　徳島商店からボールペン 300ダース @¥690 ¥207,000を仕入れ，小切手を振り出して支払った。

25日　宇和島商店にボールペン 250ダース @¥860 ¥215,000を掛けで売り渡した。

商品有高帳

(移動平均法)　品名　ボールペン　単位：ダース

令和○年		摘要	受入			払出			残高		
			数量	単価	金額	数量	単価	金額	数量	単価	金額
8	1	前月繰越	150	800	120,000				150	800	120,000

検定問題

14-5 青森商店は商品有高帳を移動平均法によって記帳している。次の商品有高帳によって，（ ア ）に入る金額と（ イ ）に入る数量を求めなさい。 （第86回）

商　品　有　高　帳

（移動平均法）　品名　A　品　単位：箱

令和○年		摘要	受入 数量	受入 単価	受入 金額	払出 数量	払出 単価	払出 金額	残高 数量	残高 単価	残高 金額
5	1	前月繰越	100	800	80,000				100	800	80,000
	11	弘前商店	400	850	340,000				（ ）	（ ア ）	（ ）
	14	黒石商店	300	760	228,000				（ ）	（ ）	（ ）
	15	八戸商店				400	810	324,000	（ ）	（ ）	（ ）
	22	三沢商店	200	750	150,000				（ イ ）	（ ）	（ ）
	29	八戸商店				200	790	158,000	（ ）	（ ）	（ ）
	31	次月繰越				（ ）	（ ）	（ ）			
			（ ）		（ ）	（ ）		（ ）			

ア	@¥	イ	箱

14-6 栃木商店が販売するA品の商品有高帳は，下記のとおりである。よって，

a．栃木商店は，この商品有高帳を次のどちらの方法で記帳しているか，その番号を記入しなさい。

1．先入先出法　　2．移動平均法

b．（ ア ）に入る数量を求めなさい。 （第89回）

商　品　有　高　帳

品名　A　品　単位：台

令和○年		摘要	受入 数量	受入 単価	受入 金額	払出 数量	払出 単価	払出 金額	残高 数量	残高 単価	残高 金額
1	1	前月繰越	400	750	300,000				400	750	300,000
	15	群馬商店				300	750	225,000	100	750	75,000
	23	高知商店	200	（ ）	154,000				{ 100	（ ）	（ ）
									{ 200	（ ）	（ ）
	28	横浜商店				100	（ ）	（ ）	（ ）	（ ）	（ ）
	31	次月繰越				（ ア ）	770	（ ）			
			（ ）		（ ）	（ ）		（ ）			

a		b	台

15 売掛金・買掛金，売掛金元帳・買掛金元帳

要点の整理

① 売掛金（資産）

商品を掛けで売り上げたときに生じる債権を**売掛金**（accounts receivable）という。掛けで売り渡したときは売掛金勘定の借方に記入し，売掛金を回収したときや商品が返品されたときは，売掛金勘定の貸方に記入する。

② 売掛金元帳（得意先元帳）

売掛金の得意先ごとの明細を記録する補助簿（補助元帳）である。売掛金元帳には得意先の氏名や商店名を用いた**人名勘定**が設けられる。

例 1/ 4 練馬商店に商品¥50,000を売り渡し，代金は掛けとした。
(借) 売　掛　金 50,000　(貸) 売　　　上 50,000

9 板橋商店に商品¥80,000を売り渡し，代金は掛けとした。
(借) 売　掛　金 80,000　(貸) 売　　　上 80,000

11 板橋商店に売り渡した商品のうち¥10,000が品違いのため返品された。
(借) 売　　　上 10,000　(貸) 売　掛　金 10,000

20 練馬商店に対する売掛金の一部¥30,000を現金で受け取った。
(借) 現　　　金 30,000　(貸) 売　掛　金 30,000

総勘定元帳

売　掛　金

1/1	前期繰越	90,000	1/11	売　上	10,000
4	売　上	50,000	20	現　金	30,000
9	売　上	80,000			

残高 ¥180,000

売掛金元帳

練馬商店　1

令和○年		摘　要	借　方	貸　方	借または貸	残　高
1	1	前月繰越	40,000		借	40,000
	4	売り上げ	50,000		〃	90,000
	20	現金受け取り		30,000	〃	60,000
	31	次月繰越		60,000		
			90,000	90,000		

練馬商店 ¥60,000

板橋商店　2

令和○年		摘　要	借　方	貸　方	借または貸	残　高
1	1	前月繰越	50,000		借	50,000
	9	売り上げ	80,000		〃	130,000
	11	売り上げ返品		10,000	〃	120,000
	31	次月繰越		120,000		
			130,000	130,000		

板橋商店 ¥120,000

③ 買掛金（負債）

商品を掛けで仕入れたときに生じる債務を**買掛金**（accounts payable）という。掛けで仕入れたときは買掛金勘定の貸方に記入し，買掛金を支払ったときや商品を返品したときは，買掛金勘定の借方に記入する。

④ 買掛金元帳（仕入先元帳）

買掛金の仕入先ごとの明細を記録する補助簿（補助元帳）である。買掛金元帳には仕入先の氏名や商店名を用いた人名勘定が設けられる。

例 1/ 5 杉並商店から商品¥60,000を仕入れ，代金は掛けとした。
(借) 仕　　　入 60,000　(貸) 買　掛　金 60,000

12 中野商店から商品¥75,000を仕入れ，代金は掛けとした。
(借) 仕　　　入 75,000　(貸) 買　掛　金 75,000

13 中野商店から仕入れた商品のうち¥5,000を品違いのため返品した。
(借) 買　掛　金 5,000　(貸) 仕　　　入 5,000

25 杉並商店に対する買掛金の一部¥45,000を小切手を振り出して支払った。
(借) 買　掛　金 45,000　(貸) 当座預金 45,000

総勘定元帳

買　掛　金

1/13	仕　入	5,000	1/ 5	仕　入	60,000
25	当座預金	45,000	12	仕　入	75,000

残高 ¥85,000

杉並商店 ¥15,000

中野商店 ¥70,000

買掛金元帳

杉並商店　1

令和○年		摘　要	借　方	貸　方	借または貸	残　高
1	5	仕入れ		60,000	貸	60,000
	25	支払い	45,000		〃	15,000
	31	次月繰越	15,000			
			60,000	60,000		

中野商店　2

令和○年		摘　要	借　方	貸　方	借または貸	残　高
1	12	仕入れ		75,000	貸	75,000
	13	仕入れ返品	5,000		〃	70,000
	31	次月繰越	70,000			
			75,000	75,000		

⑤ 統制勘定

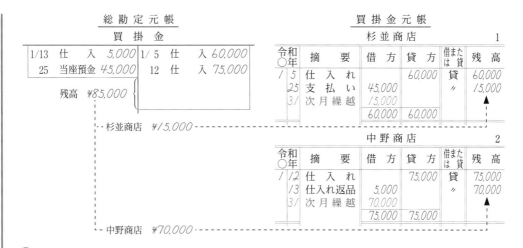

売掛金勘定と買掛金勘定は，それぞれ売掛金元帳と買掛金元帳の人名勘定をまとめて代表する勘定となるので**統制勘定**という。

⑥ 貸し倒れ

売掛金などは得意先の倒産などにより，回収不能となることがある。これを**貸し倒れ**という。この場合，回収不能になった金額を売掛金勘定の貸方と**貸倒損失勘定**（費用）の借方に記入する。

例 得意先東西商店が倒産したため，同店に対する売掛金¥72,000を貸し倒れとして処理した。

（借）貸倒損失　72,000　　（貸）売　掛　金　72,000

基本問題

15-1 次の取引の仕訳を示しなさい。ただし，商品に関する勘定は3分法によること。

(1) 足立商店に商品¥900,000を売り渡し，代金は掛けとした。
(2) 足立商店に売り渡した商品のうち¥18,000が品違いのため返品された。
(3) 足立商店に対する売掛金の一部¥350,000を同店振り出しの小切手で受け取った。
(4) 品川商店から商品¥230,000を仕入れ，代金は掛けとした。
(5) 品川商店から仕入れた商品のうち¥7,000を返品した。
(6) 品川商店に対する買掛金の一部¥160,000を小切手を振り出して支払った。
(7) 得意先南西商店が倒産したため，同店に対する売掛金¥170,000を貸し倒れとして処理した。

	借　　方	貸　　方
(1)		
(2)		
(3)		
(4)		
(5)		
(6)		
(7)		

練習問題

15-2 東京商店の/月中の下記の取引について，

(1) 仕訳帳に記入して，総勘定元帳の売掛金勘定に転記しなさい。

(2) 売掛金元帳に記入して，締め切りなさい。

ただし，i　商品に関する勘定は3分法によること。　ii　仕訳帳の小書きは省略する。

iii　元丁欄には，売掛金勘定に転記するときだけ記入すればよい。

取　　引

/月 9日　千葉商店に商品¥5/0,000を売り渡し，代金は掛けとした。

/0日　千葉商店へ売り渡した商品のうち，¥7,000が品違いのため返品された。

/5日　埼玉商店から商品¥690,000を仕入れ，代金のうち¥400,000については小切手＃8を振り出して支払い，残額は掛けとした。

23日　群馬商店に商品¥480,000を売り渡し，代金のうち¥/00,000は現金で受け取り，残額は掛けとした。

30日　群馬商店から売掛金の一部¥300,000を同店振り出しの小切手＃/2で受け取り，ただちに当座預金に預け入れた。

(1)

仕　訳　帳　1

令和○年		摘　要	元丁	借　方	貸　方
/	/	前期繰越高	√	6,/80,000	6,/80,000

総　勘　定　元　帳

売　掛　金　3

令和○年		摘　要	仕丁	借　方	令和○年		摘　要	仕丁	貸　方
/	/	前期繰越	√	840,000					

(2)

売　掛　金　元　帳

千　葉　商　店　1

令和○年		摘　要	借　方	貸　方	借または貸	残　高
/	/	前月繰越	350,000		借	350,000

群　馬　商　店　2

令和○年		摘　要	借　方	貸　方	借または貸	残　高
/	/	前月繰越	490,000		借	490,000

15-3 東北商店の1月中の下記の取引について，

(1) 仕訳帳に記入して，総勘定元帳の買掛金勘定と売上勘定に転記しなさい。

(2) 買掛金元帳に記入して，締め切りなさい。

ただし，i　商品に関する勘定は3分法によること。　ii　仕訳帳の小書きは省略する。

iii　元丁欄には，買掛金勘定と売上勘定に転記するときだけ記入すればよい。

取　引

1月 5日　青森商店から商品¥480,000を仕入れ，代金は掛けとした。

6日　青森商店から仕入れた商品のうち¥7,000が品違いであったので返品した。

10日　宮城商店に商品¥400,000を売り渡し，代金のうち¥100,000は同店振り出しの小切手#6で受け取り，ただちに当座預金に預け入れた。なお，残額は掛けとした。

17日　福島商店から商品¥150,000を仕入れ，代金は掛けとした。なお，引取運賃¥3,000を現金で支払った。

25日　福島商店に対する買掛金の一部¥200,000を小切手#13を振り出して支払った。

(1)

仕　訳　帳　　1

令和○年		摘要	元丁	借方	貸方
1	1	前期繰越高	√	5,960,000	5,960,000

総　勘　定　元　帳

買　掛　金　　7

令和○年		摘要	仕丁	借方	令和○年		摘要	仕丁	貸方
					1	1	前期繰越	√	350,000

売　上　　10

令和○年		摘要	仕丁	借方	令和○年		摘要	仕丁	貸方

(2)

買　掛　金　元　帳

青森商店　　1

令和○年		摘要	借方	貸方	借または貸	残高
1	1	前月繰越		120,000	貸	120,000

福島商店　　2

令和○年		摘要	借方	貸方	借または貸	残高
1	1	前月繰越		230,000	貸	230,000

検定問題

15-4 熊本商店の下記の取引について，

(1) 仕訳帳に記入して，総勘定元帳の買掛金勘定と売上勘定に転記しなさい。

(2) 仕入帳と買掛金元帳に記入して，締め切りなさい。　　（第87回一部修正）

ただし，ｉ　商品に関する勘定は3分法によること。

ⅱ　仕訳帳の小書きは省略する。

ⅲ　元丁欄には，買掛金勘定と売上勘定に転記するときだけ記入すればよい。

取　　引

1月 8日　佐賀商店から次の商品を仕入れ，代金は掛けとした。

　　Ａ　品　600個　@¥700　¥420,000

9日　佐賀商店から仕入れた上記商品の一部に品質不良のものがあったので，次のとおり返品した。なお，この代金は買掛金から差し引くことにした。

　　Ａ　品　10個　@¥700　¥　7,000

16日　長崎商店に次の商品を売り渡し，代金は掛けとした。

　　Ａ　品　400個　@¥950　¥380,000

21日　福岡商店に対する買掛金の一部について，下記の小切手＃9を振り出して支払った。

DT0009　　小　切　手　　熊本 4301 / 0914－043

支払地　熊本県熊本市中央区水前寺6-18-1

株式会社　全商銀行熊本支店

金　額　¥190,000※

上記の金額をこの小切手と引き替えに持参人へお支払いください

令和○年 1 月 21 日

振出地　熊本県熊本市

熊本県熊本市中央区神水1-1-2

熊本商店

振出人　熊　本　太　郎　（熊本）

28日　福岡商店から次の商品を仕入れ，代金のうち¥45,000は現金で支払い，残額は掛けとした。

　　Ｂ　品　700個　@¥350　¥245,000

　　Ｃ　品　100〃　〃〃500　¥　50,000

(1)

仕　訳　帳　　　1

令和○年		摘　要	元丁	借　方	貸　方
1	1	前期繰越高	√	6,517,000	6,517,000

総勘定元帳

買掛金　7

令〇年		摘要	仕丁	借方	令〇年		摘要	仕丁	貸方
					1	1	前期繰越	√	450,000

売上　10

令〇年		摘要	仕丁	借方	令〇年		摘要	仕丁	貸方

(2) （注意）仕入帳と買掛金元帳は締め切ること。

仕入帳

1

令〇年		摘要	内訳	金額

買掛金元帳

佐賀商店　1

令〇年		摘要	借方	貸方	借または貸	残高
1	1	前月繰越		100,000	貸	100,000

福岡商店　2

令〇年		摘要	借方	貸方	借または貸	残高
1	1	前月繰越		350,000	貸	350,000

15-5 和歌山商店の下記の取引について，

(1) 仕訳帳に記入して，総勘定元帳の現金勘定と売掛金勘定に転記しなさい。

(2) 売上帳と売掛金元帳に記入して，締め切りなさい。　　　　　　　　　　　　（第88回一部修正）

ただし，i　商品に関する勘定は3分法によること。

ii　仕訳帳の小書きは省略する。

iii　元丁欄には，現金勘定と売掛金勘定に転記するときだけ記入すればよい。

取　　引

1月 7日　奈良商店から次の商品を仕入れ，代金のうち¥160,000は現金で支払い，残額は掛けとした。

A　品	850個	@¥260	¥221,000
B　品	900〃	〃〃390	¥351,000

15日　大阪商店に次の商品を売り渡し，代金は掛けとした。

A　品	210個	@¥400	¥ 84,000
B　品	320〃	〃〃600	¥192,000

17日　大阪商店に売り渡した上記商品の一部について，次のとおり返品された。なお，この代金は売掛金から差し引くことにした。

A　品	20個	@¥400	¥ 8,000

22日　三重商店に次の商品を売り渡し，代金のうち¥100,000は現金で受け取り，残額は掛けとした。

A　品	590個	@¥400	¥236,000

29日　三重商店から売掛金の一部を次の小切手で受け取り，ただちに当座預金に預け入れた。

DT0006　小　切　手　四日市 2401 0914−024

支払地　三重県津市広明町13

株式会社　全商銀行三重支店

金　額　¥280,000※

上記の金額をこの小切手と引き替えに持参人へお支払いください

令和○年 1 月 29 日

振出地　三重県津市

三重県津市渋見町699

三　重　商　店

振出人　三　重　太　郎　（三重）

(1)

仕　　訳　　帳　　　1

令○和年		摘　　要	元丁	借　方	貸　方
1	1	前期繰越高	√	4,827,000	4,827,000

総勘定元帳

現　金　1

令〇	和年	摘要	仕丁	借方	令〇	和年	摘要	仕丁	貸方
/	/	前期繰越	√	410,000					

売掛金　3

令〇	和年	摘要	仕丁	借方	令〇	和年	摘要	仕丁	貸方
/	/	前期繰越	√	490,000					

(2)（注意）売上帳と売掛金元帳は締め切ること。

売上帳

1

令〇	和年	摘要	内訳	金額

売掛金元帳

大阪商店　1

令〇	和年	摘要	借方	貸方	借または貸	残高
/	/	前月繰越	150,000		借	150,000

三重商店　2

令〇	和年	摘要	借方	貸方	借または貸	残高
/	/	前月繰越	340,000		借	340,000

15-6 関東商店の下記の取引について，

(1) 仕訳帳に記入して，総勘定元帳の当座預金勘定と買掛金勘定に転記しなさい。

(2) 仕入帳と買掛金元帳に記入して，締め切りなさい。　　　　（第89回一部修正）

ただし，i　商品に関する勘定は3分法によること。

ii　仕訳帳の小書きは省略する。

iii　元丁欄には，当座預金勘定と買掛金勘定に転記するときだけ記入すればよい。

取　　引

1月 8日　船橋商店から次の商品を仕入れ，代金は掛けとした。

A　品　400個　@¥280　¥112,000

B　品　500 〃　〃〃300　¥150,000

9日　船橋商店から仕入れた商品の一部を返品し，この代金は買掛金から差し引くことにした。

B　品　10個　@¥300　¥　3,000

14日　水戸商店から次の商品を仕入れ，代金は掛けとした。

C　品　700個　@¥250　¥175,000

21日　東京商店に次の商品を売り渡し，代金は掛けとした。

A　品　500個　@¥450　¥225,000

B　品　360 〃　〃〃450　¥162,000

C　品　300 〃　〃〃400　¥120,000

27日　船橋商店に対する買掛金の一部¥189,000を小切手＃8を振り出して支払った。

28日　埼玉商店から売掛金の一部を次の小切手で受け取り，ただちに当座預金に預け入れた。

HA0008　　小　切　手　　東京 0701 0914－007

支払地　埼玉県深谷市原郷80

株式会社　全商銀行深谷支店

金　額　¥395,000※

上記の金額をこの小切手と引き替えに
持参人へお支払いください

令和○年 1 月 28 日

振出地　埼玉県深谷市

埼玉県深谷市仲町11-1
埼玉商店
振出人　深谷翔太　（深谷）

30日　水戸商店に対する買掛金の一部¥285,000を小切手＃9を振り出して支払った。

(1)

仕　訳　帳　　　　1

令和○年		摘　要	元丁	借　方	貸　方
1	1	前期繰越高	√	5,048,000	5,048,000

総　勘　定　元　帳

当　座　預　金　2

令〇	和年	摘　要	仕丁	借　方	令〇	和年	摘　要	仕丁	貸　方
/	/	前期繰越	√	1,680,000					

買　掛　金　8

令〇	和年	摘　要	仕丁	借　方	令〇	和年	摘　要	仕丁	貸　方
					/	/	前期繰越	√	474,000

(2)（注意）仕入帳と買掛金元帳は締め切ること。

仕　入　帳

1

令〇	和年	摘　要	内　訳	金　額

買　掛　金　元　帳

船　橋　商　店　1

令〇	和年	摘　要	借　方	貸　方	借または貸	残　高
/	/	前月繰越		189,000	貸	189,000

水　戸　商　店　2

令〇	和年	摘　要	借　方	貸　方	借または貸	残　高
/	/	前月繰越		285,000	貸	285,000

15-7 宮崎商店の下記の取引について，

(1) 仕訳帳に記入して，総勘定元帳の現金勘定と売掛金勘定に転記しなさい。

(2) 売上帳と売掛金元帳に記入して，締め切りなさい。（第90回一部修正）

ただし，i 商品に関する勘定は3分法によること。

ii 仕訳帳の小書きは省略する。

iii 元丁欄には，現金勘定と売掛金勘定に転記するときだけ記入すればよい。

取　　引

1月 8日 静岡商店から次の商品を仕入れ，代金は掛けとした。

A 品 600個 @¥250 ¥150,000

B 品 800〃 〃〃370 ¥296,000

C 品 100〃 〃〃400 ¥ 40,000

16日 大分商店に次の商品を売り渡し，代金は掛けとした。

A 品 700個 @¥390 ¥273,000

17日 長崎商店に次の商品を売り渡し，代金は掛けとした。

A 品 200個 @¥390 ¥ 78,000

B 品 600〃 〃〃580 ¥348,000

20日 長崎商店に売り渡した上記商品の一部について，次のとおり返品された。なお，この代金は売掛金から差し引くことにした。

B 品 50個 @¥580 ¥ 29,000

24日 長崎商店から売掛金の一部¥261,000を現金で受け取った。

27日 大分商店から売掛金の一部を次の小切手で受け取り，ただちに当座預金に預け入れた。

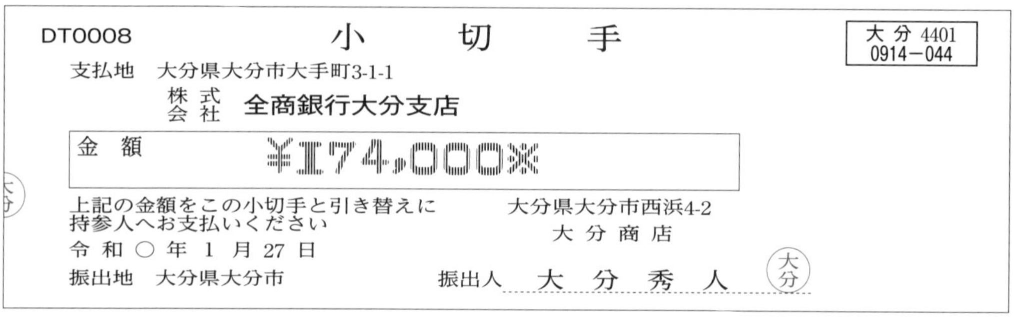
DT0008 小　切　手

大分 4401
0914－044

支払地 大分県大分市大手町3-1-1

株式会社 全商銀行大分支店

金額 ¥174,000※

上記の金額をこの小切手と引き替えに持参人へお支払いください

令和○年1月27日

振出地 大分県大分市

大分県大分市西浜4-2

大分商店

振出人 大分秀人

29日 静岡商店に対する買掛金の一部¥305,000を現金で支払った。

(1)

仕　訳　帳　　1

令和○年		摘　　要	元丁	借　方	貸　方
1	1	前期繰越高	√	6,003,000	6,003,000

総勘定元帳

現　金　1

令〇年		摘　要	仕丁	借　方	令〇年		摘　要	仕丁	貸　方
/	/	前期繰越	√	197,000					

売掛金　3

令〇年		摘　要	仕丁	借　方	令〇年		摘　要	仕丁	貸　方
/	/	前期繰越	√	435,000					

(2)（注意）売上帳と売掛金元帳は締め切ること。

売上帳

1

令〇年		摘　要	内　訳	金　額

売掛金元帳

大分商店　1

令〇年		摘　要	借　方	貸　方	借または貸	残　高
/	/	前月繰越	174,000		借	174,000

長崎商店　2

令〇年		摘　要	借　方	貸　方	借または貸	残　高
/	/	前月繰越	261,000		借	261,000

15-8 近畿商店の下記の取引について，

(1) 仕訳帳に記入して，総勘定元帳の当座預金勘定と売掛金勘定に転記しなさい。

(2) 売上帳と売掛金元帳に記入して，締め切りなさい。 （第91回一部修正）

ただし，i 商品に関する勘定は3分法によること。

ii 仕訳帳の小書きは省略する。

iii 元丁欄には，当座預金勘定と売掛金勘定に転記するときだけ記入すればよい。

取　　引

1月 7日 大阪商店から次の商品を仕入れ，代金は小切手＃8を振り出して支払った。

A 品	800個	@¥270	¥216,000
B 品	600 〃	〃〃310	¥186,000
C 品	100 〃	〃〃500	¥ 50,000

12日 京都商店に次の商品を売り渡し，代金は掛けとした。

A 品	900個	@¥380	¥342,000
B 品	500 〃	〃〃460	¥230,000

15日 京都商店に売り渡した上記商品の一部について，次のとおり返品された。なお，この代金は売掛金から差し引くことにした。

A 品	50個	@¥380	¥ 19,000

18日 兵庫商店に次の商品を売り渡し，代金は掛けとした。

A 品	400個	@¥380	¥152,000
C 品	90 〃	〃〃700	¥ 63,000

25日 兵庫商店から売掛金の一部を次の小切手で受け取り，ただちに当座預金に預け入れた。

KB0007　　小　切　手　　神 戸 2801 0914−028

支払地　兵庫県姫路市井ノ口468

株式会社　全商銀行姫路支店

金 額　¥156,000※

上記の金額をこの小切手と引き替えに
持参人へお支払いください

令和○年 1月 25日

振出地　兵庫県神戸市

兵庫県神戸市垂水区星陵台4-3-1
兵庫商店

振出人　神 戸 大 介　（神戸）

27日 奈良商店に対する買掛金の一部¥395,000を小切手＃9を振り出して支払った。

29日 京都商店から売掛金の一部¥374,000を同店振り出しの小切手＃4で受け取った。

(1)

仕　　訳　　帳　　1

令和○年		摘　　要	元丁	借　方	貸　方
1	1	前期繰越高	√	6,070,000	6,070,000

総　勘　定　元　帳

当　座　預　金　2

令○	和年	摘　　要	仕丁	借　　方	令○	和年	摘　　要	仕丁	貸　　方
1	1	前期繰越	√	1,208,000					

売　掛　金　3

令○	和年	摘　　要	仕丁	借　　方	令○	和年	摘　　要	仕丁	貸　　方
1	1	前期繰越	√	530,000					

(2)（注意）売上帳と売掛金元帳は締め切ること。

売　上　帳

1

令○	和年	摘　　要	内　　訳	金　　額

売　掛　金　元　帳

京　都　商　店　1

令○	和年	摘　要	借　方	貸　方	借または貸	残　高
1	1	前月繰越	374,000		借	374,000

兵　庫　商　店　2

令○	和年	摘　要	借　方	貸　方	借または貸	残　高
1	1	前月繰越	156,000		借	156,000

16 受取手形・支払手形 2級の範囲

要点の整理

① 手形の種類 2級の範囲

商品代金の受け払いに現金や小切手などのほか，手形が用いられる。手形には**約束手形**（promissory note）と**為替手形**（bill of exchange）とがある。

② 受取手形（notes receivable）と支払手形（notes payable） 2級の範囲

約束手形・為替手形の種類に関係なく，手形取引によって債権・債務が発生する。手形債権は**受取手形勘定**（資産）に記入し，手形債務は**支払手形勘定**（負債）に記入する。

受　取　手　形

（手形債権の発生）	（手形債権の消滅）
●約束手形の受け取り	●手形金額の受け取り ●手形の裏書譲渡・割引
	} 手形債権の現在高

支　払　手　形

（手形債務の消滅）	（手形債務の発生）
●手形金額の支払い	●約束手形の振り出し
手形債務の現在高 {	

③ 約束手形の記帳 2級の範囲

約束手形は，振出人（支払人）が名あて人（受取人）に対して，一定の期日に手形金額を支払うことを約束する証券である。

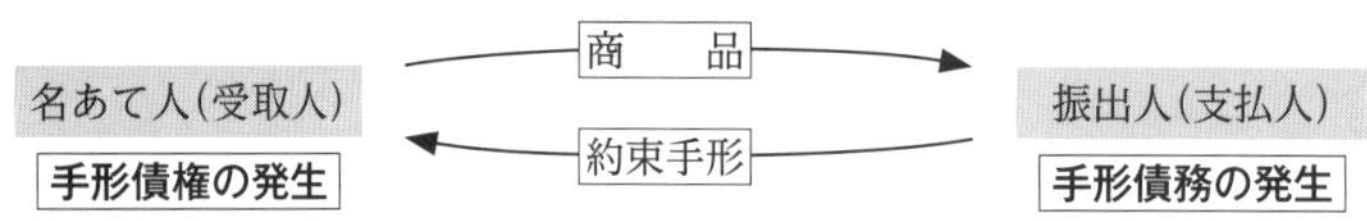

例 埼玉商店は群馬商店に商品¥190,000を売り渡し，代金は群馬商店振り出し，埼玉商店あての約束手形#3を受け取った。

埼玉商店	（借）受取手形	190,000	（貸）売　　上	190,000
群馬商店	（借）仕　　入	190,000	（貸）支払手形	190,000

例 埼玉商店は，取り立てを依頼していた群馬商店振り出しの約束手形#3が期日に当座預金に入金されたとの通知を銀行から受けた。

埼玉商店	（借）当座預金	190,000	（貸）受取手形	190,000
群馬商店	（借）支払手形	190,000	（貸）当座預金	190,000

④ 手形の裏書譲渡 2級の範囲

手形の所持人は，その手形を支払期日前に，商品代金の支払いなどのために，手形の裏面に必要事項を記入して，他人に譲り渡すことができる。これを**手形の裏書譲渡**という。

例 高知商店は，香川商店から商品¥170,000を仕入れ，代金はさきに商品代金として受け取っていた徳島商店振り出しの約束手形を裏書譲渡した。

（借）仕　　入　170,000　　（貸）受 取 手 形　170,000

⑤ 手形の割引 2級の範囲

手形の所持人は，その手形を支払期日前に，営業に必要な資金を調達するために，取引銀行などに裏書譲渡することがある。これを**手形の割引**という。この場合，割り引いた日から支払期日までの利息などに相当する割引料を差し引いた残額を，手取金として当座預金勘定の借方に記入する。手取金と手形金額との差額は，**手形売却損勘定**（費用）の借方に記入する。

例 東京商店は，さきに売掛金の回収として受け取っていた，埼玉商店振り出しの約束手形¥230,000を取引銀行で割り引き，割引料を差し引かれた手取金¥228,500は当座預金とした。

（借）当 座 預 金　228,500　　（貸）受 取 手 形　230,000
　　　手形売却損　　1,500

⑥ 受取手形記入帳・支払手形記入帳 2級の範囲

手形債権・手形債務の発生と消滅についての明細を記録するための補助簿である。

基本問題

16-1 次の取引の仕訳を示しなさい。ただし，商品に関する勘定は3分法によること。**2級の範囲**

(1) 新宿商店に商品¥340,000を売り渡し，代金は同店振り出しの約束手形を受け取った。

(2) 目黒商店に対する買掛金¥70,000を支払うため，約束手形を振り出した。

(3) かねて，取引銀行に取り立てを依頼していた約束手形¥230,000が，本日満期となり，当店の当座預金に入金されたとの通知を受けた。

(4) さきに甲府商店に振り出していた約束手形¥330,000が，本日満期となり，当座預金から支払われた。

	借　　方	貸　　方
(1)		
(2)		
(3)		
(4)		

16-2 次の取引の仕訳を示しなさい。ただし，商品に関する勘定は3分法によること。**2級の範囲**

(1) 高田商店から商品¥250,000を仕入れ，代金として，さきに目白商店から受け取っていた約束手形を裏書譲渡した。

(2) 寝屋川商店から商品代金として受け取っていた同店振り出しの約束手形¥80,000を取引銀行で割り引き，割引料を差し引かれた手取金¥78,400は当座預金とした。

	借　　方	貸　　方
(1)		
(2)		

ポイント ① (1)裏書譲渡により手形債権が消滅する。
② (2)手形の割引により，手形債権が消滅する。また，手形売却損は，¥80,000－手取金¥78,400である。

16-3 次の取引を支払手形記入帳に記入しなさい。**2級の範囲**

11月4日　田川商店から商品¥680,000を仕入れ，代金は同店あての約束手形#9（振出日：11月4日　支払期日：12月4日　支払場所：全商銀行）を振り出して支払った。

12月4日　さきに振り出した約束手形#9が本日満期となり，当座預金から支払われた。

支払手形記入帳　　3

令和○年		摘要	金額	手形種類	手形番号	受取人	振出人	振出日		支払期日		支払場所	てん末		
													月	日	摘要

ポイント 振出人欄には手形の振出人を記入するので，約束手形のときは当店となる。手形債務の消滅はてん末欄に記入する。

練習問題

16-4 次の取引の仕訳を示し，受取手形記入帳に記入しなさい。ただし，商品に関する勘定は3分法によること。 **2級の範囲**

9月 5日　大塚商店から売掛金¥180,000を，同店振り出しの次の約束手形で受け取った。
　　大塚商店振り出し，当店あて約束手形#26　¥180,000
　　振出日　9月5日　　支払期日　10月5日　　支払場所　全商銀行
　11日　坂戸商店に商品¥260,000を売り渡し，代金として，同店振り出しの約束手形#6を受け取った。
　　振出日　9月11日　　支払期日　10月11日　　支払場所　全商銀行
　14日　志木商店から商品¥180,000を仕入れ，代金として，5日に大塚商店から受け取っていた約束手形#26を裏書譲渡した。
10月11日　先月11日に受け取り，取り立てを依頼していた坂戸商店振り出しの約束手形#6が本日満期となり，当店の当座預金に入金したとの通知を取引銀行から受けた。

	借　方	貸　方
9/ 5		
11		
14		
10/11		

受　取　手　形　記　入　帳

3

令和○年		摘　要	金　額	手形種類	手形番号	支払人	振出人または裏書人	振出日		支払期日		支払場所	て　ん　末		
													月	日	摘　要

ポイント 受取手形記入帳には，すべての手形債権（受取手形）を記入する。入金・裏書譲渡・割引などにより手形債権が消滅したときは，てん末欄に記入する。

17 その他の債権・債務

要点の整理

① 貸付金・借入金

借用証書によって，金銭の貸し借りをおこなったときに生じる債権は**貸付金勘定**（資産）に，債務は**借入金勘定**（負債）に記入する。

例 ① 練馬商店は，杉並商店に現金¥90,000を貸し付け，借用証書を受け取った。

〔練馬商店〕（借）貸　付　金　90,000　（貸）現　　　金　90,000
〔杉並商店〕（借）現　　　金　90,000　（貸）借　入　金　90,000

② 練馬商店は，杉並商店から貸付金¥90,000の返済を受け，利息¥2,000とともに現金で受け取った。

〔練馬商店〕（借）現　　　金　92,000　（貸）貸　付　金　90,000
　　　　　　　　　　　　　　　　　　　　　　受取利息　2,000
〔杉並商店〕（借）借　入　金　90,000　（貸）現　　　金　92,000
　　　　　　　　　支払利息　2,000

② 手形貸付金・手形借入金　2級の範囲

借用証書のかわりに，約束手形を振り出して金銭の貸し借りをおこなったときは，貸付金勘定・借入金勘定と区別して，**手形貸付金勘定**（資産），**手形借入金勘定**（負債）を用いて記入する。

例 ① 板橋商店は，豊島商店に現金¥230,000を貸し付け，同店振り出しの約束手形¥230,000を受け取った。

〔板橋商店〕（借）手形貸付金　230,000　（貸）現　　　金　230,000
〔豊島商店〕（借）現　　　金　230,000　（貸）手形借入金　230,000

② 板橋商店は，かねて豊島商店から約束手形を受け取って貸し付けていた¥230,000の返済を受け，利息¥6,000とともに現金で受け取った。

〔板橋商店〕（借）現　　　金　236,000　（貸）手形貸付金　230,000
　　　　　　　　　　　　　　　　　　　　　　受取利息　6,000
〔豊島商店〕（借）手形借入金　230,000　（貸）現　　　金　236,000
　　　　　　　　　支払利息　6,000

③ 前払金・前受金

商品の受け渡しをする前に，代金の一部を内金として前払いしたときは**前払金勘定**（資産）に，内金として受け取ったときは**前受金勘定**（負債）に記入する。商品の受け渡しがおこなわれたときは，商品代金にあてられる。

例 ① 品川商店は，目黒商店に商品¥130,000を注文し，内金として¥50,000を現金で前払いした。

〔品川商店〕（借）前　払　金　50,000　（貸）現　　　金　50,000
〔目黒商店〕（借）現　　　金　50,000　（貸）前　受　金　50,000

② 品川商店は，目黒商店から商品¥130,000を仕入れ，代金はさきに支払ってある内金¥50,000を差し引き，残額は掛けとした。

〔品川商店〕（借）仕　　　入　130,000　（貸）前　払　金　50,000
　　　　　　　　　　　　　　　　　　　　　　買　掛　金　80,000
〔目黒商店〕（借）前　受　金　50,000　（貸）売　　　上　130,000
　　　　　　　　　売　掛　金　80,000

代金の一部を，売買契約の履行を確実なものにするための手付金として支払ったときは**支払手付金勘定**（資産）に，手付金として受け取ったときは**受取手付金勘定**（負債）に記入することもある。

④ 未収入金・未払金

不用品の売却や備品・消耗品の買い入れなどのように，商品売買取引以外の取引によって生じた一時的な債権・債務は，それぞれ**未収入金勘定**（資産）・**未払金勘定**（負債）で処理する。

例 ① 雑誌などの不用品を売却し，代金¥4,000は月末に受け取ることにした。

（借）未収入金　4,000　（貸）雑　　　益　4,000

② 営業用の金庫を買い入れ，代金¥200,000は月末に支払うことにした。

（借）備　　　品　200,000　（貸）未　払　金　200,000

⑤ 立替金・預り金

取引先などに対し，一時的に金銭を立て替え払いしたときは**立替金勘定**（資産）に，一時的に金銭を預かったときは**預り金勘定**（負債）に記入する。

従業員に対する立替金や預り金は，取引先などに対するものと区別するために，**従業員立替金勘定**（資産）や**従業員預り金勘定**（負債）に記入する。従業員の給料から差し引いて預かる所得税は，**所得税預り金勘定**（負債）に記入する。

例 従業員の給料¥810,000の支払いにさいし，所得税額¥80,000とかねて立て替え払いしていた立替金¥60,000を差し引いて，残額を現金で支払った。

（借）	給　料	810,000	（貸）	所得税預り金	80,000
				従業員立替金	60,000
				現　金	670,000

⑥ 仮払金・仮受金

現金などの収入・支出はあったが，その相手勘定科目または金額が確定しないときは，支出額については**仮払金勘定**（資産）に，収入額については**仮受金勘定**（負債）に記入する。後日，相手勘定科目や金額が確定したときはその勘定に振り替える。

例 ① 従業員の出張にあたり，旅費の概算額¥40,000を現金で渡した。

（借）	仮払金	40,000	（貸）	現　金	40,000

② 従業員が帰店し，旅費の精算をおこない，残額¥6,000を現金で受け取った。

（借）	旅　費	34,000	（貸）	仮払金	40,000
	現　金	6,000			

③ 出張中の従業員から当店の当座預金口座に¥170,000の振り込みがあったが，その内容は不明である。

（借）	当座預金	170,000	（貸）	仮受金	170,000

④ 内容不明の振込額¥170,000は，長野商店に対する売掛金の回収であることがわかった。

（借）	仮受金	170,000	（貸）	売掛金	170,000

⑦ 仮払消費税・仮受消費税・未払消費税 **2級の範囲**

消費税は，商品の販売やサービスの提供に対して課せられる税金である。仕入れのときに支払った消費税は**仮払消費税勘定**（資産）の借方に記入し，売り上げのときに受け取った消費税は**仮受消費税勘定**（負債）の貸方に記入する。企業が納付する消費税は，期末に仮受消費税から仮払消費税を差し引いた額であり，**未払消費税勘定**（負債）の貸方に記入する。

例 ① 商品¥200,000を仕入れ，代金はその消費税¥20,000とともに掛けとした。

（借）	仕　入	200,000	（貸）	買掛金	220,000
	仮払消費税	20,000			

② 商品¥300,000を売り上げ，代金はその消費税¥30,000とともに掛けとした。

（借）	売掛金	330,000	（貸）	売　上	300,000
				仮受消費税	30,000

③ 期末に納付する消費税額¥10,000を計上した。

（借）	仮受消費税	30,000	（貸）	仮払消費税	20,000
				未払消費税	10,000

④ 確定申告をおこない，上記の消費税額¥10,000を現金で納付した。

（借）	未払消費税	10,000	（貸）	現　金	10,000

⑧ 受取商品券 **2級の範囲**

他店が発行した商品券を受け取ったときは，その商品券にある金額を請求する権利が発生するため，**受取商品券勘定**（資産）の借方に記入する。後日，その商品券を精算したときは，受取商品券勘定の貸方に記入する。

例 ① 商品¥39,000を売り渡し，代金として他店発行の商品券を受け取った。

（借）	受取商品券	39,000	（貸）	売　上	39,000

② 当店保有の他店発行の商品券¥39,000を精算し，現金で受け取った。

（借）	現　金	39,000	（貸）	受取商品券	39,000

基本問題

17-1 次の取引の仕訳を示しなさい。

(1) 豊田商店に借用証書によって，現金¥200,000を貸し付けた。
(2) 豊田商店から上記の貸付金¥200,000の返済を受け，利息¥10,000とともに現金で受け取った。
(3) 松阪商店から借用証書によって，現金¥300,000を借り入れた。
(4) 借用証書によって豊橋商店から¥250,000を借り入れ，利息¥3,500を差し引かれ，手取金は現金で受け取った。

	借　方	貸　方
(1)		
(2)		
(3)		
(4)		

17-2 次の取引の仕訳を示しなさい。ただし，商品に関する勘定は3分法によること。

(1) 富山商店に商品¥280,000を注文し，内金として¥80,000を現金で前払いした。
(2) 富山商店から上記の注文品¥280,000を仕入れ，代金はさきに支払ってある内金¥80,000を差し引き，残額は掛けとした。
(3) 金沢商店から商品¥160,000の注文を受け，代金の一部¥60,000を内金として現金で受け取った。

	借　方	貸　方
(1)		
(2)		
(3)		

ポイント ① (1)の商品¥280,000については，仕訳を要しない。
② (2)の内金¥80,000は商品代金にあてたので，前払金（資産）が減少する。

17-3 次の取引の仕訳を示しなさい。

(1) 不用になった古新聞・古雑誌などを売却し，代金¥1,200は月末に受け取ることにした。
(2) 備品¥250,000を買い入れ，代金は月末に支払うことにした。
(3) 上記(2)の代金¥250,000を小切手を振り出して支払った。

	借　方	貸　方
(1)		
(2)		
(3)		

ポイント ① (2)は買掛金勘定を用いないで，未払金勘定を用いる。 ② (3)は未払金が減少する。

17-4 次の取引の仕訳を示しなさい。

(1) 従業員の家庭用品購入代金¥50,000を立て替えて，現金で支払った。

(2) 本月分の給料¥120,000のうち，上記の従業員立替金¥50,000を差し引いて，残額¥70,000は現金で支払った。

(3) 本月分の給料¥160,000のうち，所得税の源泉徴収額¥4,000を差し引いて，残額は現金で支払った。

	借方	貸方
(1)		
(2)		
(3)		

ポイント ① (1)は単に「立替金」ではいけない。 ② (2)は従業員立替金の返済を受けたことになる。
③ (3)は単に「預り金」としないこと。

17-5 次の取引の仕訳を示しなさい。

(1) 従業員の出張にあたり，旅費の概算額¥60,000を現金で渡した。

(2) 従業員が帰店したので，上記の旅費を精算し，残額¥2,500を現金で受け取った。

(3) 出張中の従業員から，当店の当座預金口座に¥100,000の振り込みがあったが，その内容は不明である。

(4) 当座預金に振り込まれた上記の¥100,000は，仙台商店に対する売掛金の回収であることがわかった。

	借方	貸方
(1)		
(2)		
(3)		
(4)		

ポイント ① (1)は金額が確定していないので，ひとまず仮払金勘定に記入する。
② (2)は金額¥57,500が確定したので，仮払金勘定から旅費勘定に振り替える。
③ (3)は記入する相手勘定科目が確定していないので，ひとまず仮受金勘定に記入する。

17-6 次の連続した取引の仕訳を示しなさい。ただし，商品に関する勘定は3分法によること。

(1) 商品¥100,000を売り渡し，代金として他店発行の商品券を受け取った。

(2) 当店保有の他店発行の商品券¥100,000を精算し，現金で受け取った。 **2級の範囲**

	借方	貸方
(1)		
(2)		

ポイント ① (1)では，他店が発行した商品券を受け取ったときは，その金額を請求する権利が発生するので，受取商品券勘定（資産）の借方に記入する。
② (2)他店発行の商品券を精算したら，受取商品券勘定の貸方に記入する。

17-7 次の連続した取引の仕訳を示しなさい。

(1) 営業用の交通系ICカードに現金¥20,000を入金した。

(2) 従業員が営業のため，上記の交通系ICカードによって，地下鉄料金¥500を支払った。

(3) 従業員が上記の交通系ICカードによって，営業で使用する文房具¥1,200を購入した。

	借　　　方	貸　　　方
(1)		
(2)		
(3)		

練習問題

17-8 次の取引の仕訳を示しなさい。

(1) 浜松商店に借用証書によって貸し付けていた¥250,000の返済を受け，利息¥12,000とともに現金で受け取った。

(2) 富士商店から借用証書によって¥340,000を借り入れていたが，利息¥16,000とともに小切手#58を振り出して支払った。

(3) 沼津商店から借用証書によって¥280,000を借り入れ，利息¥4,200を差し引かれ，手取金は当座預金とした。

(4) 上記の借入金¥280,000を，期日に小切手を振り出して返済した。

	借　　　方	貸　　　方
(1)		
(2)		
(3)		
(4)		

17-9 次の取引の仕訳を示しなさい。ただし，商品に関する勘定は3分法によること。

(1) 福井商店から商品¥170,000を仕入れ，代金はさきに支払ってある内金¥100,000を差し引き，残額は掛けとした。

(2) 彦根商店に商品¥500,000を売り渡し，代金は前受金¥100,000を差し引き，残額は掛けとした。

(3) 滋賀商店から商品¥430,000を仕入れ，代金はさきに支払ってある手付金¥30,000を差し引き，残額は掛けとした。

(4) 愛知商店から商品¥160,000の注文を受け，手付金として¥60,000を現金で受け取った。

	借　　　方	貸　　　方
(1)		
(2)		
(3)		
(4)		

17-10 次の取引の仕訳を示しなさい。

(1) 月末に受け取る約束で，さきに売却した古新聞・古雑誌などの代金¥1,400を，現金で受け取った。

(2) 商品陳列用ケース¥270,000を買い入れ，代金は月末に支払うことにした。

(3) 月末払いの約束で，さきに買い入れていた備品の代金¥260,000を，小切手を振り出して支払った。

(4) 本月分の給料¥175,000のうち，所得税額¥6,000を差し引いて，残額は現金で支払った。

	借　　　　方	貸　　　　方
(1)		
(2)		
(3)		
(4)		

17-11 次の取引の仕訳を示しなさい。ただし，商品に関する勘定は3分法によること。

(1) 出張から帰った従業員から，旅費精算の残額¥2,000を現金で受け取った。ただし，出発のとき旅費の概算として現金¥30,000を渡してあった。

(2) 出張中の従業員が帰店し，さきに送金を受けていた内容不明の¥80,000は，埼玉商店に対する売掛金の回収であることがわかった。

(3) 商品¥60,000を売り渡し，代金のうち¥50,000は他店発行の商品券，残額は現金で受け取った。

2級の範囲

	借　　　　方	貸　　　　方
(1)		
(2)		
(3)		

検定問題

17-12 次の取引の仕訳を示しなさい。ただし，商品に関する勘定は3分法によること。

(1) 本月分の給料¥750,000の支払いにあたり，所得税額¥54,000を差し引いて，従業員の手取金を現金で支払った。（第92回）

(2) 従業員の出張にあたり，旅費の概算額として¥40,000を現金で渡した。（第89回）

(3) 出張中の従業員から当店の当座預金口座に¥130,000の振り込みがあったが，その内容は不明である。（第88回）

(4) 長崎商店に商品¥900,000を売り渡し，代金はさきに受け取っていた内金¥300,000を差し引いて，残額は掛けとした。（第66回）

(5) 宮城商店から商品の注文を受け，内金として¥90,000を現金で受け取った。（第92回）

(6) 従業員の出張にさいし，旅費の概算額として¥90,000を仮払いしていたが，本日，従業員が帰店して精算をおこない，残額¥7,000を現金で受け取った。（第91回）

(7) さきに，仮受金勘定で処理していた¥150,000について，本日，その金額は，得意先秋田商店に対する売掛金の回収額であることがわかった。（第79回）

(8) 岩手商店から商品¥300,000を仕入れ，代金はさきに支払ってある内金¥60,000を差し引き，残額は掛けとした。（第86回）

(9) 石川商店に借用証書によって貸し付けていた¥700,000の返済を受け，その利息¥21,000とともに同店振り出しの小切手で受け取った。（第85回）

(10) 東西商店に借用証書によって，現金¥1,200,000を貸し付けた。（第90回）

(11) 山形商店から，借用証書によって¥400,000を借り入れていたが，本日，利息¥6,000とともに現金で返済した。（第92回）

	借　　方	貸　　方
(1)		
(2)		
(3)		
(4)		
(5)		
(6)		
(7)		
(8)		
(9)		
(10)		
(11)		

18 固定資産

要点の整理

① 固定資産の意味と種類

企業が保有している資産のうち，備品・車両運搬具・建物などのように，1年を超えて長期にわたって使用する資産を**固定資産**（fixed assets）という。

(1) **備　　品**　営業用の金庫・商品陳列用ケース・事務用機器・事務用机・いすなどを買い入れたときは，**備品勘定**（資産）に記入する。ただし，耐用年数が1年未満のものや，価額が少額（税法では¥100,000未満）のものは**消耗品費勘定**（費用）に記入する。

(2) **車両運搬具**　営業用の自動車などを買い入れたときは，**車両運搬具勘定**（資産）に記入する。

(3) **建　　物**　店舗・事務所などの建物を買い入れたときは，**建物勘定**（資産）に記入する。

(4) **土　　地**　店舗の敷地などの土地を買い入れたときは，**土地勘定**（資産）に記入する。

② 固定資産の取得原価

固定資産の取得原価は，買入価額に買入手数料，引取運賃などの付随(ふずい)費用を加えた金額である。

取得原価 ＝ 買入価額 ＋ 付随費用

例 店舗用に建物を買い入れ，代金¥1,500,000と仲介手数料¥8,000は小切手を振り出して支払った。

（借）建　　物　1,508,000　（貸）当座預金　1,508,000

建　　物	
当座預金　1,508,000	

←取得原価 ＝ 買入価額 ＋ 付随費用
¥1,508,000　¥1,500,000　¥8,000

③ 固定資産の売却　2級の範囲

固定資産が不用となり売却した場合，その帳簿価額と売却価額との差額は，**固定資産売却益勘定**（収益）または**固定資産売却損勘定**（費用）で処理する。

例 帳簿価額¥600,000の備品を¥420,000で売却し，代金は現金で受け取った。

（借）現　　金　420,000　（貸）備　　品　600,000
　　　固定資産売却損　180,000

基本問題

18-1 次の取引の仕訳を示しなさい。

(1) 営業用の金庫¥250,000を買い入れ，代金のうち¥25,000は現金で支払い，残額は翌月末に支払うことにした。

(2) 営業用のトラック¥1,500,000を買い入れ，代金は小切手を振り出して支払った。

(3) 倉庫を新築し，代金¥8,000,000のうち¥6,000,000は小切手を振り出して支払い，残額は現金で支払った。

	借　　方	貸　　方
(1)		
(2)		
(3)		

ポイント (1)は（借方）金　庫　と仕訳しないで，備品勘定を用いる。

練習問題

18-2 次の取引の仕訳を示しなさい。

(1) 商品陳列用ケース¥300,000を買い入れ，代金は小切手を振り出して支払った。

(2) 店舗用として建物を購入し，代金¥4,700,000と仲介手数料および登記料¥250,000をともに小切手を振り出して支払った。

(3) 建物を新築するための敷地として，土地150㎡を1㎡あたり¥300,000で買い入れ，仲介手数料¥350,000とともに小切手を振り出して支払った。

(4) 営業用のトラック1台¥1,200,000を2台購入し，代金は小切手を振り出して支払った。なお，登録料（2台分）¥50,000は現金で支払った。

(5) 備品¥890,000を購入し，代金は小切手を振り出して支払った。なお，備品の引取運賃¥30,000と据付費¥12,000はともに現金で支払った。

	借　　方	貸　　方
(1)		
(2)		
(3)		
(4)		
(5)		

検定問題

18-3 次の取引の仕訳を示しなさい。

(1) 店舗を建てるため，土地¥6,200,000を購入し，代金は登記料と買入手数料の合計額¥370,000とともに小切手を振り出して支払った。（第82回）

(2) 事務用のパーソナルコンピュータ¥330,000を買い入れ，代金は付随費用¥8,000とともに現金で支払った。（第84回）

(3) 店舗を建てるため，土地¥5,300,000を購入し，代金は登記料と買入手数料の合計額¥180,000とともに小切手を振り出して支払った。（第86回）

(4) 店舗用に建物¥4,500,000を購入し，代金は小切手を振り出して支払った。なお，登記料と買入手数料の合計額¥290,000は現金で支払った。（第88回）

(5) 事務用の備品¥800,000を購入し，代金は小切手を振り出して支払った。（第91回）

	借　　方	貸　　方
(1)		
(2)		
(3)		
(4)		
(5)		

19 販売費及び一般管理費

要点の整理

① 販売費及び一般管理費（費用）

日常のおもな営業活動のために支払われる費用を，販売費及び一般管理費という。このうち，販売活動に関して発生する費用を**販売費**といい，企業全般を管理するために発生する費用を**一般管理費**という。

販　売　費……給料・広告料・発送費・交通費・支払手数料など

一般管理費……減価償却費・保険料・通信費・消耗品費・水道光熱費・雑費など

（注）支払利息などの費用は，日常のおもな営業活動のために支払われるものではないので，販売費及び一般管理費には含めない。

② 販売費及び一般管理費の記帳

(1) 給料・広告料などそれぞれの勘定を設けて記入する方法がある。

例 10/1　旅費¥1,500　通信費¥800を現金で支払った。

（借）旅　　　費　1,500　（貸）現　　　金　2,300
　　　通　信　費　800

(2) 販売費及び一般管理費を一括して**販売費及び一般管理費勘定**（費用）に記入する方法がある。この場合には，それぞれの費用の明細を知ることができないので，補助簿として販売費及び一般管理費元帳を用いる必要がある。

10/1（借）販売費及び一般管理費　2,300　（貸）現　　　金　2,300

総　勘　定　元　帳

販売費及び一般管理費

10/1 現　金　2,300	

販売費及び一般管理費元帳

通　信　費

令和○年		摘　要	金　額	合　計
10	1	郵便切手	800	800

旅　　費

令和○年		摘　要	金　額	合　計
10	1	電車代	1,500	1,500

③ 租税公課　2級の範囲

個人企業に課せられる税金には事業税・固定資産税・印紙税などがある。

(1) **事業税**　個人が事業を営んでいる場合に，その事業に対して課せられる税金である。事業税を納付したときは，**租税公課勘定**（費用）または**事業税勘定**（費用）に記入する。

(2) **固定資産税**　土地・建物などの固定資産に課せられる税金である。固定資産税を納付したときは，**租税公課勘定**（費用）または**固定資産税勘定**（費用）に記入する。

例 固定資産税¥30,000を現金で納付した。

（借）租　税　公　課　30,000　（貸）現　　　金　30,000
　　（または固定資産税）

(3) **印紙税**　商品代金の領収証や契約書を作成したり，手形を振り出したりするときに，所定の金額の収入印紙を貼付し，消印する形で国に納める税金である。収入印紙を買ったときに**租税公課勘定**（費用）または**印紙税勘定**（費用）に記入する。

例 郵便局で収入印紙¥5,000を現金で購入した。

（借）租　税　公　課　5,000　（貸）現　　　金　5,000
　　（または印紙税）

基本問題

19-1 次の取引を仕訳し，総勘定元帳の販売費及び一般管理費勘定と販売費及び一般管理費元帳に記入しなさい。

4月15日　郵便切手・はがきを買い入れ，代金¥6,000を現金で支払った。
　25日　本月分の電気料金¥8,000を，現金で支払った。
　30日　新聞に広告を出し，広告料¥30,000を現金で支払った。

	借　方	貸　方
4/15		
25		
30		

総　勘　定　元　帳

販売費及び一般管理費　30

(注)　販売費及び一般管理費勘定には，日付・相手科目・金額を記入すること。

販売費及び一般管理費元帳

広　告　料　2

令和○年		摘　要	金　額	合　計

通　信　費　6

水道光熱費　12

19-2 次の取引の仕訳を示しなさい。**2級の範囲**

(1)　事業税¥50,000を，現金で納付した。
(2)　固定資産税¥30,000を，現金で納付した。
(3)　収入印紙¥2,000を買い入れ，代金は現金で支払った。

	借　方	貸　方
(1)		
(2)		
(3)		

練習問題

19-3 次の取引の仕訳を示しなさい。ただし，販売費及び一般管理費勘定を用いて記入している。

(1) 愛知文房具店から事務用のノート20冊 @¥200 ¥4,000を買い入れ，代金は現金で支払った。

(2) 営業用店舗の家賃¥50,000を，小切手#6を振り出して支払った。

	借 方	貸 方
(1)		
(2)		

19-4 次の取引の仕訳を示しなさい。ただし，販売費及び一般管理費勘定は用いないこと。

(1) 本月分の給料¥170,000の支払いにあたり，所得税額¥8,000を差し引いて，従業員の手取額を現金で支払った。

(2) 発送費¥3,000を清水運送店に現金で支払った。

(3) 従業員の出張にさいし，旅費の概算額として¥20,000を仮払いしていたが，本日，従業員が帰店して旅費の精算をおこない，残額¥1,000を現金で受け取った。

	借 方	貸 方
(1)		
(2)		
(3)		

検定問題

19-5 次の取引の仕訳を示しなさい。ただし，販売費及び一般管理費勘定は用いないこと。

(1) 富山新聞販売店に折り込み広告代金として¥30,000を現金で支払った。 (第91回)

(2) 甲斐商店は，本月分の給料¥610,000の支払いにあたり，所得税額¥48,000を差し引いて，従業員の手取額¥562,000を現金で支払った。 (第90回)

(3) 1月分のインターネット料金として¥20,000を現金で支払った。 (第89回)

(4) 和歌山商店は建物に対する1年分の火災保険料¥78,000を現金で支払った。 (第85回)

(5) 従業員の出張にさいし，旅費の概算額として¥53,000を仮払いしていたが，本日，従業員が帰店して精算をおこない，残額¥1,000を現金で受け取った。 (第84回)

	借 方	貸 方
(1)		
(2)		
(3)		
(4)		
(5)		

20 個人企業の資本金・引出金

要点の整理

① 資本金（資本）

事業主による出資，追加出資および資本の引き出しなど個人企業の資本は，資本金勘定に記入する。

資　本　金

④引出額	①出資額
（⑤当期純損失）	②追加出資額
期末資本｛	③当期純利益

② 引出金（資本金の評価勘定） 2級の範囲

事業主が私用にあてるため，店の現金や商品などを引き出す場合，直接資本金勘定に記入しないで，**引出金勘定**を設けて，この借方に記入し，期末に残高を資本金勘定に振り替える。

例

① 現金¥100,000の追加出資を受けた。

（借）現　金　100,000　（貸）資本金　100,000

② 私用のため，現金¥5,000と原価¥3,000の商品を引き出した。

（借）引出金　8,000　（貸）現　金　5,000
　　　　　　　　　　　　　　仕　入　3,000

③ 決算にあたり，引出金勘定残高¥8,000を資本金勘定に振り替えた。

（借）資本金　8,000　（貸）引出金　8,000

④ 決算にあたり，当期純利益¥10,000を資本金勘定に振り替えた。

（借）損　益　10,000　（貸）資本金　10,000

資　本　金

③引出金	8,000	前期繰越高	500,000
		①現　金	100,000
		④損　益	10,000

引　出　金

②諸　口	8,000	③資本金	8,000

基本問題

20-1 次の取引の仕訳を示しなさい。なお，引出金勘定は設けていない。

(1) 現金¥1,000,000の出資を受けて，営業を開始した。
(2) 店主が，店の現金¥50,000を私用にあてた。
(3) 現金¥800,000の追加出資を受けた。
(4) 決算にあたり，当期純利益¥240,000を計上した。
(5) 決算にあたり，当期純損失¥45,000を計上した。

	借　方	貸　方
(1)		
(2)		
(3)		
(4)		
(5)		

ポイント (4)の当期純利益は，個人企業では資本の増加を意味するので，資本金勘定の貸方に振り替える。

練習問題

20-2 次の取引の仕訳を示しなさい。ただし，商品に関する勘定は3分法によること。なお，引出金勘定は設けていない。

(1) 現金¥800,000　備品¥1,200,000の出資を受けて，営業を開始した。
(2) 営業を拡張するため，事業主から現金¥500,000の追加出資を受けた。
(3) 店主が，店の現金¥10,000と原価¥500の商品を私用に供した。
(4) 店主が小切手¥30,000を振り出して，私用にあてた。
(5) 当期純利益¥352,000を，資本金勘定に振り替えた。

	借　　　方	貸　　　方
(1)		
(2)		
(3)		
(4)		
(5)		

20-3 次の取引の仕訳を示しなさい。ただし，商品に関する勘定は3分法によること。なお，引出金勘定を設けている。**2級の範囲**

(1) 店主が私用で店の現金¥25,000を引き出した。
(2) 店主が私用のため商品¥4,000（原価）を消費した。
(3) 決算にあたり，引出金勘定の残高¥29,000を資本金勘定に振り替えた。

	借　　　方	貸　　　方
(1)		
(2)		
(3)		

21 所得税・住民税 2級の範囲

要点の整理

① 所得税 2級の範囲

所得税は，1月1日から12月31日までの1年間の事業主の所得に対して課せられる税金である。これは，個人企業に対してではなく事業主個人に対して課せられる税金なので，店の現金で納付したときは資本の引き出しとなり，**引出金勘定**または**資本金勘定**の借方に記入する。

例 ① 本年度の所得税予定納税額の第1期分¥40,000を現金で納付した。

(借) 引出金(または資本金) 40,000　(貸) 現金 40,000

② 確定申告をおこない，本年度の所得税¥150,000のうち，さきに支払った予定納税額¥80,000を差し引き，¥70,000を現金で納付した。

(借) 引出金(または資本金) 70,000　(貸) 現金 70,000

② 住民税 2級の範囲

住民税は，その地域の住民に対して課せられる税金である。住民税も事業主個人に対して課せられる税金なので，店の現金で納付したときは資本の引き出しとなり，引出金勘定または資本金勘定の借方に記入する。

例 住民税の第1期分¥25,000を現金で納付した。

(借) 引出金(または資本金) 25,000　(貸) 現金 25,000

基本問題

21-1 次の取引の仕訳を示しなさい。 2級の範囲

(1) 本年度の所得税の予定納税額の第1期分¥51,000を現金で納付した。

(2) 確定申告をおこない，本年度の所得税¥213,000のうち，さきに支払った予定納税額¥102,000を差し引き，残額¥111,000を現金で納付した。

(3) 住民税の第1期分¥31,000を現金で納付した。

(4) 住民税の第2期分¥31,000を現金で納付した。

	借　　方	貸　　方
(1)		
(2)		
(3)		
(4)		

22 商品に関する勘定の整理

要点の整理

① 決算整理

勘定記録のなかには，決算日現在の正しい残高や，その期間の正しい収益と費用の発生額を示していないものがあるので，決算にあたって，正しい金額を示すように勘定記録を修正する必要がある。この手続きを**決算整理**という。決算整理事項には，次のようなものがある。

①商品に関する勘定の整理　②貸し倒れの見積もり　③固定資産の減価償却など

② 商品に関する勘定の整理

(1) 商品売買損益の計算

3分法による商品売買損益は，下記の式によって計算する。

純売上高 － 売上原価 ＝ 商品売買益(マイナスのときは商品売買損)

└►売上勘定残高　└►売上原価は下記の式によって計算する。

期首商品棚卸高 ＋ 純仕入高 － 期末商品棚卸高 ＝ 売上原価 ◄-- **仕入勘定で計算**

(2) 決算整理仕訳

売上原価（cost of goods sold）を仕入勘定で計算するため，次の手続きによって整理記入をおこなう。

例	
期首商品棚卸高	¥ 50,000
当期総仕入高	400,000
仕入返品高	10,000
期末商品棚卸高	60,000

仕　入

借方	貸方
当期総仕入高 400,000	仕入返品高 10,000
	期末商品棚卸高 60,000 ◄--② **帳簿棚卸高**
期首商品棚卸高 50,000 ◄--① **繰越商品勘定から振り替える**	売上原価 380,000 ◄--- **損益勘定に振り替える**

上の整理記入をおこなうための仕訳を**決算整理仕訳**という。

① 期首商品棚卸高を，繰越商品勘定から仕入勘定の借方に振り替える。

(借) 仕　　入 50,000　(貸) 繰越商品 50,000

繰　越　商　品

借方	貸方
1/1 前期繰越 50,000	① 仕　入 50,000

仕　入

借方	貸方
(総仕入高) 400,000	(仕入返品高) 10,000
① 繰越商品 50,000	

② 期末商品棚卸高を，繰越商品勘定の借方と仕入勘定の貸方に記入する。

(借) 繰越商品 60,000　(貸) 仕　　入 60,000

繰　越　商　品

借方	貸方
50,000	① 仕　入 50,000
② 仕　入 60,000	

仕　入

借方	貸方
400,000	10,000
① 繰越商品 50,000	② 繰越商品 60,000

(3) 決算振替仕訳

純売上高と売上原価をそれぞれ損益勘定に振り替える。

例	
当期総売上高	¥520,000
売上返品高	20,000

③ (借) 売　　上 500,000　(貸) 損　　益 500,000

④ (借) 損　　益 380,000　(貸) 仕　　入 380,000

仕　入

借方	貸方
450,000	70,000
	売上原価 380,000 →④

損　益

借方	貸方
売上原価 380,000	純売上高 500,000
商品売買益 ¥120,000	

売　上

借方	貸方
売上返品高 20,000	総売上高 520,000
純売上高 500,000 →③	

③の仕訳は他の収益の諸勘定残高と，④の仕訳は他の費用の諸勘定残高と一緒に振り替える。

基本問題

22-1 次の空欄の金額を計算しなさい。

	期首商品棚卸高	純仕入高	期末商品棚卸高	売上原価	純売上高	商品売買益
(1)	65,000	308,000	58,000		416,000	
(2)	71,000		83,000		495,000	62,000
(3)	119,000	652,000		637,000		137,000

ポイント 次の二つの式で求めることができる。
期首商品棚卸高＋純仕入高－期末商品棚卸高＝売上原価　　純売上高－売上原価＝商品売買益(損)

22-2 次の商品に関する総勘定元帳勘定残高から，決算整理仕訳をおこない，各勘定に転記しなさい。ただし，勘定には，日付・相手科目・金額を記入すること。なお，期末商品棚卸高は¥93,000であり，決算は年1回 12月31日である。

元帳勘定残高　　繰越商品 ¥85,000　　仕　　入 ¥554,000

借	方	貸	方

繰越商品

1/1前期繰越 85,000	

仕入

(純仕入高) 554,000	

ポイント ¥85,000＋¥554,000－¥93,000によって売上原価が計算できる。

22-3 次の決算のさいにおこなわれた，決算整理仕訳と決算振替仕訳を，下記の各勘定に転記して締め切りなさい。ただし，勘定には，日付・相手科目・金額を記入すること。なお，決算は年1回 12月31日である。

決算整理仕訳

(借) 仕　　入　235,000　(貸) 繰越商品　235,000
(借) 繰越商品　264,000　(貸) 仕　　入　264,000

決算振替仕訳

(借) 売　　上　1,283,000　(貸) 損　　益　1,283,000
(借) 損　　益　823,000　(貸) 仕　　入　823,000

繰越商品

1/1前期繰越 235,000	

仕入

(総仕入高) 873,000	(仕入返品高) 21,000

売上

(売上返品高) 33,000	(総売上高) 1,316,000

損益

(注意)　損益勘定は締め切らなくてよい。

練習問題

22-4 次の資料によって，売上原価・商品売買益・純損益を計算しなさい。

期首商品棚卸高	¥218,000	仕入返品高	¥ 18,000	売上返品高	¥ 39,000
総仕入高	926,000	総売上高	1,517,000	給料	383,000
期末商品棚卸高	185,000	支払利息	12,000		

売上原価 ¥	商品売買益 ¥	純(　　) ¥

22-5 次の繰越商品勘定・仕入勘定・売上勘定の記録と決算整理事項によって，決算整理仕訳と決算振替仕訳を示し，転記して，上記の3勘定を締め切りなさい。ただし，決算は年1回　12月31日である。

決算整理事項　　期末商品棚卸高は¥205,000である。

	借　　方	貸　　方
決算整理仕訳		
決算振替仕訳		

繰越商品

1/1前期繰越 188,000	

仕入

(総仕入高) 614,000	(仕入返品高) 8,000

売上

	(純売上高) 954,000

損益

22-6 次の勘定口座の（　　）のなかに，相手科目または金額を記入しなさい。なお，日付は省略してある。

繰越商品

前期繰越 63,000	(　　)(　　)
(　　)(　　)	(　　)(　　)
(　　)	(　　)
前期繰越 78,000	

仕入

(総仕入高) 576,000	(仕入返品高) 8,500
(　　)(　　)	(　　)(　　)
	損益(　　)
(　　)	(　　)

売上

(売上返品高) 21,000	(総売上高) 914,000
損益(　　)	
(　　)	(　　)

損益

(　　)(　　)	(　　)(　　)
給料 225,000	
支払利息 12,000	
資本金(　　)	
(　　)	(　　)

22-7 次の商品に関する総勘定元帳勘定残高から，決算整理仕訳と決算振替仕訳を示しなさい。ただし，決算は年/回 /2月3/日で，期末商品棚卸高は¥284,000である。

元帳勘定残高

繰越商品 ¥331,000　売　上 ¥2,277,000　仕　入 ¥1,542,000

	借　方	貸　方
決算整理仕訳		
決算振替仕訳		

22-8 次の収益ならびに費用の総勘定元帳勘定残高と決算整理事項によって，決算に必要な仕訳を示し，繰越商品勘定・仕入勘定・損益勘定に記入して締め切りなさい。ただし，決算は年/回 /2月3/日である。

元帳勘定残高

売　上 ¥936,000　仕　入 ¥685,000　給　料 ¥124,000

雑　費 87,000　支払利息 11,000

決算整理事項

期末商品棚卸高 ¥272,000

	借　方	貸　方
決算整理仕訳		
決算振替仕訳		
純損益の振替		

繰越商品

1/1前期繰越 215,000	

仕　入

(純仕入高) 685,000	

損　益

23 貸し倒れの見積もり

要点の整理

① 貸し倒れの見積もり

売掛金勘定のなかに，決算日現在，貸し倒れとはなっていないが，次期に貸し倒れが予想されるものがあるときは，この貸倒見積額を**貸倒引当金繰入勘定**（費用）の借方に記入する。ただし，貸し倒れが実際に生じたわけではないから，直接売掛金を減らすことができないので，**貸倒引当金勘定**を設けて，この勘定の貸方に記入する。

例 決算にあたり，売掛金勘定残高¥100,000に対して，3％の貸し倒れを見積もった。

（借）貸倒引当金繰入　3,000　（貸）貸倒引当金　3,000

貸倒引当金

借方	貸方
次期繰越　3,000	（見積額）　3,000

貸倒引当金勘定は，売掛金勘定からマイナスする性質をもった勘定で，これを**評価勘定**という。

貸倒引当金勘定に残高があるときは，当期に見積もった額から，貸倒引当金勘定の残高を差し引いて差額を計上する（**差額補充法**）。

例 上例で，貸倒引当金勘定に¥1,000の残高がある場合

（借）貸倒引当金繰入　2,000　（貸）貸倒引当金　2,000

貸倒引当金

借方	貸方
次期繰越　3,000	（残　　高）1,000
	（補充した額）2,000

② 貸し倒れの発生

実際に貸し倒れが発生したときは，貸倒引当金勘定の借方と売掛金勘定の貸方に記入する。

例 売掛金が¥500貸し倒れになった。

（借）貸倒引当金　500　（貸）売　掛　金　500

貸倒引当金勘定残高を超えて貸し倒れが発生したときは，超過部分は貸倒損失勘定（費用）の借方に記入する。

基本問題

23-1 決算にあたり，売掛金残高¥350,000に対して2％の貸倒引当金を設けた場合の決算整理仕訳を示しなさい。

借　　方	貸　　方

ポイント 貸倒見積額の計算は，¥350,000×0.02である。

23-2 次のそれぞれの場合の仕訳をおこない，下記の勘定に記入して，締め切りなさい。

決算にあたり，売掛金残高¥550,000に対して2％と見積もり，貸倒引当金を設定する。決算日は12月31日である。

(1) 貸倒引当金勘定に残高がない場合

借　　方	貸　　方

貸倒引当金繰入

借方	貸方

貸倒引当金

借方	貸方

ポイント 貸倒引当金繰入勘定の残高は，振替仕訳をおこなって損益勘定に振り替え，貸倒引当金勘定の残高は「次期繰越」として締め切る。

(2) 貸倒引当金勘定に¥2,000の残高がある場合

借　　方	貸　　方

貸倒引当金繰入	

貸倒引当金	
	（残　高）　2,000

ポイント 貸倒引当金繰入額の計算は（¥550,000×0.02）－¥2,000である。このように，必ず貸倒引当金勘定の残高を差し引いた金額で仕訳すること。

23-3 次の取引の仕訳を示しなさい。

得意先南東商店が倒産し，前期から繰り越された同店に対する売掛金¥75,000が回収不能となった。ただし，貸倒引当金勘定の残高が¥58,000ある。

借　　　　方	貸　　　　方

ポイント 貸し倒れは，まず貸倒引当金で相殺し，不足するときは，不足額を貸倒損失勘定で処理する。

練習問題

23-4 次の連続した取引の仕訳を示し，貸倒引当金勘定に記入しなさい。

12月31日　第1期の決算にあたり，売掛金勘定残高¥800,000に対して3％と見積もり，貸倒引当金を設定する。

3 月10日　前期から繰り越された北西商店に対する売掛金¥20,000が回収不能となった。

12月31日　第2期の決算にあたり，売掛金勘定残高¥1,200,000に対して3％と見積もり，貸倒引当金を設定する。

	借　　　　方	貸　　　　方
12/31		
3/10		
12/31		

貸倒引当金	

（注意）貸倒引当金勘定は，決算ごとに締め切ること。

検定問題

23-5 次の取引の仕訳を示しなさい。

(1) 得意先南北商店が倒産し，前期から繰り越された同店に対する売掛金¥76,000が回収不能となったため，貸し倒れとして処理した。ただし，貸倒引当金勘定の残高が¥130,000ある。（第91回）

(2) 得意先東西商店が倒産し，前期から繰り越された同店に対する売掛金¥40,000が回収不能となったため，貸し倒れとして処理した。ただし，貸倒引当金勘定の残高が¥38,000ある。（第85回）

	借　　　　方	貸　　　　方
(1)		
(2)		

24 減価償却（直接法）

要点の整理

① 減価償却

建物・備品などの固定資産は，しだいに価値が減少していくので，その価値の減少額（減価）を見積もり，これを当期の費用（減価償却費）として計上するとともに，固定資産の勘定の金額をその額だけ減少させる。この手続きを**減価償却**という。

② 減価償却費の計算

定額法　毎期同額ずつ減価償却していく計算法をいう。

$$減価償却費 = \frac{取得原価 - 残存価額}{耐用年数}$$

- 取得原価：固定資産を取得したときの価額
- 残存価額：耐用年数に達したときの見積処分価額
- 耐用年数：固定資産を利用することのできる年数

例	
取得原価	¥200,000
残存価額	零(0)
耐用年数	10年

$$\frac{¥200,000 - ¥0}{10年} = ¥20,000$$

③ 減価償却費の記帳

直接法　減価償却費勘定の借方と固定資産の勘定の貸方に記入して，固定資産の勘定の金額を直接減額していく記帳法をいう。

（借）減価償却費　20,000　　（貸）備　　品　20,000

備　　品

借方		貸方	
取得原価（付随費用含む）	200,000	減価償却費	20,000
		期末帳簿価額（次期繰越高）	¥180,000

減価償却費

借方		貸方
備　　品	20,000	損益勘定に振り替える

基本問題

24-1　次の備品の減価償却費を定額法によって計算しなさい。

取得原価　¥200,000　　残存価額は零(0)　　耐用年数　8年　　決　算　年/回

〔計　算　式〕　$\frac{(¥\qquad)-(¥\qquad)}{(\qquad)}$ ＝減価償却費(¥　　　　)

ポイント　決算が年2回の場合は，減価償却費を2分の1にするか，耐用年数を2倍して計算する。個人企業では1年で計算。

24-2　次の決算整理仕訳をおこない，下記の勘定に記入して締め切りなさい。ただし，備品の減価償却高は定額法により計算し，直接法で記帳する。

備品の取得原価　¥300,000　　残存価額は零(0)　　耐用年数　10年　　決算日　12月31日

借　　方	貸　　方

備　　品

借方		貸方	
1/8 現　金	300,000		

減価償却費

借方	貸方

ポイント　直接法は，備品の価額を直接減額していくので，備品の次期繰越額が毎期変わる。減価償却費勘定の残高は，振替仕訳をおこなって損益勘定に振り替える。

24-3 次の決算整理仕訳をおこない，備品勘定に記入して締め切りなさい。ただし，備品の減価償却高は定額法により計算し，直接法で記帳している。

備品の取得原価　¥400,000　　残存価額は零(0)　　耐用年数　8年　　決算日　12月31日

借	方	貸	方

備　　　品

1/1 前期繰越	300,000		

ポイント 取得原価¥400,000－¥300,000＝¥100,000　すでに2回減価償却がおこなわれている。

練習問題

24-4 次の決算整理事項によって，決算仕訳を示し，下記の勘定に記入して締め切りなさい。

決算整理事項　　建物減価償却高　¥30,000　（直接法で記帳している。）

	借	方	貸	方
整理仕訳				
振替仕訳				

建　　　物

1/1前期繰越	1,320,000		

減 価 償 却 費

24-5 次の連続した取引の仕訳を示し，備品勘定に記入して締め切りなさい。

令和○1年12月31日　減価償却費を定額法で計算し，直接法で記帳した。なお，この備品の残存価額は零(0)　耐用年数は12年である。

令和○2年12月31日　第2回目の減価償却費を計上した。

	借	方	貸	方
○1/12/31				
○2/12/31				

備　　　品

1/4 当座預金	420,000		

24-6 次の備品の6年後の帳簿価額を計算しなさい。ただし，減価償却費は定額法によること。

取得原価　¥480,000　　残存価額は零(0)　　耐用年数　8年　　決　算　年1回

〔計算式〕　　　　　　　　　　　　　　　　備品の帳簿価額　¥＿＿＿＿＿＿

25 8桁精算表

要点の整理

① 8桁精算表

6桁精算表に，決算整理をおこなうための「整理記入」欄を加えた精算表を**8桁精算表**という。

② 8桁精算表のつくり方

① 残高試算表欄に勘定残高を記入する。貸借の合計金額が一致することを確認する。

② 決算整理事項を整理記入欄に記入する。必要があれば，勘定科目を追加する。

③ 残高試算表欄の金額を損益計算書欄・貸借対照表欄に移記する。その場合に，整理記入欄に金額があるときは，次のように加減する。

残高試算表欄	借方金額	整理記入欄	借方金額の場合	プラスする	金額が貸借同じ側にある場合
〃	貸方金額	〃	貸方金額の場合	プラスする	
〃	借方金額	〃	貸方金額の場合	マイナスする	金額が貸借反対側にある場合
〃	貸方金額	〃	借方金額の場合	マイナスする	

④ 損益計算書欄と貸借対照表欄の借方・貸方の金額をそれぞれ合計して，その差額を当期純利益または純損失として記入する。当期純損益の額は同額になることを確認する。

③ 決算整理事項の記入例

a．期末商品棚卸高

(借) 仕　　入 100,000　(貸) 繰越商品 100,000
(借) 繰越商品 150,000　(貸) 仕　　入 150,000

精　算　表

勘定科目	残高試算表		整理記入		損益計算書		貸借対照表	
	借方	貸方	借方	貸方	借方	貸方	借方	貸方
繰越商品	100,000		+150,000	−100,000			150,000	
売上		800,000				800,000		
仕入	700,000		+100,000	−150,000	650,000			

期末商品棚卸高

売上原価
¥700,000+¥100,000−¥150,000

b．貸倒見積高

(借) 貸倒引当金繰入 10,000　(貸) 貸倒引当金 10,000

勘定科目	残高試算表		整理記入		損益計算書		貸借対照表	
	借方	貸方	借方	貸方	借方	貸方	借方	貸方
売掛金	300,000						300,000	
貸倒引当金		5,000		+10,000				15,000
貸倒引当金繰入			10,000		10,000			

売掛金¥300,000に対する貸倒見積高

c．備品減価償却高

(借) 減価償却費 60,000　(貸) 備　品 60,000

勘定科目	残高試算表		整理記入		損益計算書		貸借対照表	
	借方	貸方	借方	貸方	借方	貸方	借方	貸方
備品	480,000			−60,000			420,000	
減価償却費			60,000		60,000			

取得原価¥480,000から減価償却費¥60,000を差し引いた期末の帳簿価額

d．現金過不足勘定の処理 **2級の範囲**

（雑益とする場合）

（借）現金過不足 3,000 （貸）雑　益 3,000

勘定科目	残高試算表		整理記入		損益計算書		貸借対照表	
	借方	貸方	借方	貸方	借方	貸方	借方	貸方
現金過不足		3,000	▶3,000					
雑益				3,000	▶	3,000		

（雑損とする場合）

（借）雑　損 1,000 （貸）現金過不足 1,000

勘定科目	残高試算表		整理記入		損益計算書		貸借対照表	
	借方	貸方	借方	貸方	借方	貸方	借方	貸方
現金過不足	1,000		▶	1,000				
雑損			1,000	▶	1,000			

e．引出金勘定の整理 **2級の範囲**

（借）資 本 金 70,000 （貸）引 出 金 70,000

勘定科目	残高試算表		整理記入		損益計算書		貸借対照表	
	借方	貸方	借方	貸方	借方	貸方	借方	貸方
資本金		500,000	−70,000				▶	430,000
引出金	70,000		▶	70,000				

基本問題

25-1 次の決算整理事項により，決算整理仕訳を示し，精算表（一部）を完成しなさい。

期末商品棚卸高 ¥320,000

借　方	貸　方

精　算　表

勘定科目	残高試算表		整理記入		損益計算書		貸借対照表	
	借方	貸方	借方	貸方	借方	貸方	借方	貸方
繰越商品	280,000		（　）	（　）			（　）	
仕入	960,000		（　）	（　）	（　）			

25-2 次の決算整理事項により，決算整理仕訳を示し，精算表（一部）を完成しなさい。

貸倒見積高　売掛金残高の2％と見積もり，貸倒引当金を設定する。

借　方	貸　方

精　算　表

勘定科目	残高試算表		整理記入		損益計算書		貸借対照表	
	借　方	貸　方	借　方	貸　方	借　方	貸　方	借　方	貸　方
売掛金	2,600,000						2,600,000	
貸倒引当金		7,000		(　)				(　)
貸倒引当金繰入			(　)		(　)			

25-3 岩手商店（個人企業　決算年1回　12月31日）の決算整理事項は次のとおりであった。よって，精算表を完成しなさい。

決算整理事項

a．期末商品棚卸高　¥347,000

b．貸倒見積高　売掛金残高の3％と見積もり，貸倒引当金を設定する。

c．備品減価償却高　取得原価¥480,000　残存価額は零(0)　耐用年数は8年とし，定額法により計算し，直接法で記帳している。

$$\text{定額法による年間の減価償却費}=\frac{\text{取得原価}-\text{残存価額}}{\text{耐用年数}}$$

精　算　表

令和○年12月31日

勘定科目	残高試算表		整理記入		損益計算書		貸借対照表	
	借　方	貸　方	借　方	貸　方	借　方	貸　方	借　方	貸　方
現金	131,000						131,000	
当座預金	513,000						513,000	
売掛金	700,000						700,000	
貸倒引当金		3,000		(　)				(　)
繰越商品	312,000		(　)	(　)			(　)	
備品	420,000			(　)			(　)	
買掛金		500,000						500,000
資本金		1,300,000						1,300,000
売上		1,656,000				1,656,000		
仕入	1,185,000		(　)	(　)	(　)			
給料	134,000				134,000			
消耗品費	64,000				64,000			
貸倒引当金繰入			(　)		(　)			
減価償却費			(　)		(　)			
当期純（　）					(　)			(　)
	3,459,000	3,459,000	737,000	737,000	1,656,000	1,656,000	2,051,000	2,051,000

ポイント 売掛金残高¥700,000×0.03＝¥21,000が貸倒見積額である。

25-4 青森商店（個人企業　決算年1回　12月31日）の総勘定元帳勘定残高と決算整理事項は次のとおりであった。よって，精算表を完成しなさい。

元帳勘定残高

現　　金	¥ 85,000	当座預金	¥ 689,000	売 掛 金	¥ 500,000
貸倒引当金	2,000	繰越商品	437,000	備　　品	378,000
買 掛 金	595,000	前 受 金	68,000	資 本 金	1,300,000
売　　上	1,822,000	受取手数料	30,000	仕　　入	1,392,000
給　　料	240,000	支払家賃	96,000		

決算整理事項

a．期末商品棚卸高　¥413,000

b．貸 倒 見 積 高　売掛金残高の2％と見積もり，貸倒引当金を設定する。

c．備品減価償却高　¥63,000　なお，直接法で記帳している。

精　　算　　表

令和○年12月31日

勘定科目	残高試算表		整理記入		損益計算書		貸借対照表	
	借　方	貸　方	借　方	貸　方	借　方	貸　方	借　方	貸　方
現　　金	85,000						85,000	
当座預金	689,000						689,000	
売 掛 金	500,000						500,000	
貸倒引当金		(　　)		(　　)				(　　)
繰越商品	(　　)		(　　)	(　　)			(　　)	
備　　品	378,000			(　　)			(　　)	
買 掛 金		595,000						595,000
前 受 金		(　　)						(　　)
資 本 金		1,300,000						1,300,000
売　　上		1,822,000				1,822,000		
受取手数料		30,000				30,000		
仕　　入	1,392,000		(　　)	(　　)	(　　)			
給　　料	240,000				240,000			
支払家賃	96,000				96,000			
貸倒引当金繰入			(　　)		(　　)			
減価償却費			(　　)		(　　)			
当期純(　　)					(　　)			(　　)
	3,817,000	3,817,000	(　　)	(　　)	1,852,000	1,852,000	2,002,000	2,002,000

練習問題

25-5 秋田商店（個人企業　決算年/回　/2月3/日）の決算整理事項は次のとおりであった。よって，精算表を完成しなさい。

決算整理事項

a．期末商品棚卸高　　¥853,000

b．貸倒見積高　　売掛金残高の3％と見積もり，貸倒引当金を設定する。

c．備品減価償却高　　取得原価¥360,000　残存価額は零(0)　耐用年数は/0年とし，定額法により計算し，直接法で記帳している。

$$\text{定額法による年間の減価償却費}=\frac{\text{取得原価}-\text{残存価額}}{\text{耐用年数}}$$

精　　算　　表

令和○年/2月3/日

勘定科目	残高試算表		整理記入		損益計算書		貸借対照表	
	借方	貸方	借方	貸方	借方	貸方	借方	貸方
現金	140,000						140,000	
当座預金	598,000						598,000	
売掛金	1,300,000						1,300,000	
貸倒引当金		12,000		(　　)				(　　)
繰越商品	819,000		(　　)	(　　)			(　　)	
備品	288,000			(　　)			(　　)	
買掛金		986,000						986,000
借入金		300,000						300,000
資本金		1,650,000						1,650,000
売上		2,579,000				2,579,000		
受取手数料		15,000				15,000		
仕入	1,845,000		(　　)	(　　)	(　　)			
給料	230,000				230,000			
発送費	72,000				72,000			
広告料	50,000				50,000			
支払家賃	120,000				120,000			
消耗品費	37,000				37,000			
雑費	26,000				26,000			
支払利息	17,000				17,000			
	5,542,000	5,542,000						
(　　)			(　　)		(　　)			
(　　)			(　　)		(　　)			
当期純(　　)					(　　)			(　　)
			(　　)	(　　)	2,594,000	2,594,000	3,143,000	3,143,000

25-6 山形商店（個人企業　決算年１回　12月31日）の総勘定元帳勘定残高と決算整理事項は次のとおりであった。よって，精算表を完成しなさい。

元帳勘定残高

現金	¥ 895,000	当座預金	¥1,960,000	売掛金	¥3,500,000
貸倒引当金	5,000	繰越商品	920,000	備品	1,200,000
買掛金	2,380,000	借入金	600,000	資本金	4,850,000
売上	9,030,000	受取手数料	246,000	仕入	6,150,000
給料	1,384,000	支払家賃	720,000	水道光熱費	257,000
雑費	83,000	支払利息	42,000		

決算整理事項

a．期末商品棚卸高　¥940,000

b．貸倒見積高　売掛金残高の２％と見積もり，貸倒引当金を設定する。

c．備品減価償却高　取得原価¥1,600,000　残存価額は零(0)　耐用年数は８年とし，定額法により計算し，直接法で記帳している。

$$定額法による年間の減価償却費=\frac{取得原価-残存価額}{耐用年数}$$

精　算　表

令和○年12月31日

勘定科目	残高試算表		整理記入		損益計算書		貸借対照表	
	借方	貸方	借方	貸方	借方	貸方	借方	貸方
現金	895,000						895,000	
当座預金	1,960,000						1,960,000	
売掛金	3,500,000						3,500,000	
貸倒引当金		5,000						
繰越商品	920,000							
備品	1,200,000							
買掛金		2,380,000						2,380,000
借入金		600,000						600,000
資本金		4,850,000						4,850,000
売上		9,030,000				9,030,000		
受取手数料		246,000				246,000		
仕入	6,150,000							
給料	1,384,000				1,384,000			
支払家賃	720,000				720,000			
水道光熱費	257,000				257,000			
雑費	83,000				83,000			
支払利息	42,000				42,000			
(　　　)								
(　　　)								
当期純(　　)								

検定問題

25-7 四国商店（個人企業　決算年１回　12月31日）の決算整理事項は次のとおりであった。よって，

(1) 精算表を完成しなさい。

(2) 給料勘定に必要な記入をおこない，締め切りなさい。なお，勘定記入は日付・相手科目・金額を示すこと。（第70回一部修正）

決算整理事項

a．期末商品棚卸高　¥850,000

b．貸倒見積高　売掛金残高の２％と見積もり，貸倒引当金を設定する。

c．備品減価償却高　¥300,000

取得原価¥1,800,000　残存価額は零(0)　耐用年数は６年とし，定額法により計算し，直接法で記帳している。

$$定額法による年間の減価償却費=\frac{取得原価-残存価額}{耐用年数}$$

(1)

精　算　表

令和○年12月31日

勘定科目	残高試算表		整理記入		損益計算書		貸借対照表	
	借　方	貸　方	借　方	貸　方	借　方	貸　方	借　方	貸　方
現　金	675,000							
当座預金	1,598,000							
売掛金	2,700,000							
貸倒引当金		11,000						
繰越商品	910,000							
備　品	1,200,000							
買掛金		2,435,000						
前受金		265,000						
資本金		3,560,000						
売　上		9,517,000						
受取手数料		98,000						
仕　入	6,343,000							
給　料	1,471,000							
支払家賃	876,000							
消耗品費	113,000							
	15,886,000	15,886,000						
当期純（　　）								

(2)（注意）i　給料勘定の記録は，合計額で示してある。

ii　勘定には，日付・相手科目・金額を記入し，締め切ること。

給　料　13

1,471,000	

25-8 神奈川商店（個人企業　決算年1回　12月31日）の決算整理事項は次のとおりであった。よって，
(1) 精算表を完成しなさい。
(2) 備品勘定に必要な記入をおこない，締め切りなさい。なお，勘定記入は日付・相手科目・金額を示すこと。　（第73回一部修正）

決算整理事項
a．期末商品棚卸高　¥710,000
b．貸倒見積高　売掛金残高の3％と見積もり，貸倒引当金を設定する。
c．備品減価償却高　取得原価¥780,000　残存価額は零(0)　耐用年数は6年とし，定額法により計算し，直接法で記帳している。

$$定額法による年間の減価償却費=\frac{取得原価-残存価額}{耐用年数}$$

(1)
精　　算　　表
令和○年12月31日

勘定科目	残高試算表		整理記入		損益計算書		貸借対照表	
	借方	貸方	借方	貸方	借方	貸方	借方	貸方
現金	583,000							
当座預金	1,740,000							
売掛金	1,600,000							
貸倒引当金		12,000						
繰越商品	690,000							
備品	520,000							
買掛金		1,801,000						
前受金		132,000						
資本金		2,746,000						
売上		8,429,000						
受取手数料		62,000						
仕入	6,079,000							
給料	1,194,000							
支払家賃	732,000							
消耗品費	25,000							
雑費	19,000							
	13,182,000	13,182,000						
当期純（　　）								

(2)（注意）勘定には，日付・相手科目・金額を記入し，締め切ること。

備　　品　　6

1/1 前期繰越 520,000	

25-9 奈良商店（個人企業　決算年／回　/2月3/日）の決算整理事項は次のとおりであった。よって，

(1)　精算表を完成しなさい。

(2)　備品勘定に必要な記入をおこない，締め切りなさい。ただし，勘定記入は，日付・相手科目・金額を示すこと。　　　（第77回一部修正）

決算整理事項

a．期末商品棚卸高　　¥730,000

b．貸倒見積高　　売掛金残高の2％と見積もり，貸倒引当金を設定する。

c．備品減価償却高　　取得原価¥1,200,000　残存価額は零(0)　耐用年数は8年とし，定額法により計算し，直接法で記帳している。

$$\text{定額法による年間の減価償却費}=\frac{\text{取得原価}-\text{残存価額}}{\text{耐用年数}}$$

(1)

精　算　表

令和○年/2月3/日

勘定科目	残高試算表		整理記入		損益計算書		貸借対照表	
	借方	貸方	借方	貸方	借方	貸方	借方	貸方
現金	980,000						980,000	
当座預金	1,647,000						1,647,000	
売掛金	2,300,000						2,300,000	
貸倒引当金		6,000						
繰越商品	690,000							
備品	750,000							
買掛金		2,142,000						2,142,000
前受金		360,000						360,000
資本金		3,474,000						3,474,000
売上		9,400,000				9,400,000		
受取手数料		32,000				32,000		
仕入	6,554,000							
給料	1,386,000				1,386,000			
支払家賃	816,000				816,000			
水道光熱費	247,000				247,000			
雑費	44,000				44,000			
	15,414,000	15,414,000						

(2)（注意）勘定には，日付・相手科目・金額を記入し，締め切ること。

備　品　6

借方	貸方
1／1前期繰越 750,000	

25-10 北陸商店（個人企業　決算年1回　12月31日）の決算整理事項は次のとおりであった。よって，

(1) 精算表を完成しなさい。

(2) 貸倒引当金勘定に必要な記入をおこない，締め切りなさい。ただし，勘定記入は，日付・相手科目・金額を示すこと。　（第80回一部修正）

決算整理事項

a．期末商品棚卸高　¥648,000

b．貸倒見積高　売掛金残高の2％と見積もり，貸倒引当金を設定する。

c．備品減価償却高　取得原価¥1,260,000　残存価額は零（0）　耐用年数は6年とし，定額法により計算し，直接法で記帳している。

$$定額法による年間の減価償却費=\frac{取得原価-残存価額}{耐用年数}$$

(1)

精　算　表

令和○年12月31日

勘定科目	残高試算表		整理記入		損益計算書		貸借対照表	
	借方	貸方	借方	貸方	借方	貸方	借方	貸方
現金	451,000						451,000	
当座預金	1,240,000						1,240,000	
売掛金	1,500,000						1,500,000	
貸倒引当金		6,000						
繰越商品	594,000							
前払金	300,000						300,000	
備品	840,000							
買掛金		1,832,000						1,832,000
資本金		2,670,000						2,670,000
売上		9,450,000				9,450,000		
受取手数料		89,000				89,000		
仕入	6,858,000							
給料	1,356,000				1,356,000			
支払家賃	828,000				828,000			
消耗品費	64,000				64,000			
雑費	16,000				16,000			
	14,047,000	14,047,000						

(2) （注意）勘定には，日付・相手科目・金額を記入し，締め切ること。

貸倒引当金　4

6/6 売掛金	20,000	1/1 前期繰越	26,000

25-11 秋田商店（個人企業　決算年1回　12月31日）の決算整理事項は次のとおりであった。よって，

(1) 精算表を完成しなさい。

(2) 消耗品費勘定に必要な記入をおこない，締め切りなさい。なお，勘定記入は日付・相手科目・金額を示すこと。　　（第83回一部修正）

決算整理事項

a．期末商品棚卸高　　¥860,000

b．貸倒見積高　　売掛金残高の2％と見積もり，貸倒引当金を設定する。

c．備品減価償却高　　取得原価¥1,150,000　残存価額は零(0)　耐用年数は5年とし，定額法により計算し，直接法で記帳している。

$$定額法による年間の減価償却費=\frac{取得原価-残存価額}{耐用年数}$$

(1)

精　算　表

令和○年12月31日

勘定科目	残高試算表		整理記入		損益計算書		貸借対照表	
	借方	貸方	借方	貸方	借方	貸方	借方	貸方
現金	308,000						308,000	
当座預金	871,000						871,000	
売掛金	950,000						950,000	
貸倒引当金		4,000						
繰越商品	834,000							
備品	920,000							
買掛金		963,000						963,000
前受金		200,000						200,000
資本金		2,280,000						2,280,000
売上		8,207,000				8,207,000		
受取手数料		327,000				327,000		
仕入	6,210,000							
給料	1,044,000				1,044,000			
支払家賃	570,000				570,000			
水道光熱費	187,000				187,000			
消耗品費	62,000				62,000			
雑費	25,000				25,000			
	11,981,000	11,981,000						

(2) （注意）勘定には，日付・相手科目・金額を記入し，締め切ること。

消　耗　品　費　　16

4/21	現金	24,000	
9/15	現金	38,000	

25-12 沖縄商店（個人企業　決算年1回　12月31日）の決算整理事項は次のとおりであった。よって，

(1) 精算表を完成しなさい。

(2) 備品勘定に必要な記入をおこない，締め切りなさい。なお，勘定記入は，日付・相手科目・金額を示すこと。（第86回一部修正）

決算整理事項

a．期末商品棚卸高　¥789,000

b．貸倒見積高　売掛金残高の2％と見積もり，貸倒引当金を設定する。

c．備品減価償却高　取得原価¥1,280,000　残存価額は零(0)　耐用年数は8年とし，定額法により計算し，直接法で記帳している。

$$定額法による年間の減価償却費＝\frac{取得原価－残存価額}{耐用年数}$$

(1)

精　算　表

令和○年12月31日

勘定科目	残高試算表		整理記入		損益計算書		貸借対照表	
	借方	貸方	借方	貸方	借方	貸方	借方	貸方
現金	462,000							
当座預金	1,231,000							
売掛金	2,600,000							
貸倒引当金		2,000						
繰越商品	654,000							
備品	480,000							
買掛金		2,105,000						
前受金		490,000						
資本金		2,468,000						
売上		9,160,000						
受取手数料		31,000						
仕入	6,412,000							
給料	1,296,000							
支払家賃	864,000							
水道光熱費	239,000							
雑費	18,000							
	14,256,000	14,256,000						

(2)（注意）勘定には，日付・相手科目・金額を記入し，締め切ること。

備　品　6

1/1 前期繰越 480,000	

25-13 福岡商店（個人企業　決算年/回　/2月3/日）の残高試算表と決算整理事項は，次のとおりであった。よって，精算表を完成しなさい。（第90回一部修正）

残高試算表
令和○年/2月3/日

借　方	勘定科目	貸　方
850,000	現　金	
1,310,000	当座預金	
600,000	売掛金	
	貸倒引当金	9,000
398,000	繰越商品	
1,500,000	備　品	
	買掛金	1,183,000
	資本金	2,775,000
	売　上	6,009,000
3,539,000	仕　入	
1,128,000	給　料	
480,000	支払家賃	
132,000	水道光熱費	
24,000	消耗品費	
15,000	雑　費	
9,976,000		9,976,000

決算整理事項

a．期末商品棚卸高　¥427,000

b．貸倒見積高　売掛金残高の2％と見積もり，貸倒引当金を設定する。

c．備品減価償却高　取得原価¥2,500,000　残存価額は零(0)　耐用年数は5年とし，定額法により計算し，直接法で記帳している。

$$\text{定額法による年間の減価償却費} = \frac{\text{取得原価}-\text{残存価額}}{\text{耐用年数}}$$

精　算　表
令和○年/2月3/日

勘定科目	残高試算表		整理記入		損益計算書		貸借対照表	
	借方	貸方	借方	貸方	借方	貸方	借方	貸方
現　金								
当座預金								
売掛金								
貸倒引当金								
繰越商品								
備　品								
買掛金								
資本金								
売　上								
仕　入								
給　料								
支払家賃								
水道光熱費								
消耗品費								
雑　費								
貸倒引当金繰入								
減価償却費								
当期純利益								

25-14 九州商店（個人企業　決算年/回　/2月3/日）の残高試算表と決算整理事項は次のとおりであった。よって，精算表を完成しなさい。（第58回一部修正）

残高試算表

令和○年/2月3/日

借　方	勘定科目	貸　方
505,000	現　金	
1,340,000	当座預金	
2,250,000	売掛金	
	貸倒引当金	15,000
490,000	繰越商品	
630,000	備　品	
	買掛金	1,080,000
	資本金	3,760,000
	売　上	(　　　)
	受取手数料	85,000
5,710,000	仕　入	
1,150,000	給　料	
780,000	支払家賃	
320,000	水道光熱費	
125,000	雑　費	
13,300,000		13,300,000

決算整理事項

a．期末商品棚卸高　¥520,000

b．貸倒見積高　売掛金残高の2％と見積もり，貸倒引当金を設定する。

c．備品減価償却高　取得原価　¥1,260,000　残存価額は零(0)　耐用年数は6年とし，定額法により計算し，直接法で記帳している。

精　算　表

令和○年/2月3/日

勘定科目	残高試算表		整理記入		損益計算書		貸借対照表	
	借方	貸方	借方	貸方	借方	貸方	借方	貸方
現金								
当座預金								
売掛金								
貸倒引当金								
繰越商品								
備品								
買掛金								
資本金								
売上								
受取手数料								
仕入								
給料								
支払家賃								
水道光熱費								
雑費								

26 帳簿の締め切り

要点の整理

① 棚卸表の作成

決算整理を必要とする事項をまとめた表を**棚卸表**という。

② 決算整理

棚卸表にしたがって，決算整理仕訳をおこない転記する。

例 決算整理事項

a．期末商品棚卸高 ¥60,000

b．貸倒見積高 ¥ 5,000

c．備品減価償却費 ¥18,000

(借) 仕　入	50,000	(貸) 繰越商品	50,000
(借) 繰越商品	60,000	(貸) 仕　入	60,000
(借) 貸倒引当金繰入	5,000	(貸) 貸倒引当金	5,000
(借) 減価償却費	18,000	(貸) 備　品	18,000

③ 収益・費用の諸勘定の締め切り

仕　入

(総仕入高)	400,000	(仕入返品高)	10,000
12/31 繰越商品	50,000	12/31 繰越商品	60,000
		〃 損　益	380,000
	450,000		450,000

売　上

(売上返品高)	20,000	(総売上高)	520,000
12/31 損　益	500,000		
	520,000		520,000

(借) 売　上 500,000　(貸) 損　益 500,000

給　料

	20,000	12/31 損　益	20,000

(借) 損　益 460,000　(貸) 仕　入 380,000
給　料 20,000
貸倒引当金繰入 5,000
減価償却費 18,000
雑　費 37,000

貸倒引当金繰入

12/31 貸倒引当金	5,000	12/31 損　益	5,000

減価償却費

12/31 備　品	18,000	12/31 損　益	18,000

雑　費

	37,000	12/31 損　益	37,000

(借) 損　益 40,000　(貸) 資本金 40,000

損　益

12/31 仕　入	380,000	12/31 売　上	500,000
〃 給　料	20,000		
〃 貸倒引当金繰入	5,000		
〃 減価償却費	18,000		
〃 雑　費	37,000		
〃 資本金	40,000		
	500,000		500,000

④ 資産・負債・資本の諸勘定の締め切り

現　金

	512,000		436,000
		12/31 次期繰越	76,000
	512,000		512,000

売掛金

	374,000		194,000
		12/31 次期繰越	180,000
	374,000		374,000

貸倒引当金

	6,000		8,000
12/31 次期繰越	3,600	12/31 貸倒引当金繰入	1,600
	9,600		9,600

繰越商品

	168,000	12/31 仕　入	168,000
12/31 仕　入	206,200	〃 次期繰越	206,200
	374,200		374,200

買掛金

	92,000		350,000
12/31 次期繰越	258,000		
	350,000		350,000

資本金

12/31 次期繰越	774,700		700,000
		12/31 損　益	74,700
	774,700		774,700

⑤ 繰越試算表の作成 (p.32参照)

基本問題

26-1 松江商店（個人企業　決算年/回　12月31日）の収益ならびに費用の諸勘定の記録（合計額で示してある）は，下記のとおりである。

よって，次の決算整理仕訳を下記の勘定に転記しなさい。また，振替仕訳をおこない，これを転記して各勘定を締め切りなさい。

ただし，勘定には，日付・相手科目・金額を記入すること。

決算整理仕訳

a.	（借）仕　入	126,000	（貸）繰越商品	126,000
	繰越商品	109,000	仕　入	109,000
b.	（借）貸倒引当金繰入	15,000	（貸）貸倒引当金	15,000
c.	（借）減価償却費	9,000	（貸）備　品	9,000

	借　　方	貸　　方
収益の振替		
費用の振替		
純損益の振替		

売　上　11

20,000	738,000

仕　入　12

445,000	12,000

給　料　13

84,000	

貸倒引当金繰入　14

減価償却費　15

支払家賃　16

60,000	

雑　費　17

47,000	

損　益　18

ポイント 帳簿の締め切りは，決算整理仕訳の記入，振替仕訳の記入（収益・費用の諸勘定の締め切り）の順でおこない，このあとで資産・負債・資本の諸勘定を締め切り，繰越試算表を作成する。

練習問題

26-2 下関商店（個人企業　決算年／回　12月31日）の総勘定元帳の勘定記録（合計額で示してある）と決算整理事項によって，

(1) 決算に必要な仕訳を示し，総勘定元帳に記入して締め切りなさい。

(2) 繰越試算表を完成しなさい。

ただし，i　勘定には，日付・相手科目・金額を記入すること。

ii　開始記入は省略する。

決算整理仕訳

a．期末商品棚卸高　¥148,000

b．貸倒見積高　売掛金残高の3％と見積もり，貸倒引当金を設定する。

c．備品減価償却高　¥18,000

(1) 整理仕訳

	借　　方	貸　　方
a		
b		
c		

振替仕訳

	借　　方	貸　　方
収益の振替		
費用の振替		
純損益の振替		

総　勘　定　元　帳

現　金　1

341,000	238,000

当 座 預 金　2

741,000	402,000

売　掛　金　3

532,000	132,000

貸 倒 引 当 金　4

	4,000

繰越商品 5

171,000	

備品 6

200,000	

買掛金 7

132,000	423,000

借入金 8

100,000	300,000

資本金 9

	600,000

売上 10

15,000	901,000

受取手数料 11

	49,000

仕入 12

534,000	8,000

給料 13

85,000	

貸倒引当金繰入 14

減価償却費 15

支払家賃 16

120,000	

雑費 17

74,000	

支払利息 18

12,000	

損益 19

(2) 繰越試算表

令和○年12月31日

借方	勘定科目	貸方
	現金	
	当座預金	
	売掛金	
	貸倒引当金	
	繰越商品	
	備品	
	買掛金	
	借入金	
	資本金	

26-3 京都商店（個人企業　決算年1回　12月31日）の総勘定元帳勘定残高と決算整理事項によって，
(1) 決算整理仕訳を示しなさい。
(2) 貸倒引当金・備品・資本金・仕入・損益の各勘定に必要な記入をおこない，締め切りなさい。ただし，勘定には，日付・相手科目・金額を記入すること。
(3) 繰越試算表を作成しなさい。

元帳勘定残高

現　　金	¥ 102,000	当座預金	¥ 336,000	売掛金	¥ 300,000
貸倒引当金	1,000	繰越商品	243,000	備　　品	250,000
買掛金	309,000	資本金	750,000	売　　上	1,789,000
仕　　入	1,209,000	給　　料	215,000	支払家賃	120,000
雑　　費	74,000				

決算整理事項

a．期末商品棚卸高　¥269,000
b．貸倒見積高　売掛金残高の2％と見積もり，貸倒引当金を設定する。
c．備品減価償却高　¥22,500

(1)

	借　　方	貸　　方
a		
b		
c		

(2)

貸倒引当金　4

	1,000

備　品　6

250,000	

資本金　8

	750,000

仕　入　10

1,209,000	

損　益　14

(3)

繰越試算表
令和○年12月31日

借　方	勘定科目	貸　方

検定問題

26-4 関東商店（個人企業　決算年/回　12月31日）の総勘定元帳の記録と決算整理事項は，次のとおりであった。よって，

(1)　a．決算整理仕訳を示しなさい。
　　b．収益・費用の諸勘定残高を，損益勘定に振り替える仕訳を示しなさい。
　　c．当期の純損益を資本金勘定に振り替える仕訳を示しなさい。

(2)　貸倒引当金勘定・損益勘定に必要な記入をおこない，締め切りなさい。ただし，勘定には，日付・相手科目・金額を記入すること。　（第30回一部修正）

総勘定元帳　　(注)　総勘定元帳の記録は合計額で示してある。

現金 1		当座預金 2		売掛金 3		繰越商品 4	
2,520,000	2,130,000	5,480,000	3,140,000	6,580,000	5,380,000	690,000	

備品 5		買掛金 6		資本金 7		売上 8	
656,000		3,250,000	4,160,000		4,000,000	50,000	7,835,000

受取手数料 9		仕入 10		給料 11		支払家賃 12	
	75,000	5,940,000		1,080,000		420,000	

雑費 13	
54,000	

決算整理事項

①　期末商品棚卸高　¥730,000
②　貸倒見積高　売掛金残高の2％と見積もり，貸倒引当金を設定する。
③　備品減価償却高　¥72,000

(1)a.

	借方	貸方
①		
②		
③		

b.

借方	貸方

c.

借方	貸方

(2)

貸倒引当金　14

損益　18

12/31 仕入	12/31 売上

27 損益計算書 (2)

要点の整理

① 損益計算書

損益計算書は，一会計期間に発生した収益と費用の内容を記載し，企業の経営成績を明らかにした表である。

② 損益計算書のつくり方

損益勘定をもとに作成する。また，元帳勘定残高からつくるときは，決算整理後の収益と費用の発生額を集めて作成する。

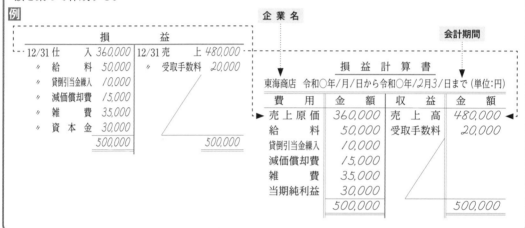

例

損　益

12/31	仕　入	360,000	12/31	売　上	480,000
〃	給　料	50,000	〃	受取手数料	20,000
〃	貸倒引当金繰入	10,000			
〃	減価償却費	15,000			
〃	雑　費	35,000			
〃	資本金	30,000			
		500,000			500,000

企業名　　会計期間

損益計算書

東海商店　令和○年1月1日から令和○年12月31日まで（単位:円）

費　用	金　額	収　益	金　額
売上原価	360,000	売上高	480,000
給　料	50,000	受取手数料	20,000
貸倒引当金繰入	10,000		
減価償却費	15,000		
雑　費	35,000		
当期純利益	30,000		
	500,000		500,000

基本問題

27-1 岡山商店（個人企業　決算年1回　12月31日）の損益勘定に記入されていた収益と費用の諸勘定の金額によって，損益計算書を完成しなさい。

売　上	¥950,000	受取手数料	¥ 15,000	仕　入	¥705,000
給　料	80,000	広告料	40,000	貸倒引当金繰入	23,000
減価償却費	18,000	雑　費	34,000	支払利息	5,000

損　益　計　算　書

（　　　）商店　令和○年（　）月（　）日から令和○年（　）月（　）日まで　（単位：円）

費　用	金　額	収　益	金　額
（　　　）		（　　　）	
給　料		受取手数料	
広告料			
貸倒引当金繰入			
減価償却費			
雑　費			
支払利息			
（　　　）			

ポイント ①　売上・仕入・当期純利益の記入に注意する。　②　企業名・会計期間を忘れないこと。

27-2 広島商店（個人企業　決算年1回　12月31日）の決算整理後の総勘定元帳勘定残高によって，損益計算書を完成しなさい。

元帳勘定残高

現　　金	¥ 425,000	売 掛 金	¥ 460,000	貸倒引当金	¥ 23,000
繰越商品	175,000	備　　品	240,000	買 掛 金	368,000
資 本 金	800,000	売　　上	1,270,000	雑　　益	4,000
仕　　入	785,000	給　　料	153,000	貸倒引当金繰入	15,000
減価償却費	30,000	支払家賃	120,000	雑　　費	62,000

損　益　計　算　書

(　　　　)商店　　令和○年(　　)月(　　)日から令和○年(　　)月(　　)日まで　　　(単位：円)

費　　用	金　　額	収　　益	金　　額

ポイント 損益計算書に記入する収益と費用の項目の分類を間違えないこと。

27-3 島根商店（個人企業　決算年1回　12月31日）の総勘定元帳勘定残高と決算整理事項によって，損益計算書を完成しなさい。

元帳勘定残高

現　　金	¥ 108,000	当座預金	¥ 426,000	売 掛 金	¥1,080,000
繰越商品	330,000	備　　品	300,000	買 掛 金	996,000
資 本 金	1,000,000	売　　上	1,945,000	受取手数料	34,000
仕　　入	1,274,000	給　　料	218,000	支払家賃	180,000
雑　　費	59,000				

決算整理事項

a．期末商品棚卸高　　¥350,000
b．貸 倒 見 積 高　　売掛金残高の5％と見積もり，貸倒引当金を設定する。
c．備品減価償却高　　¥27,000

損　益　計　算　書

島根商店　　　　令和○年(　　)月(　　)日から令和○年(　　)月(　　)日まで　　　(単位：円)

費　　用	金　　額	収　　益	金　　額
(　　　　)		(　　　　)	
給　　料		受取手数料	
(　　　　)			
(　　　　)			
支払家賃			
雑　　費			
(　　　　)			

ポイント ①　売上原価は次のような計算により求める。期首商品棚卸高¥330,000＋仕入¥1,274,000－期末商品卸高¥350,000
②　決算整理仕訳で新たに計上された費用項目を見落とさないように記入すること。

練習問題

27-4 三重商店（個人企業　決算年1回　12月31日）の総勘定元帳勘定残高と決算整理事項は，次のとおりであった。よって，

(1) 決算整理仕訳を示しなさい。

(2) 損益計算書を完成しなさい。

元帳勘定残高

現　　金	¥ 579,000	当座預金	¥1,395,000	売掛金	¥1,600,000
貸倒引当金	2,000	繰越商品	715,000	備　品	450,000
買掛金	1,441,000	借入金	200,000	資本金	2,500,000
売　　上	8,185,000	受取手数料	25,000	仕　入	6,293,000
給　　料	985,000	支払家賃	288,000	雑　費	34,000
支払利息	14,000				

決算整理事項

a．期末商品棚卸高　　¥680,000

b．貸倒見積高　　売掛金残高の2％と見積もり，貸倒引当金を設定する。

c．備品減価償却高　　取得原価¥540,000　残存価額は零(0)　耐用年数は6年とし，定額法により計算し，直接法で記帳している。

$$定額法による年間の減価償却費=\frac{取得原価-残存価額}{耐用年数}$$

(1)

	借　方	貸　方
a		
b		
c		

(2)

損　益　計　算　書

(　　　　)商店　令和○年(　)月(　)日から令和○年(　)月(　)日まで　(単位：円)

費　用	金　額	収　益	金　額

27-5 滋賀商店（個人企業　決算年1回　12月31日）の総勘定元帳の記録と決算整理事項は，次のとおりであった。よって，

(1) 決算整理仕訳を示しなさい。
(2) 貸倒引当金勘定・仕入勘定に必要な記入をおこない，締め切りなさい。
(3) 損益計算書を完成しなさい。

総勘定元帳　　(注) 総勘定元帳の記録は合計額で示してある。

現金（借）	現金（貸）	当座預金（借）	当座預金（貸）	売掛金（借）	売掛金（貸）	貸倒引当金（借）	貸倒引当金（貸）
1,856,000	1,507,000	4,861,000	3,677,000	4,886,000	2,986,000		10,000

繰越商品（借）	繰越商品（貸）	備品（借）	備品（貸）	買掛金（借）	買掛金（貸）	借入金（借）	借入金（貸）
670,000		300,000		3,077,000	4,059,000	200,000	400,000

資本金（借）	資本金（貸）	売上（借）	売上（貸）	仕入（借）	仕入（貸）	給料（借）	給料（貸）
	2,930,000	180,000	5,858,000	4,415,000	150,000	637,000	

支払家賃（借）	支払家賃（貸）	消耗品費（借）	消耗品費（貸）	支払利息（借）	支払利息（貸）
360,000		123,000		12,000	

決算整理事項

a．期末商品棚卸高　　¥705,000
b．貸倒見積高　　売掛金残高の3％と見積もり，貸倒引当金を設定する。
c．備品減価償却高　　取得原価¥400,000　残存価額は零(0)　耐用年数は8年とし，定額法により計算し，直接法で記帳している。

(1)

	借　　方	貸　　方
a		
b		
c		

(2)

貸倒引当金　4

	1/1前期繰越	10,000

仕入　11

4,415,000	150,000

(3)

損益計算書

滋賀商店　　令和○年1月1日から令和○年12月31日まで　　(単位：円)

費　用	金　額	収　益	金　額
売上原価		売上高	
給料			
(　　)			
(　　)			
支払家賃			
消耗品費			
支払利息			
(　　)			

検定問題

27-6 三重商店（個人企業　決算年1回　12月31日）の総勘定元帳勘定残高と決算整理事項は，次のとおりであった。よって，

(1) 決算整理仕訳を示しなさい。

(2) 備品勘定に必要な記入をおこない，締め切りなさい。ただし，勘定記入は，日付・相手科目・金額を示すこと。

(3) 損益計算書を完成しなさい。　（第85回一部修正）

元帳勘定残高

現金	¥ 851,000	当座預金	¥1,393,000	売掛金	¥1,500,000
貸倒引当金	7,000	繰越商品	550,000	備品	780,000
買掛金	1,505,000	資本金	3,050,000	売上	7,566,000
受取手数料	89,000	仕入	4,894,000	給料	1,356,000
支払家賃	816,000	消耗品費	51,000	雑費	26,000

決算整理事項

a．期末商品棚卸高　¥530,000

b．貸倒見積高　売掛金残高の2％と見積もり，貸倒引当金を設定する。

c．備品減価償却高　取得原価¥975,000　残存価額は零(0)　耐用年数は5年とし，定額法により計算し，直接法で記帳している。

$$定額法による年間の減価償却費=\frac{取得原価-残存価額}{耐用年数}$$

(1)

	借　方	貸　方
a		
b		
c		

(2) （注意）勘定には，日付・相手科目・金額を記入し，締め切ること。

備　品　6

1/1前期繰越 780,000	

(3)

損　益　計　算　書

三重商店　令和○年1月1日から令和○年12月31日まで　（単位：円）

費　用	金　額	収　益	金　額
売上原価		売上高	
給料		受取手数料	
(　　)			
(　　)			
支払家賃			
消耗品費			
雑費			
(　　)			

27-7 北海道商店（個人企業　決算年1回　12月31日）の総勘定元帳勘定残高と決算整理事項は，次のとおりであった。よって，

(1) 決算整理事項の仕訳を示しなさい。

(2) 備品勘定に必要な記入をおこない，締め切りなさい。ただし，勘定記入は，日付・相手科目・金額を示すこと。

(3) 損益計算書を完成しなさい。　　　　　　　　　　　　　　　　　　　　　　（第88回一部修正）

元帳勘定残高

現　　　金	¥ 610,000	当座預金	¥1,175,000	売　掛　金	¥2,300,000
貸倒引当金	6,000	繰越商品	740,000	前　払　金	196,000
備　　　品	870,000	買　掛　金	2,246,000	資　本　金	3,130,000
売　　　上	9,413,000	受取手数料	89,000	仕　　　入	6,090,000
給　　　料	1,662,000	支払家賃	924,000	水道光熱費	276,000
雑　　　費	41,000				

決算整理事項

a．期末商品棚卸高　　¥680,000

b．貸倒見積高　　売掛金残高の2％と見積もり，貸倒引当金を設定する。

c．備品減価償却高　　取得原価¥1,160,000　残存価額は零（0）　耐用年数は8年とし，定額法により計算し，直接法で記帳している。

$$定額法による年間の減価償却費=\frac{取得原価-残存価額}{耐用年数}$$

(1)

	借　　　方	貸　　　方
a		
b		
c		

(2) （注意）勘定には，日付・相手科目・金額を記入し，締め切ること。

備　　品　　7

1/1 前期繰越 870,000	

(3)

損　益　計　算　書

北海道商店　　令和○年1月1日から令和○年12月31日まで　　（単位：円）

費　　用	金　　額	収　　益	金　　額
売上原価		売上高	
給料		受取手数料	
(　　　)			
(　　　)			
支払家賃			
水道光熱費			
雑費			
(　　　)			

27-8 四国商店（個人企業　決算年1回　12月31日）の総勘定元帳勘定残高と決算整理事項は，次のとおりであった。よって，

(1) 決算整理事項の仕訳を示しなさい。

(2) 資本金勘定を完成しなさい。なお，損益勘定から資本金勘定に振り替える当期純利益の金額は¥202,000である。

(3) 損益計算書を完成しなさい。　　　　　　　　　　　　　　　　　　　　　　　　（第89回一部修正）

元帳勘定残高

現　　金	¥ 263,000	当座預金	¥ 1,467,000	売 掛 金	¥ 1,300,000
貸倒引当金	2,000	繰越商品	600,000	貸 付 金	1,600,000
備　　品	900,000	買 掛 金	2,632,000	前 受 金	146,000
資 本 金	2,934,000	売　　上	10,600,000	受取利息	32,000
仕　　入	6,390,000	給　　料	2,070,000	支払家賃	1,440,000
広 告 料	123,000	通 信 費	96,000	消耗品費	58,000
雑　　費	39,000				

決算整理事項

a．期末商品棚卸高　　¥560,000

b．貸 倒 見 積 高　　売掛金残高の2％と見積もり，貸倒引当金を設定する。

c．備品減価償却高　　取得原価¥1,200,000　残存価額は零(0)　耐用年数は8年とし，定額法により計算し，直接法で記帳している。

$$定額法による年間の減価償却費=\frac{取得原価-残存価額}{耐用年数}$$

(1)

	借　　方	貸　　方
a		
b		
c		

(2)

資　本　金　　10

12/31 (　　　)	(　　　)	1/1	前期繰越	2,934,000
		12/31	(　　　)	(　　　)
	(　　　)			(　　　)

(3)

損　益　計　算　書

四国商店　　令和○年1月1日から令和○年12月31日まで　　（単位：円）

費　　用	金　　額	収　　益	金　　額
売上原価		(　　　)	
給　　料		受取利息	
(　　　)			
(　　　)			
支払家賃			
広 告 料			
通 信 費			
消耗品費			
雑　　費			
当期純利益			

27-9 東北商店（個人企業　決算年1回　12月31日）の総勘定元帳勘定残高と決算整理事項は，次のとおりであった。よって，

(1) 決算整理事項の仕訳を示しなさい。
(2) 備品勘定および支払利息勘定に必要な記入をおこない，締め切りなさい。ただし，勘定記入は，日付・相手科目・金額を示すこと。
(3) 損益計算書を完成しなさい。（第92回一部修正）

元帳勘定残高

現金	¥1,597,000	当座預金	¥1,615,000	売掛金	¥2,850,000
貸倒引当金	3,000	繰越商品	590,000	備品	534,000
買掛金	1,731,000	借入金	1,500,000	資本金	3,412,000
売上	9,847,000	受取手数料	28,000	仕入	6,307,000
給料	1,968,000	支払家賃	912,000	通信費	84,000
消耗品費	37,000	雑費	9,000	支払利息	18,000

決算整理事項

a. 期末商品棚卸高　¥610,000
b. 貸倒見積高　売掛金残高の2％と見積もり，貸倒引当金を設定する。
c. 備品減価償却高　取得原価¥890,000　残存価額は零（0）　耐用年数は5年とし，定額法により計算し，直接法で記帳している。

$$定額法による年間の減価償却費=\frac{取得原価-残存価額}{耐用年数}$$

(1)

	借方	貸方
a		
b		
c		

(2) （注意） 勘定には，日付・相手科目・金額を記入し，締め切ること。

備品　6

1/1 前期繰越 534,000	

支払利息　18

6/30 現金 9,000	
12/31 現金 9,000	

(3)

損益計算書

東北商店　令和○年1月1日から令和○年12月31日まで　（単位：円）

費用	金額	収益	金額
売上原価		(　　)	
給料		受取手数料	
(　　)			
(　　)			
支払家賃			
通信費			
消耗品費			
雑費			
支払利息			
(　　)			

28 貸借対照表 (2)

要点の整理

① 貸借対照表

貸借対照表は，一定時点における資産・負債・資本の内容を記載し，企業の財政状態を明らかにした表である。

② 貸借対照表のつくり方

繰越試算表をもとに作成する。また，元帳勘定残高からつくるときは，決算整理後の資産・負債・資本の勘定残高を集めて作成する。

例

繰越試算表
令和○年12月31日

借　方	勘定科目	貸　方
50,000	現　　金	
280,000	当座預金	
200,000	売掛金	
	貸倒引当金	10,000
70,000	繰越商品	
290,000	備　　品	
	買掛金	250,000
	資本金	630,000
890,000		890,000

企業名　　決算日

貸借対照表
東海商店　令和○年12月31日　(単位：円)

資　　産		金　額	負債および純資産	金　額
現　　金		50,000	買掛金	250,000
当座預金		280,000	資本金	600,000
売掛金	200,000		当期純利益	30,000
貸倒引当金	10,000	190,000		
商　　品		70,000		
備　　品		290,000		
		880,000		880,000

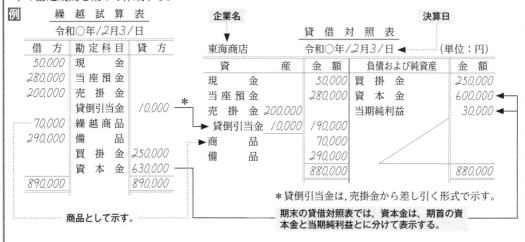

＊貸倒引当金は，売掛金から差し引く形式で示す。

商品として示す。

期末の貸借対照表では，資本金は，期首の資本金と当期純利益とに分けて表示する。

基本問題

28-1 山口商店（個人企業　決算年1回　12月31日）の繰越試算表に記入されていた資産・負債・資本の諸勘定の金額は，次のとおりであった。よって，貸借対照表を完成しなさい。ただし，1月1日における資本金は¥900,000である。

現　　金	¥120,000	当座預金	¥280,000	売掛金	¥340,000
貸倒引当金	17,000	繰越商品	530,000	備　　品	210,000
買掛金	298,000	借入金	200,000	資本金	965,000

貸借対照表
(　　　　)商店　令和○年(　　)月(　　)日　(単位：円)

資　　産	金　額	負債および純資産	金　額
現　　金		買掛金	
当座預金		借入金	
売掛金　(　　　)		資本金	
貸倒引当金　(　　　)		(　　　　)	
(　　　　)			
備　　品			

ポイント ① 貸倒引当金・繰越商品・資本金の記入に注意する。
② 企業名・決算日を忘れないこと。

28-2 資本金¥800,000で開業した奈良商店（個人企業　決算年1回　12月31日）の決算整理後の総勘定元帳勘定残高は，次のとおりであった。よって，貸借対照表を完成しなさい。

元帳勘定残高

現金	¥108,000	当座預金	¥314,000	売掛金	¥380,000
貸倒引当金	19,000	繰越商品	424,000	備品	270,000
買掛金	335,000	借入金	230,000	資本金	800,000
売上	1,581,000	仕入	1,067,000	給料	145,000
貸倒引当金繰入	13,000	減価償却費	30,000	支払家賃	120,000
雑費	78,000	支払利息	16,000		

貸借対照表

(　　　)商店　　令和○年(　)月(　)日　　(単位：円)

資産		金額	負債および純資産	金額
(　　　)			(　　　)	
(　　　)			(　　　)	
(　　　)	380,000		(　　　)	
(　　　)	(　　　)		(　　　)	
(　　　)				
(　　　)				

ポイント ① 貸借対照表に記入する資産・負債・純資産の項目の選択を間違えないこと。決算整理後の金額であるから，元帳勘定残高をそのまま記入していけばよい。
② 損益計算書（または損益勘定）をつくって，純損益の額を確認するとよい。

28-3 大阪商店（個人企業　決算年1回　12月31日）の総勘定元帳勘定残高と決算整理事項によって，貸借対照表を完成しなさい。

元帳勘定残高

現金	¥221,000	当座預金	¥513,000	売掛金	¥820,000
繰越商品	522,000	備品	246,000	買掛金	610,000
資本金	1,500,000	売上	3,383,000	仕入	2,528,000
給料	345,000	支払家賃	180,000	雑費	118,000

決算整理事項

a．期末商品棚卸高　¥575,000
b．貸倒見積高　¥41,000
c．備品減価償却高　¥27,000

貸借対照表

(　　　)商店　　令和○年(　)月(　)日　　(単位：円)

資産		金額	負債および純資産	金額
現金			買掛金	
当座預金			(　　　)	
売掛金	820,000		(　　　)	
(　　　)	(　　　)			
(　　　)				
(　　　)				

ポイント ① 繰越商品と記入してはいけない。
② 備品帳簿価額¥246,000−¥27,000＝¥219,000

練習問題

28-4 和歌山商店(個人企業　決算年1回　12月31日)の総勘定元帳勘定残高と決算整理事項によって,

(1) 決算整理仕訳を示しなさい。

(2) 貸借対照表を完成しなさい。

元帳勘定残高

現　金	¥ 135,000	当座預金	¥1,282,000	売掛金	¥3,260,000
貸倒引当金	29,000	繰越商品	1,115,000	備品	486,000
買掛金	2,813,000	借入金	500,000	資本金	2,600,000
売上	8,715,000	受取手数料	50,000	仕入	6,784,000
給料	1,318,000	支払家賃	240,000	雑費	73,000
支払利息	14,000				

決算整理事項

a. 期末商品棚卸高　¥1,068,000

b. 貸倒見積高　売掛金残高の5%と見積もり,貸倒引当金を設定する。

c. 備品減価償却高　取得原価¥540,000　残存価額は零(0)　耐用年数は10年とし,定額法により計算し,直接法で記帳している。

$$定額法による年間の減価償却費 = \frac{取得原価 - 残存価額}{耐用年数}$$

(1)

	借　方	貸　方
a		
b		
c		

(2)

貸借対照表

和歌山商店　　令和○年(　)月(　)日　　(単位:円)

資　産		金　額	負債および純資産	金　額
現　金			買掛金	
当座預金			(　　)	
売掛金	3,260,000		(　　)	
(　　)	(　　)		(　　)	
(　　)				
(　　)				

28-5 関西商店（個人企業　決算年1回　12月31日）の総勘定元帳勘定残高と決算整理事項によって，

(1) 決算整理仕訳を示しなさい。

(2) 資本金勘定に記入して締め切りなさい。ただし，勘定には日付・相手科目・金額を示すこと。

(3) 損益計算書と貸借対照表を完成しなさい。

元帳勘定残高

現　金	¥ 112,500	当座預金	¥ 856,000	売掛金	¥1,480,000
貸倒引当金	21,000	繰越商品	738,000	貸付金	150,000
備　品	315,000	買掛金	1,152,000	借入金	250,000
資本金	2,000,000	売　上	3,619,000	受取利息	6,500
仕　入	2,475,000	給　料	637,000	消耗品費	83,000
支払家賃	120,000	雑　費	64,000	支払利息	18,000

決算整理事項

a. 期末商品棚卸高　¥753,000

b. 貸倒見積高　売掛金残高の5％と見積もり，貸倒引当金を設定する。

c. 備品減価償却高　取得原価¥360,000　残存価額は零(0)　耐用年数は8年とし，定額法により計算し，直接法で記帳している。

(1)

	借　方	貸　方
a		
b		
c		

(2)

資　本　金　10

	1/1 前期繰越 2,000,000

(3)

損　益　計　算　書

関西商店　令和○年1月1日から令和○年12月31日まで（単位：円）

費　用	金　額	収　益	金　額
売上原価		売上高	
給　料		(　　)	
(　　)			
(　　)			
(　　)			
(　　)			
(　　)			
(　　)			
(　　)			

貸　借　対　照　表

関西商店　令和○年12月31日　（単位：円）

資　産		金　額	負債および純資産	金　額
現　金			買掛金	
当座預金			借入金	
売掛金	1,480,000		(　　)	
(　　)	(　　)		(　　)	
(　　)				
(　　)				
(　　)				

検定問題

28-6 鳥取商店（個人企業　決算年1回　12月31日）の総勘定元帳勘定残高と決算整理事項は，次のとおりであった。よって，

(1) 決算整理仕訳を示しなさい。

(2) 支払利息勘定に必要な記入をおこない，締め切りなさい。ただし，勘定記入は，日付・相手科目・金額を示すこと。

(3) 貸借対照表を完成しなさい。（第81回一部修正）

元帳勘定残高

現　　金	¥ 856,000	当座預金	¥3,487,000	売掛金	¥1,500,000
貸倒引当金	9,000	繰越商品	530,000	備　　品	720,000
買掛金	2,242,000	前受金	245,000	借入金	1,000,000
資本金	2,920,000	売　　上	9,520,000	受取手数料	93,000
仕　　入	6,198,000	給　　料	1,476,000	支払家賃	960,000
保険料	132,000	消耗品費	79,000	雑　　費	41,000
支払利息	50,000				

決算整理事項

a．期末商品棚卸高　¥540,000

b．貸倒見積高　売掛金残高の2％と見積もり，貸倒引当金を設定する。

c．備品減価償却高　取得原価¥1,200,000　残存価額は零（0）　耐用年数は5年とし，定額法により計算し，直接法で記帳している。

$$定額法による年間の減価償却費=\frac{取得原価-残存価額}{耐用年数}$$

(1)

	借　方	貸　方
a		
b		
c		

(2)（注意）i　支払利息勘定の記録は，合計額で示してある。
ii　勘定には，日付・相手科目・金額を記入し，締め切ること。

支　払　利　息　19

50,000	

(3)

貸　借　対　照　表

鳥取商店　令和○年12月31日　(単位：円)

資　産	金　額	負債および純資産	金　額
現　金		買掛金	
当座預金		(　　　)	
売掛金 (　　　)		借入金	
貸倒引当金 (　　　)		資本金	
(　　　)		(　　　)	
備　品			

28-7 中部商店（個人企業　決算年1回　12月31日）の総勘定元帳勘定残高と決算整理事項は，次のとおりであった。よって，

(1) 決算整理仕訳を示しなさい。
(2) 給料勘定に必要な記入をおこない，締め切りなさい。なお，勘定記入は，日付・相手科目・金額を示すこと。
(3) 貸借対照表を完成しなさい。　（第84回一部修正）

元帳勘定残高

現金	¥ 505,000	当座預金	¥1,529,000	売掛金	¥1,300,000
貸倒引当金	5,000	繰越商品	623,000	貸付金	600,000
備品	1,190,000	買掛金	1,610,000	前受金	300,000
資本金	3,318,000	売上	9,340,000	受取利息	24,000
仕入	6,150,000	給料	1,620,000	支払家賃	732,000
保険料	264,000	消耗品費	61,000	雑費	23,000

決算整理事項

a．期末商品棚卸高　¥702,000
b．貸倒見積高　売掛金残高の3％と見積もり，貸倒引当金を設定する。
c．備品減価償却高　取得原価¥1,360,000　残存価額は零（0）　耐用年数8年とし，定額法により計算し，直接法で記帳している。

$$定額法による年間の減価償却費=\frac{取得原価-残存価額}{耐用年数}$$

(1)

	借方	貸方
a		
b		
c		

(2)（注意）i　給料勘定の記録は，合計額で示している。
ii　勘定には，日付・相手科目・金額を記入し，締め切ること。

給　料　14

1,620,000	

(3)

貸　借　対　照　表

中部商店　令和○年12月31日　（単位：円）

資産	金額	負債および純資産	金額
現金		買掛金	
当座預金		(　　)	
売掛金 (　　)		資本金	
貸倒引当金 (　　)		(　　)	
(　　)			
(　　)			
備品			

28-8 九州商店（個人企業　決算年1回　12月31日）の総勘定元帳勘定残高と決算整理事項は，次のとおりであった。よって，

(1) 決算整理仕訳を示しなさい。
(2) 広告料勘定に必要な記入をおこない，締め切りなさい。ただし，勘定記入は日付・相手科目・金額を示すこと。
(3) 貸借対照表を完成しなさい。（第87回一部修正）

元帳勘定残高

現　金	¥ 698,000	当座預金	¥1,726,000	売掛金	¥1,500,000
貸倒引当金	4,000	繰越商品	870,000	貸付金	1,300,000
備　品	1,000,000	買掛金	2,369,000	前受金	150,000
資本金	3,920,000	売　上	9,800,000	受取利息	41,000
仕　入	5,860,000	給　料	2,760,000	広告料	59,000
支払家賃	432,000	消耗品費	64,000	雑　費	15,000

決算整理事項

a．期末商品棚卸高　¥640,000
b．貸倒見積高　売掛金残高の2％と見積もり，貸倒引当金を設定する。
c．備品減価償却高　取得原価¥1,200,000　残存価額は零(0)　耐用年数は6年とし，定額法により計算し，直接法で記帳している。

$$定額法による年間の減価償却費＝\frac{取得原価－残存価額}{耐用年数}$$

(1)

	借　方	貸　方
a		
b		
c		

(2)（注意）勘定には，日付・相手科目・金額を記入し，締め切ること。

広告料　15

3/30	現　金	29,000			
9/28	現　金	30,000			

(3)

貸借対照表

九州商店　令和○年12月31日　（単位：円）

資　産	金　額	負債および純資産	金　額
現　金		買掛金	
当座預金		(　　　)	
売掛金（　　　）		資本金	
貸倒引当金（　　　）		(　　　)	
(　　　)			
貸付金			
備　品			

28-9 北陸商店（個人企業　決算年1回　12月31日）の総勘定元帳勘定残高と決算整理事項は，次のとおりであった。よって，

(1) 決算整理事項の仕訳を示しなさい。

(2) 売上勘定に必要な記入をおこない，締め切りなさい。なお，勘定記入は日付・相手科目・金額を示すこと。

(3) 貸借対照表を完成しなさい。（第91回一部修正）

元帳勘定残高

現　　金	¥ 782,000	当座預金	¥1,436,000	売掛金	¥1,850,000
貸倒引当金	6,000	繰越商品	820,000	貸付金	1,600,000
備　　品	675,000	買掛金	1,480,000	前受金	230,000
資本金	4,520,000	売　　上	9,572,000	受取利息	32,000
仕　　入	6,935,000	給　　料	1,320,000	支払家賃	240,000
消耗品費	72,000	雑　　費	110,000		

決算整理事項

a．期末商品棚卸高　¥740,000

b．貸倒見積高　売掛金残高の2％と見積もり，貸倒引当金を設定する。

c．備品減価償却高　取得原価¥1,350,000　残存価額は零(0)　耐用年数は6年とし，定額法により計算し，直接法で記帳している。

$$定額法による年間の減価償却費＝\frac{取得原価－残存価額}{耐用年数}$$

(1)

	借　方	貸　方
a		
b		
c		

(2) （注意）i　売上勘定の記録は，合計額で示してある。
ii　勘定には，日付・相手科目・金額を記入し，締め切ること。

売　上　11

129,000	9,701,000

(3)

貸借対照表

北陸商店　令和○年12月31日　（単位：円）

資　産	金　額	負債および純資産	金　額
現　　金		買掛金	
当座預金		(　　　)	
売掛金（　　　）		資本金	
貸倒引当金（　　　）		(　　　)	
(　　　)			
貸付金			
備　　品			

29 入金伝票・出金伝票・振替伝票の起票

要点の整理

① 伝　票

取引の内容を一定の形式の紙片に記入する場合，この紙片を**伝票**といい，どのような伝票を用いるかによって，次のような方法がある。

1伝票制……仕訳伝票だけを用いる方法。

3伝票制……入金伝票・出金伝票・振替伝票の3種類を用いる方法。

② 仕訳伝票

仕訳の形式で記入する伝票を**仕訳伝票**という。仕訳伝票は，1取引ごとに1枚の伝票を作成する。

例 12月1日　九州商店よりA品　100個　@¥300を仕入れ，代金は現金で支払った。(伝票番号No.1)

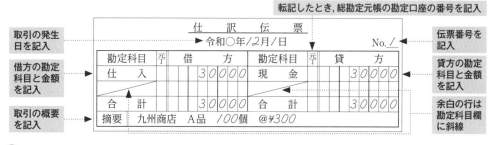

転記したとき，総勘定元帳の勘定口座の番号を記入

取引の発生日を記入

借方の勘定科目と金額を記入

取引の概要を記入

伝票番号を記入

貸方の勘定科目と金額を記入

余白の行は勘定科目欄に斜線

仕　訳　伝　票

令和○年12月1日　　No.1

勘定科目	元丁	借　方	勘定科目	元丁	貸　方
仕　入		30000	現　金		30000
／			／		
合　計		30000	合　計		30000
摘要	九州商店　A品　100個　@¥300				

③ 3伝票制

(1) 入金伝票

現金の入金があったときに記入する。入金取引は，仕訳すると借方の勘定科目がすべて「現金」となるから，伝票の科目欄には相手科目（貸方科目）を記入すればよい。

例 6月1日　宮崎商店へB品 50個 @¥1,000　¥50,000を売り上げ，現金を受け取った。(伝票番号No.2)

（借）現　金 50,000　（貸）売　上 50,000

入　金　伝　票

令和○年6月1日　　No.2

科目	売　上	入金先	宮崎商店殿
摘　要		金　額	
B品 50個 @¥1,000		50000	
／			
合　計		50000	

(2) 出金伝票

現金を支出したときに記入する。出金取引は，仕訳すると貸方の勘定科目がすべて「現金」となるから，伝票の科目欄には相手科目（借方科目）を記入すればよい。

例 6月10日　佐賀商店よりC品 100個 @¥800 ¥80,000を仕入れ，代金は現金で支払った。(伝票番号No.3)

（借）仕　入 80,000　（貸）現　金 80,000

出　金　伝　票

令和○年6月10日　　No.3

科目	仕　入	支払先	佐賀商店殿
摘　要		金　額	
C品 100個 @¥800		80000	
／			
合　計		80000	

(3) 振替伝票

現金の収支に関係のない取引を記入する。入金伝票・出金伝票のように仕訳の借方または貸方の科目が限定されていないので，ふつうの仕訳をおこなうように記入する。

例 6月28日　熊本家具店から事務用ロッカー¥370,000を買い入れ，代金は小切手#42を振り出して支払った。(伝票番号No.5)

（借）備　品 370,000　（貸）当座預金 370,000

振　替　伝　票

令和○年6月28日　　No.5

勘定科目	借　方	勘定科目	貸　方
備　品	370000	当座預金	370000
／		／	
合　計	370000	合　計	370000
摘要	熊本商店から事務用ロッカーを購入，小切手#42振り出し		

取引の概要を記入。とくに債権・債務については商店名を記入する。

⑷ **一部現金取引**

① 取引の一部を現金で受け払いする場合は，現金の部分は**入金伝票・出金伝票**に記入し，現金取引以外の部分については**振替伝票**に記入する。

例 6月30日 大分商店にB品100個 @¥1,000 ¥100,000を売り上げ，¥30,000は現金で受け取り，残額は掛けとした。

(借) 現　　金 30,000 (貸) 売　　上 30,000……入金伝票
(借) 売 掛 金 70,000 (貸) 売　　上 70,000……振替伝票

入　金　伝　票
令和○年6月30日 No.5

科目	売　上	入金先	大分商店殿
摘　要	金　額		
B品30個	30000		
合　計	30000		

振　替　伝　票
令和○年6月30日 No.9

勘定科目	借　方	勘定科目	貸　方
売 掛 金	70000	売　上	70000
合　計	70000	合　計	70000
摘要	大分商店 B品 100個 @¥1,000の一部		

② いったん全額を掛け取引として，振替伝票に記入し，ただちに現金の支払いがあったものとして入金伝票あるいは出金伝票に記入する。

(借) 売 掛 金 100,000 (貸) 売　　上 100,000……振替伝票
(借) 現　　金 30,000 (貸) 売 掛 金 30,000……入金伝票

入　金　伝　票
令和○年6月30日 No.5

科目	売 掛 金	入金先	大分商店殿
摘　要	金　額		
売掛金回収	30000		
合　計	30000		

振　替　伝　票
令和○年6月30日 No.9

勘定科目	借　方	勘定科目	貸　方
売 掛 金	100000	売　上	100000
合　計	100000	合　計	100000
摘要	大分商店 B品 100個 @¥1,000		

基本問題

29-1 次の取引を下記の伝票に記入しなさい。ただし，商品に関する勘定は3分法によること。

4月10日 山形商店から売掛金¥200,000を同店振り出しの小切手#16で受け取った。（伝票番号No.401）

11日 青森商店から次の商品を仕入れ，代金のうち¥100,000は小切手を振り出して支払い，残額は掛けとした。（伝票番号No.402） A品 20ダース @¥20,000 ¥400,000

仕　訳　伝　票
令和○年　月　日 No._____

勘 定 科 目	元丁	借　方	勘 定 科 目	元丁	貸　方
合　　計			合　　計		
摘要					

仕　訳　伝　票
令和○年　月　日 No._____

勘 定 科 目	元丁	借　方	勘 定 科 目	元丁	貸　方
合　　計			合　　計		
摘要					

ポイント 記入箇所にもれがないように気をつける。債権・債務については商店名を忘れないようにする。

29-2 次の取引を下記の伝票に記入しなさい。ただし，商品に関する勘定は3分法によること。

11月10日　高知商店に次の商品を売り渡し，代金は現金で受け取った。（伝票番号No.15）
　　A　品　　10個　　@¥55,000

11日　愛媛商店から次の商品を仕入れ，代金は現金で支払った。（伝票番号No.23）
　　B　品　　15個　　@¥60,000

13日　香川商店に対する買掛金の支払いとして，小切手¥300,000を振り出した。
（伝票番号No.34）

14日　宮崎商店から次の商品を仕入れ，代金は小切手を振り出して支払った。（伝票番号No.35）
　　C　品　　22個　　@¥50,000

15日　大分商店から事務用の備品¥700,000を買い入れ，代金は月末に支払うことにした。
（伝票番号No.36）

入　金　伝　票

令和○年　　月　　日　　No.____

科目		入金先	殿
摘　　要		金　　額	
合　　計			

出　金　伝　票

令和○年　　月　　日　　No.____

科目		支払先	殿
摘　　要		金　　額	
合　　計			

振　替　伝　票

令和○年　　月　　日　　No.____

勘定科目	借　方	勘定科目	貸　方
合　　計		合　　計	
摘要			

振　替　伝　票

令和○年　　月　　日　　No.____

勘定科目	借　方	勘定科目	貸　方
合　　計		合　　計	
摘要			

振　替　伝　票

令和○年　　月　　日　　No.____

勘定科目	借　方	勘定科目	貸　方
合　　計		合　　計	
摘要			

ポイント　①　伝票には，日付・伝票番号など記入もれのないようにする。
②　余白に簡単に仕訳してから起票してみるのもよい。

練習問題

29-3 次の取引を入金伝票・出金伝票・振替伝票のうち，必要な伝票に記入しなさい。ただし，不要な伝票は空欄のままにしておくこと。

1月10日　桜島商店に次の商品を売り渡し，代金は掛けとした。（伝票番号No.1）
　　A　品　　300個　　@¥550
〃日　上記商品の発送費¥3,000を大隅運送店に現金で支払った。（伝票番号No.2）
12日　現金¥200,000を熊本銀行の当座預金に預け入れた。（伝票番号No.3）
15日　出張中の店員山中三郎から，内容不明の送金小切手#5　¥90,000を受け取った。（伝票番号No.4）
20日　宮崎商店から商品売買の仲介手数料として現金¥65,000を受け取った。（伝票番号No.5）
23日　福岡郵便局で郵便切手¥8,000を買い入れ，代金は現金で支払った。（伝票番号No.6）

入金伝票
令和○年　月　日　No.____

科目		入金先	殿
摘要		金額	
合計			

出金伝票
令和○年　月　日　No.____

科目		支払先	殿
摘要		金額	
合計			

入金伝票
令和○年　月　日　No.____

科目		入金先	殿
摘要		金額	
合計			

出金伝票
令和○年　月　日　No.____

科目		支払先	殿
摘要		金額	
合計			

入金伝票
令和○年　月　日　No.____

科目		入金先	殿
摘要		金額	
合計			

出金伝票
令和○年　月　日　No.____

科目		支払先	殿
摘要		金額	
合計			

振替伝票
令和○年　月　日　No.____

勘定科目	借方	勘定科目	貸方
合計		合計	
摘要			

検定問題

29-4 東京商店の次の取引を入金伝票・出金伝票・振替伝票のうち，必要な伝票に記入しなさい。ただし，不要な伝票は空欄のままにしておくこと。 （第84回一部修正）

取　　引

6月15日　品川商店から貸付金に対する利息¥12,000を現金で受け取った。 （伝票番号No.45）

〃 日　中央商店の買掛金¥300,000を当座預金から振り込んで支払った。 （伝票番号No.51）

入金伝票　令和○年　月　日　No.____

科目		入金先	殿
摘　要		金　額	
合　計			

出金伝票　令和○年　月　日　No.____

科目		支払先	殿
摘　要		金　額	
合　計			

振替伝票　令和○年　月　日　No.____

勘定科目	借　方	勘定科目	貸　方
合　計		合　計	
摘要			

29-5 山口商店の次の取引を入金伝票・出金伝票・振替伝票のうち，必要な伝票に記入しなさい。 （第86回一部修正）

取　　引

6月19日　商品売買の仲介をおこない，岩国商店から手数料として現金¥21,000を受け取った。 （伝票番号No.48）

〃 日　下関広告社に，広告料¥130,000を小切手#24を振り出して支払った。 （伝票番号No.57）

〃 日　宇部郵便局で郵便切手¥9,000を買い入れ，代金は現金で支払った。 （伝票番号No.51）

入金伝票　令和○年　月　日　No.____

科目		入金先	殿
摘　要		金　額	
合　計			

出金伝票　令和○年　月　日　No.____

科目		支払先	殿
摘　要		金　額	
合　計			

振替伝票　令和○年　月　日　No.____

勘定科目	借　方	勘定科目	貸　方
合　計		合　計	
摘要			

29-6 鹿児島商店の次の取引を入金伝票・出金伝票・振替伝票のうち，必要な伝票に記入しなさい。

（第90回一部修正）

取　　引

6月12日　熊本商店から商品の注文を受け，内金として現金¥48,000を受け取った。（伝票番号No.39）

〃 日　佐賀商店から商品陳列用ケース¥310,000を買い入れ，代金は小切手#17を振り出して支払った。（伝票番号No.47）

〃 日　宮崎郵便局で郵便切手¥7,000を買い入れ，代金は現金で支払った。（伝票番号No.45）

入金伝票

令和○年　月　日　No.＿＿

科目		入金先	殿
摘　　要		金　　額	
合　　計			

出金伝票

令和○年　月　日　No.＿＿

科目		支払先	殿
摘　　要		金　　額	
合　　計			

振替伝票

令和○年　月　日　No.＿＿

勘定科目	借　　方	勘定科目	貸　　方
合　　計		合　　計	
摘要			

29-7 鳥取商店の次の取引を入金伝票・出金伝票・振替伝票のうち，必要な伝票に記入しなさい。

（第92回一部修正）

取　　引

1月19日　商品売買の仲介をおこない，広島商店から手数料として現金¥23,000を受け取った。（伝票番号No.17）

〃 日　全商銀行に定期預金として小切手#5 ¥800,000を振り出して預け入れた。（伝票番号No.24）

〃 日　渋谷家具店から金庫¥250,000を買い入れ，代金は現金で支払った。（伝票番号No.13）

入金伝票

令和○年　月　日　No.＿＿

科目		入金先	殿
摘　　要		金　　額	
合　　計			

出金伝票

令和○年　月　日　No.＿＿

科目		支払先	殿
摘　　要		金　　額	
合　　計			

振替伝票

令和○年　月　日　No.＿＿

勘定科目	借　　方	勘定科目	貸　　方
合　　計		合　　計	
摘要			

30 会計ソフトウェアの活用

要点の整理

① 会計ソフトウェアの活用

会計ソフトウェアによる会計処理では，仕訳データの入力をおこなったあとの会計手続きは，会計ソフトウェアにより自動的に処理される。したがって，取引を仕訳データとして正しく入力することが重要である。また，会計ソフトウェアによる会計処理には次のような利点がある。

① 正確かつ迅速な会計処理
② 労力の省力化と保存費用の軽減
③ 会計業務の効率化

② 会計ソフトウェアの導入と運用

会計ソフトウェアを活用するには，導入と運用の二つの作業が必要になる。

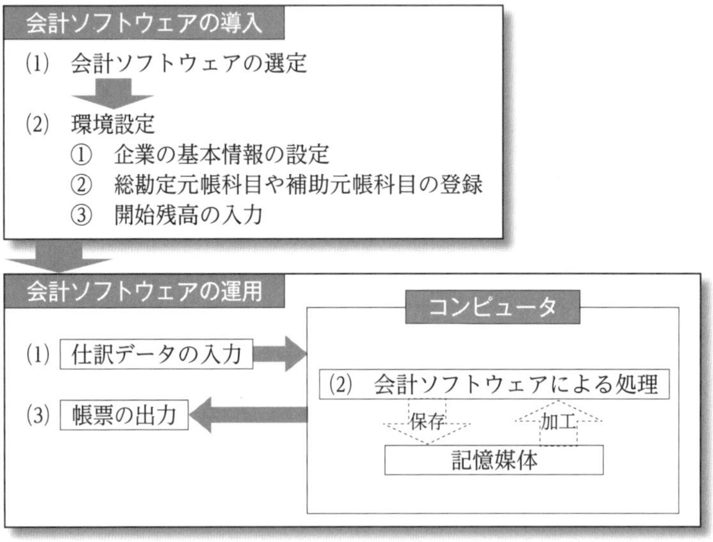

基本問題

30-1 次の各文は会計ソフトウェアのどのような利点を述べたものか語群のなかから選び，記号で答えなさい。

(1) 仕訳データが正しく入力されていれば，あとは会計ソフトウェアが自動的におこなうので，正確かつ迅速な処理をおこなうことができる。また，コンピュータを使用することで，大量の処理を高速で実行することができる。

(2) 会計担当者の転記や集計作業などの労力を省くだけでなく，データをハードディスクなどの記憶媒体に保存するので，帳簿書類の保存にかかる費用の軽減をはかることができる。また，一定の要件のもと，帳簿書類の電子データ保存が法律で認められた。

(3) 企業内のコンピュータをネットワーク化することにより，これまで経理部や財務部などでおこなわれてきた会計業務を，企業内の各部署に分担することができる。また，仕入管理ソフトウェアや販売管理ソフトウェアなどとの連携により，より効率的な会計業務が可能となる。

語　群
ア．会計業務の効率化　イ．正確かつ迅速な会計処理　ウ．労力の省力化と保存費用の軽減

(1)		(2)		(3)	

30-2 鳥取商店は取引を次の形式の仕訳データとして会計ソフトウェアに入力している。よって，下記の取引を仕訳データにしなさい。

仕訳データの形式（例）

振替伝票 日付(D)：10/25

借方科目	借方金額	貸方科目	貸方金額	摘　　要
通　信　費	6,780	普　通　預　金	6,780	インターネット接続料金支払い

取　　引

10月27日　島根文具店から事務用品を現金で購入し，次の領収証を受け取った。

領　収　証　　鳥　取　商　店 御中　　No. 12

金額　¥7,500※

但　事務用品代として

令和　○　年　10　月　27　日　　上記正に領収いたしました。

収入印紙

島 根 文 具 店　（三郎）

振替伝票 日付(D)：

借方科目	借方金額	貸方科目	貸方金額	摘　　要

10月28日　倉敷商店から売掛金の一部を次の小切手#18で受け取った。なお，売掛金に対して補助科目は設定していない。

SK0018　　小　　切　　手　　岡 山 3301 0149−033

支払地　岡山県岡山市東区西大寺上2-1-17

株式会社　全商銀行岡山支店

金　額　¥200,000※

上記の金額をこの小切手と引き替えに
持参人へお支払いください

令 和 ○ 年 10 月 28 日

振出地　岡山県倉敷市

岡山県倉敷市白楽町545
倉 敷 商 店
振出人　倉　敷　二　郎　（倉敷）

振替伝票 日付(D)：

借方科目	借方金額	貸方科目	貸方金額	摘　　要

31 有価証券 2級の範囲

要点の整理

① 有価証券（資産） 2級の範囲

企業は資金の余裕があるとき，売買を目的として有価証券を買い入れ保有することがある。有価証券には株式・社債・公債（国債・地方債）などがある。

② 有価証券の買い入れ 2級の範囲

売買目的で有価証券を取得したときは，取得原価で**有価証券勘定**（資産）の借方に記入する。取得原価とは買入価額に買入手数料などを加えたものである。なお，買入価額は次のように計算する。

(1) 株　式　**/株の価額×買入株式数**　　(2) 社債・公債　**額面金額×$\frac{買入単価}{¥100}$**

③ 有価証券の売却 2級の範囲

売買目的の有価証券を帳簿価額より高い価額で売却したときは，その差額を**有価証券売却益勘定**（収益）の貸方に，反対に帳簿価額より低い価額で売却したときは，その差額を**有価証券売却損勘定**（費用）の借方に記入する。

例 ① 売買目的で静岡商事株式会社の株式/0株を/株につき¥52,000で買い入れ，代金は小切手を振り出して支払った。

(借) 有価証券 520,000　(貸) 当座預金 520,000

② 上記株式/0株を/株¥50,000で売却し，代金は当店の当座預金口座に振り込まれた。

(借) 当座預金 500,000　(貸) 有価証券 520,000
　　有価証券売却損 20,000

③ 売買目的で額面¥/,000,000の社債を額面¥/00につき¥97.50で買い入れ，代金は現金で支払った。

(借) 有価証券 975,000　(貸) 現金 975,000

④ 上記の社債を額面¥/00につき¥99.50で売却し，代金は現金で受け取った。

(借) 現金 995,000　(貸) 有価証券 975,000
　　　　　　　　　　　　有価証券売却益 20,000

基本問題

31-1 次の取引の仕訳を示しなさい。 2級の範囲

(1) 売買目的で富山商事株式会社の株式/0株を/株につき¥48,000で買い入れ，代金は小切手を振り出して支払った。

(2) 売買目的で額面¥750,000の社債を額面¥/00につき¥98で買い入れ，代金は小切手を振り出して支払った。

(3) 売買目的で保有する酒田商事株式会社の株式/0株（/株の帳簿価額¥34,000）を/株につき¥35,000で売却し，代金は現金で受け取った。

	借　方	貸　方
(1)		
(2)		
(3)		

ポイント ① (1)は株式を買い入れたので，(売買目的)有価証券勘定の借方に記入する。¥48,000×/0株=¥480,000

② (2)の社債の買入価額は，次のように計算する。額面¥750,000×$\frac{¥98}{¥100}$=¥735,000

③ (3)は帳簿価額より高く売却したので，有価証券売却益が発生する。(¥35,000−¥34,000)×/0株=¥/0,000

練習問題

31-2 次の取引の仕訳を示しなさい。**2級の範囲**

(1) 売買目的で市川商事株式会社の株式20株を1株につき¥52,000で買い入れ，代金は小切手を振り出して支払った。

(2) 売買目的で額面総額¥300,000の社債を額面¥100につき¥99で買い入れ，代金のうち¥250,000は小切手を振り出し，残額は現金で支払った。

(3) 売買目的で保有する広島商事株式会社の株式10株（1株の帳簿価額¥60,000）を1株につき¥72,000で売却し，代金は当店の当座預金口座に振り込まれた。

(4) 売買目的で保有する沖縄商事株式会社の額面¥2,000,000の社債を額面¥100につき¥97で売却し，代金は現金で受け取り，ただちに当座預金とした。ただし，この社債の帳簿価額は額面¥100につき¥98である。

	借　　方	貸　　方
(1)		
(2)		
(3)		
(4)		

検定問題

31-3 次の取引の仕訳を示しなさい。**2級の範囲**

(1) 佐賀商事株式会社の額面¥2,000,000の社債を¥100につき¥99で買い入れ，代金は小切手を振り出して支払った。（第66回）

(2) 売買目的で保有する額面¥1,000,000の島根商事株式会社の社債を額面¥100につき¥98で売却し，代金は現金で受け取った。ただし，この社債の帳簿価額は額面¥100につき¥97である。（第44回一部修正）

(3) 売買目的で保有している岐阜商事株式会社の株式20株（1株の帳簿価額¥70,000）を1株につき¥74,000で売却し，代金は当店の当座預金口座に振り込まれた。（第80回）

(4) 売買目的で高知物産株式会社の株式10株を1株につき¥62,000で買い入れ，代金は買入手数料¥8,000とともに現金で支払った。（第70回）

(5) 売買目的で保有している愛知商事株式会社の株式10株（1株の帳簿価額¥80,000）を1株につき¥78,000で売却し，代金は現金で受け取った。（第74回）

	借　　方	貸　　方
(1)		
(2)		
(3)		
(4)		
(5)		

32 仕訳の問題

32-1 次の取引の仕訳を示しなさい。ただし，勘定科目は，次のなかからもっとも適当なものを使用すること。

現金	小口現金	当座預金	普通預金	売掛金
貯蔵品	貸付金	未収入金	前払金	仮払金
建物	備品	土地	買掛金	借入金
未払金	前受金	仮受金	所得税預り金	資本金
売上	受取利息	仕入	給料	発送費
貸倒損失	通信費	交通費	旅費	消耗品費
保険料	雑費	支払利息	貸倒引当金	

(1) 京都商店では定額資金前渡法（インプレスト・システム）を採用することとし，小口現金として小切手¥40,000を振り出して小口現金係に渡した。

(2) 定額資金前渡法を採用している群馬商店の会計係は，月末に小口現金係から次の小口現金出納帳にもとづいて，当月分の支払高の報告を受けたので，ただちに小切手を振り出して支払った。

小口現金出納帳

収入	令和○年		摘要	支出	内訳				残高
					通信費	交通費	消耗品費	雑費	
60,000	5	1	前月繰越						60,000
			合計	47,000	16,000	20,000	8,000	3,000	

(3) 全商銀行に現金¥250,000を普通預金として預け入れた。

(4) 青森商店から商品¥310,000を仕入れ，代金は掛けとした。なお，引取運賃¥5,000は現金で支払った。

(5) 香川商店に商品¥698,000を売り渡し，代金は掛けとした。なお，発送費¥7,000は現金で支払った。

(6) 得意先南北商店が倒産し，前期から繰り越された同店に対する売掛金¥40,000が回収不能となったため，貸し倒れとして処理した。ただし，貸倒引当金勘定の残高が¥38,000ある。

(7) 得意先南北商店が倒産し，前期から繰り越された同店に対する売掛金¥76,000が回収不能となったため，貸し倒れとして処理した。ただし，貸倒引当金勘定の残高が¥130,000ある。

	借方	貸方
(1)		
(2)		
(3)		
(4)		
(5)		
(6)		
(7)		

32-2 次の取引の仕訳を示しなさい。ただし，勘定科目は，次のなかからもっとも適当なものを使用すること。

現金	小口現金	当座預金	普通預金	定期預金
売掛金	貸付金	未収入金	前払金	仮払金
建物	備品	土地	買掛金	借入金
未払金	前受金	仮受金	所得税預り金	資本金
売上	受取利息	仕入	給料	発送費
貸倒損失	通信費	交通費	旅費	消耗品費
保険料	雑費	支払利息	貸倒引当金	

(1) 店舗を建てるため，土地¥6,300,000を購入し，代金は登記料と買入手数料の合計額¥120,000とともに小切手を振り出して支払った。

(2) 店舗用に建物¥4,500,000を購入し，代金は小切手を振り出して支払った。なお，登記料と買入手数料の合計額¥290,000は現金で支払った。

(3) 事務用の備品¥800,000を購入し，代金のうち¥500,000は小切手を振り出して支払い，残額は月末に支払うことにした。

(4) 東西商店に借用証書によって，現金¥1,200,000を貸し付けた。

(5) 熊本商店に借用証書によって貸し付けていた¥600,000の返済を受け，その利息¥21,000とともに同店振り出しの小切手で受け取った。

(6) 新潟銀行に定期預金として現金¥500,000を預け入れた。

(7) 従業員から預かっていた所得税の源泉徴収額¥58,000を税務署に現金で納付した。

	借　方	貸　方
(1)		
(2)		
(3)		
(4)		
(5)		
(6)		
(7)		

32-3 次の取引の仕訳を示しなさい。ただし，勘定科目は，次のなかからもっとも適当なものを使用すること。

現金	小口現金	当座預金	普通預金	売掛金
前払金	貸付金	未収入金	仮払金	建物
土地	備品	借入金	前受金	仮受金
所得税預り金	買掛金	未払金	資本金	売上
受取利息	仕入	給料	通信費	交通費
消耗品費	貸倒損失	旅費	発送費	支払利息
保険料	雑費	貸倒引当金		

(1) 福島商店から借用証書によって¥450,000を借り入れていたが，本日，利息¥9,000とともに現金で返済した。
(2) 全商銀行から借用証書により現金¥850,000を借り入れた。
(3) 宮城商店から商品の注文を受け，内金として¥90,000を現金で受け取った。
(4) 群馬商店に商品¥250,000を注文し，内金として¥100,000の小切手を振り出して支払った。
(5) 宮崎商店に商品¥350,000を売り渡し，代金はさきに受け取っていた内金¥100,000を差し引き，残額は掛けとした。
(6) 栃木商店から商品¥420,000を仕入れ，代金はさきに支払ってある内金¥50,000を差し引き，残額は掛けとした。
(7) 出張中の従業員から当店の当座預金口座に¥140,000の振り込みがあったが，その内容は不明である。

	借　　方	貸　　方
(1)		
(2)		
(3)		
(4)		
(5)		
(6)		
(7)		

32-4 次の取引の仕訳を示しなさい。ただし，勘定科目は，次のなかからもっとも適当なものを使用すること。

現金	小口現金	当座預金	普通預金	売掛金
前払金	貸付金	未収入金	仮払金	建物
土地	備品	借入金	前受金	仮受金
所得税預り金	買掛金	未払金	資本金	売上
受取利息	仕入	給料	通信費	交通費
消耗品費	貸倒損失	旅費	発送費	支払利息
保険料	雑費	貸倒引当金		

(1) 出張中の従業員から受け取っていた内容不明の¥50,000は，長野商店に対する売掛金の回収であることがわかった。
(2) 従業員北海道二郎の出張にあたり，旅費の概算額として¥50,000を現金で渡した。
(3) 従業員の出張にさいし，旅費の概算額として¥53,000を仮払いしていたが，本日，従業員が帰店して精算をおこない，残額¥1,000を現金で受け取った。
(4) 本月分の給料¥750,000の支払いにあたり，所得税額¥54,000を差し引いて，従業員の手取金を現金で支払った。
(5) 1月分のインターネット料金として¥20,000を現金で支払った。
(6) 和歌山商店は建物に対する1年分の火災保険料¥78,000を現金で支払った。
(7) 現金¥600,000の出資を受けて開業した。
(8) 事業拡張のため，事業主から現金¥850,000の追加出資を受けた。

	借方	貸方
(1)		
(2)		
(3)		
(4)		
(5)		
(6)		
(7)		
(8)		

33 伝票の問題

33-1 広島商店の次の取引を入金伝票・出金伝票・振替伝票のうち，必要な伝票に記入しなさい。

取　　引

1月23日　岡山広告社に広告料¥86,000を現金で支払った。（伝票番号No. 18）

〃 日　商品売買の仲介をおこない，岩手商店から手数料として¥36,000を現金で受け取った。（伝票番号No. 9）

〃 日　青森商店から借用証書によって借り入れていた¥480,000を小切手#18を振り出して支払った。（伝票番号No. 10）

入　金　伝　票

令和○年　月　日　No.____

科目		入金先	殿
摘　要		金　額	
合　計			

出　金　伝　票

令和○年　月　日　No.____

科目		支払先	殿
摘　要		金　額	
合　計			

振　替　伝　票

令和○年　月　日　No.____

勘定科目	借　方	勘定科目	貸　方
合　計		合　計	
摘要			

33-2 東北商店の次の取引を入金伝票・出金伝票・振替伝票のうち，必要な伝票に記入しなさい。

取　　引

6月13日　彦根商店から売掛金¥160,000を，同店振り出しの小切手#28で受け取った。（伝票番号No. 46）

〃 日　奈良商店から商品陳列用ケース¥420,000を買い入れ，代金は月末に支払うことにした。（伝票番号No. 25）

〃 日　大阪郵便局で郵便切手¥6,500を買い入れ，代金は現金で支払った。（伝票番号No. 13）

入　金　伝　票

令和○年　月　日　No.____

科目		入金先	殿
摘　要		金　額	
合　計			

出　金　伝　票

令和○年　月　日　No.____

科目		支払先	殿
摘　要		金　額	
合　計			

振　替　伝　票

令和○年　月　日　No.____

勘定科目	借　方	勘定科目	貸　方
合　計		合　計	
摘要			

33-3 京都商店の次の取引を入金伝票・出金伝票・振替伝票のうち，必要な伝票に記入しなさい。

取　　引

1月20日　岩手商店に対する買掛金¥68,000を現金で支払った。　(伝票番号No. 15)

〃 日　全商銀行に小切手#8　¥600,000を振り出して定期預金に預け入れた。
(伝票番号No. 18)

〃 日　宇都宮商店から貸付金の利息¥4,000を現金で受け取った。　(伝票番号No. 20)

入　金　伝　票

令和○年　月　日　No.____

科目		入金先	殿
摘　要		金　額	
合　計			

出　金　伝　票

令和○年　月　日　No.____

科目		支払先	殿
摘　要		金　額	
合　計			

振　替　伝　票

令和○年　月　日　No.____

勘　定　科　目	借　方	勘　定　科　目	貸　方
合　計		合　計	
摘要			

33-4 岐阜商店の次の取引を入金伝票・出金伝票・振替伝票のうち，必要な伝票に記入しなさい。

取　　引

1月8日　静岡商店に対する買掛金¥310,000を小切手#23を振り出して支払った。
(伝票番号No. 6)

〃日　京都商店から，借用証書によって貸し付けていた¥380,000を現金で受け取った。
(伝票番号No. 11)

〃日　長崎商店に商品の注文をおこない，内金として¥40,000を現金で支払った。
(伝票番号No. 19)

入　金　伝　票

令和○年　月　日　No.____

科目		入金先	殿
摘　要		金　額	
合　計			

出　金　伝　票

令和○年　月　日　No.____

科目		支払先	殿
摘　要		金　額	
合　計			

振　替　伝　票

令和○年　月　日　No.____

勘　定　科　目	借　方	勘　定　科　目	貸　方
合　計		合　計	
摘要			

33-5 高知商店の次の取引を入金伝票・出金伝票・振替伝票のうち，必要な伝票に記入しなさい。

取　　引

5月12日　愛知商店から商品の注文を受け，内金として現金¥80,000を受け取った。（伝票番号No. 64）

〃 日　全商銀行に現金¥340,000を普通預金として預け入れた。（伝票番号No. 46）

〃 日　香川商店から商品陳列用ケース¥350,000を買い入れ，代金は小切手#9を振り出して支払った。（伝票番号No. 31）

入　金　伝　票

令和○年　月　日　No.____

科目		入金先	殿
摘　　要		金　　額	
合　　計			

出　金　伝　票

令和○年　月　日　No.____

科目		支払先	殿
摘　　要		金　　額	
合　　計			

振　替　伝　票

令和○年　月　日　No.____

勘定科目	借方	勘定科目	貸方
合　　計		合　　計	
摘要			

33-6 栃木商店の次の取引を入金伝票・出金伝票・振替伝票のうち，必要な伝票に記入しなさい。

取　　引

6月23日　東西通信社に5月分のインターネット料金として¥8,000を現金で支払った。（伝票番号No. 67）

〃 日　全商銀行から借用証書により現金¥250,000を借り入れた。（伝票番号No. 59）

〃 日　出張中の従業員から受け取っていた内容不明の¥30,000は，山形商店に対する売掛金の回収であることがわかった。（伝票番号No. 41）

入　金　伝　票

令和○年　月　日　No.____

科目		入金先	殿
摘　　要		金　　額	
合　　計			

出　金　伝　票

令和○年　月　日　No.____

科目		支払先	殿
摘　　要		金　　額	
合　　計			

振　替　伝　票

令和○年　月　日　No.____

勘定科目	借方	勘定科目	貸方
合　　計		合　　計	
摘要			

33-7 東海商店の次の取引を入金伝票・出金伝票・振替伝票のうち，必要な伝票に記入しなさい。

取　　引

6月12日　出張中の従業員から当店の当座預金口座に¥110,000の振り込みがあったが，その内容は不明である。（伝票番号No. 56）

〃 日　事業拡張のため，事業主から現金¥1,000,000の追加出資を受けた。（伝票番号No. 73）

〃 日　従業員の出張にあたり，旅費の概算額として¥63,000を現金で渡した。（伝票番号No. 68）

入　金　伝　票

令和○年　月　日　No.____

科目		入金先	殿
摘　　要		金　　額	
合　　計			

出　金　伝　票

令和○年　月　日　No.____

科目		支払先	殿
摘　　要		金　　額	
合　　計			

振　替　伝　票

令和○年　月　日　No.____

勘 定 科 目	借　　方	勘 定 科 目	貸　　方
合　　計		合　　計	
摘要			

33-8 福岡商店の次の取引を入金伝票・出金伝票・振替伝票のうち，必要な伝票に記入しなさい。

取　　引

4月26日　出張中の従業員から，内容不明の送金小切手¥50,000を受け取った。（伝票番号No. 32）

〃 日　全商不動産㈱より店舗用に建物¥6,500,000を購入し，代金は小切手#9を振り出して支払った。（伝票番号No. 38）

〃 日　東北商店に借用証書によって，現金¥900,000を貸し付けた。（伝票番号No. 27）

入　金　伝　票

令和○年　月　日　No.____

科目		入金先	殿
摘　　要		金　　額	
合　　計			

出　金　伝　票

令和○年　月　日　No.____

科目		支払先	殿
摘　　要		金　　額	
合　　計			

振　替　伝　票

令和○年　月　日　No.____

勘 定 科 目	借　　方	勘 定 科 目	貸　　方
合　　計		合　　計	
摘要			

34 帳簿の問題

34-1 群馬商店の下記の取引について，
(1) 仕訳帳に記入して，総勘定元帳に転記しなさい。
(2) 買掛金元帳に記入して締め切りなさい。
(3) 1月末における残高試算表を作成しなさい。
ただし，i 商品に関する勘定は3分法によること。
ii 仕訳帳における小書きは省略する。
iii 総勘定元帳および買掛金元帳には，日付と金額を記入すればよい。

取　　引
1月 5日 仕入先 山梨商店から次の商品を仕入れ，代金は掛けとした。

A 品	500個	@¥ 600	¥300,000
B 品	400 〃	〃〃 450	¥180,000

7日 得意先 東京商店に次の商品を売り渡し，代金は掛けとした。

A 品	300個	@¥1,050	¥315,000

9日 事務用の文房具を購入し，代金は月末払いとし，次の請求書を受け取った。

請　求　書　　令和○年1月9日

〒371-8601
前橋市大手町2-12-1
群馬商店　　御中

〒371-8601 前橋市大手町1-1-1
高崎文具店

令和○年1月31日までに合計額を下記口座へお振込みください。
南北銀行群馬支店 当座 タカサキブングテン

商品名	数量	単価	金額
事務用文房具	50	440	22,000
		合計	22,000

12日 電話料金およびインターネットの利用料金¥54,000が当座預金口座から引き落とされた。

14日 商品陳列用ケース¥254,000を買い入れ，代金は付随費用¥28,000とともに小切手#3を振り出して支払った。

16日 仕入先 長野商店から次の商品を仕入れ，代金は掛けとした。

A 品	400個	@¥ 600	¥240,000

1月19日　仕入先　山梨商店に対する買掛金を，次の小切手＃4を振り出して支払った。

NO4　小　切　手　群　馬 1001 0128－100

支払地　群馬県前橋市
株式会社　全商銀行群馬支店
金　額　￥620,000※
上記の金額をこの小切手と引き替えに
持参人へお支払いください
令 和 ○ 年 1 月 19 日
振出地　群馬県前橋市

群馬県前橋市大手町2-12-1
群 馬 商 店
振出人　群 馬 雄 太　（群馬）

20日　仕入先　長野商店から商品を仕入れ，次の納品書を受け取った。なお，代金は掛けとした。

納　品　書　令和○年１月20日

〒371-8601

前橋市大手町2-12-1
群馬商店　御中

〒390-8620　松本市丸の内3番7号
長野商店

下記のとおり納品いたしました。

商　品　名	数　量	単　価	金　額
B品	600	450	270,000
		合　計	270,000

22日　得意先　東京商店に対する売掛金の一部￥850,000を，現金で受け取った。

23日　得意先　神奈川商店に次の商品を売り渡し，代金は掛けとした。
A　品　50個　@￥1,050　￥ 52,500
B　品　600〃　〃〃 760　￥456,000

25日　本月分の給料￥380,000の支払いにあたり，所得税額￥31,000を差し引いて，従業員の手取額を現金で支払った。

27日　9日に購入した事務用文房具の未払い代金を現金で支払った。

29日　仕入先　長野商店に対する買掛金の一部￥985,000を，小切手＃5を振り出して支払った。

31日　得意先　神奈川商店に対する売掛金の一部￥630,000を，同店振り出しの小切手で受け取り，ただちに当座預金とした。

(1)

仕訳帳　1

令○年		摘要	元丁	借方	貸方
1	1	前期繰越高	√	4,965,000	4,965,000

総勘定元帳

現金　1

1/ 1	190,000		

当座預金　2

1/ 1	2,350,000		

売掛金　3

1/ 1	1,825,000		

繰越商品 4	
1/1 150,000	

備品 5	
1/1 450,000	

買掛金 6	
	1/1 1,365,000

借入金 7	
	1/1 1,100,000

所得税預り金 8	

未払金 9	

資本金 10	
	1/1 2,500,000

売上 11	

仕入 12	

給料 13	

通信費 14	

消耗品費 15	

(2) （注意）買掛金元帳は締め切ること。

買掛金元帳

山梨商店 1	
	1/1 620,000

長野商店 2	
	1/1 745,000

(3)

残高試算表

令和○年1月31日

借方	勘定科目	貸方
	現金	
	当座預金	
	売掛金	
	繰越商品	
	備品	
	買掛金	
	借入金	
	所得税預り金	
	未払金	
	資本金	
	売上	
	仕入	
	給料	
	通信費	
	消耗品費	

34-2 島根商店の下記の取引について，
(1) 仕訳帳に記入して，総勘定元帳に転記しなさい。
(2) 売掛金元帳に記入して締め切りなさい。
(3) /月末における合計残高試算表を作成しなさい。
ただし，i 商品に関する勘定は3分法によること。
ii 仕訳帳における小書きは省略する。
iii 総勘定元帳および売掛金元帳には，日付と金額を記入すればよい。

取　　　引

/月 3日 得意先 岡山商店に次の商品を売り渡し，代金のうち¥/50,000は，かねて受け取っていた内金を差し引き，残額は掛けとした。

A　品	500個	@¥760	¥380,000
B　品	400〃	〃〃660	¥264,000

5日 仕入先 香川商店に対する買掛金を，小切手#9 ¥4/0,000を振り出して支払った。

8日 事務用のパーソナルコンピュータを購入し，代金は小切手#/0を振り出して支払った。なお，次の領収証を受け取った。

領　収　証　　島根商店　御中　　No. 10

金額　¥440,000※

但　パーソナルコンピュータ代として

令和 ○ 年 1 月 8 日　上記正に領収いたしました。

収入印紙

〒693－0011　島根県出雲市今市町70　（出雲）
出雲電気店

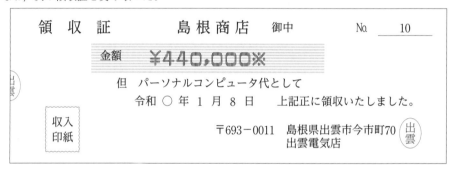

/0日 仕入先 香川商店に商品の注文をおこない，内金¥95,000を現金で支払った。

/4日 仕入先 愛媛商店から次の商品を仕入れ，代金は掛けとした。

A　品	300個	@¥450	¥/35,000
B　品	250〃	〃〃390	¥ 97,500

/5日 得意先 岡山商店に対する売掛金の一部¥580,000を，次の小切手で受け取った。

NO9　　小　切　手　　岡 山 3301　0156－101

支払地　岡山県岡山市
株式会社　全商銀行岡山支店

金　額　¥580,000※

上記の金額をこの小切手と引き替えに
持参人へお支払いください　　岡山市北区内山下二丁目4番6号

令和 ○ 年 1 月 15 日　　岡 山 商 店

振出地　岡山県岡山市　　振出人　岡 山　　譲　（岡山）

1月18日　保険料¥96,000を現金で支払った。

20日　仕入先　香川商店から商品を仕入れ，次の納品書を受け取った。なお，代金のうち¥95,000はかねて支払った内金を差し引き，残額は掛けとした。

納　　品　　書　　令和○年1月20日

〒690-8501

松江市殿町1番地
島根商店　　御中

〒760-8570　高松市番町4-1-10
香川商店

下記のとおり納品いたしました。

商　品　名	数　量	単　価	金　　額
B品	700	390	273,000
		合　計	273,000

21日　得意先　広島商店に次の商品を売り渡し，代金は掛けとした。

A　品	300個	@¥760	¥228,000
B　品	250 〃	〃〃660	¥165,000

24日　インターネット利用料金¥28,000が当座預金口座から引き落とされた。

25日　本月分の給料¥420,000の支払いにあたり，所得税額¥33,000を差し引いて，従業員の手取額を現金で支払った。

26日　得意先　広島商店に対する売掛金の一部¥630,000を，同店振り出しの小切手で受け取った。

30日　仕入先　愛媛商店に対する買掛金を，小切手#11　¥232,500を振り出して支払った。

31日　得意先　岡山商店に次の商品を売り渡し，代金は同店振り出しの小切手で受け取り，ただちに当座預金とした。

B　品	400個	@¥660	¥264,000

(1)

仕　訳　帳

1

令和○年		摘　要	元丁	借　方	貸　方
1	1	前期繰越高	√	5,250,000	5,250,000

総勘定元帳

現　金　1

1/ 1　204,000	

当座預金　2

1/ 1　2,150,000	

売掛金　3

1/ 1　1,970,000	

前払金 4

借方	貸方

繰越商品 5

借方	貸方
1/ 1 536,000	

備品 6

借方	貸方
1/ 1 390,000	

買掛金 7

借方	貸方
	1/ 1 1,870,000

前受金 8

借方	貸方
	1/ 1 150,000

所得税預り金 9

借方	貸方

資本金 10

借方	貸方
	1/ 1 3,230,000

売上 11

借方	貸方

仕入 12

借方	貸方

給料 13

借方	貸方

保険料 14

借方	貸方

通信費 15

借方	貸方

(2) （注意）売掛金元帳は締め切ること。

売掛金元帳

岡山商店 1

借方	貸方
1/ 1 1,020,000	

広島商店 2

借方	貸方
1/ 1 950,000	

(3)

合計残高試算表

令和○年1月31日

残高	合計	勘定科目	合計	残高
		現金		
		当座預金		
		売掛金		
		前払金		
		繰越商品		
		備品		
		買掛金		
		前受金		
		所得税預り金		
		資本金		
		売上		
		仕入		
		給料		
		保険料		
		通信費		

34-3 福岡商店の下記の取引について，
(1) 仕訳帳に記入して，総勘定元帳に転記しなさい。
(2) 売掛金元帳に記入して締め切りなさい。
(3) /月末における合計残高試算表を作成しなさい。
ただし，i 商品に関する勘定は3分法によること。
ii 仕訳帳における小書きは省略する。
iii 総勘定元帳および売掛金元帳には，日付と金額を記入すればよい。

取　　引
/月 4日 仕入先 佐賀商店に次の商品を仕入れ，代金は掛けとした。
A 品 700個 @¥500 ¥350,000
B 品 300〃 〃〃600 ¥180,000

5日 得意先 熊本商店から商品の注文を受け，内金¥/30,000を現金で受け取った。

7日 電話料金¥/5,000を現金で支払った。

9日 仕入先 佐賀商店に対する買掛金¥4/0,000を，小切手#6を振り出して支払った。

//日 仕入先 長崎商店から次の商品を仕入れ，代金は掛けとした。
A 品 200個 @¥500 ¥/00,000

/3日 事務用の金庫を購入し，次の請求書を受け取った。なお，代金は翌月末に支払うことにした。

請　求　書　　　令和○年1月13日

〒803-8501
北九州市小倉北区城内1-1
福岡商店　　　　御中

〒810-0001 福岡市中央区天神1-8-1
福岡金庫販売

令和○年2月28日までに合計額を下記口座へお振込みください。
東西銀行福岡支店 当座 フクオカキンコハンバイ

商品名	数量	単価	金額
金庫	1	319,000	319,000
		合計	319,000

/4日 得意先 熊本商店に次の商品を売り渡し，代金はかねて受け取っていた内金¥/30,000を差し引き，残額は掛けとした。
B 品 250個 @¥960 ¥240,000

/8日 得意先 大分商店に対する売掛金の一部¥320,000を同店振り出しの小切手で受け取り，ただちに当座預金に預け入れた。

1月20日　仕入先　長崎商店から商品を仕入れ，次の納品書を受け取った。なお，代金は掛けとした。

納　品　書　　令和○年1月20日

〒803-8501

北九州市小倉北区城内1-1
福岡商店　御中

〒850-8570　長崎市尾上町3-1
長崎商店

下記のとおり納品いたしました。

商　品　名	数　量	単　価	金　額
A　品	350	500	175,000
B　品	200	600	120,000
		合　計	295,000

22日　得意先　大分商店に次の商品を売り渡し，代金は掛けとした。

A　品　500個　@¥850　¥425,000
B　品　400〃　〃〃960　¥384,000

23日　保険料¥108,000を現金で支払った。

26日　本月分の給料¥310,000の支払いにあたり，所得税額¥24,000を差し引いて，従業員の手取額を現金で支払った。

27日　得意先　熊本商店に対する売掛金の一部¥550,000を，現金で受け取った。

30日　仕入先　長崎商店に対する買掛金の一部を，次の小切手＃7を振り出して支払った。

No7　小　切　手　　北九州 4001 0177－108

支払地　福岡県北九州市
株式会社　全商銀行福岡支店
金　額　¥370,000※
上記の金額をこの小切手と引き替えに
持参人へお支払いください
令和○年1月30日
振出地　福岡県北九州市
北九州市小倉北区城内1-1
福岡商店
振出人　福岡　翼　（福岡）

(1)

仕　訳　帳

1

令〇	和年	摘要	元丁	借方	貸方
1	1	前期繰越高	√	4,710,000	4,710,000

総勘定元帳

現　金　1

1/1	410,000		

当座預金　2

1/1	1,780,000		

売掛金　3

1/1	1,740,000		

繰越商品 4	
1/ 1 220,000	

備品 5	
1/ 1 560,000	

買掛金 6	
	1/ 1 1,570,000

未払金 7	

前受金 8	

所得税預り金 9	

資本金 10	
	1/ 1 3,140,000

売上 11	

仕入 12	

給料 13	

保険料 14	

通信費 15	

(2) （注意）売掛金元帳は締め切ること。

売 掛 金 元 帳

熊本商店 1	
1/ 1 920,000	

大分商店 2	
1/ 1 820,000	

(3)

合 計 残 高 試 算 表

令和○年1月31日

残高	合計	勘定科目	合計	残高
		現金		
		当座預金		
		売掛金		
		繰越商品		
		備品		
		買掛金		
		未払金		
		前受金		
		所得税預り金		
		資本金		
		売上		
		仕入		
		給料		
		保険料		
		通信費		

34-4 兵庫商店の下記の取引について，

(1) 仕訳帳に記入して，総勘定元帳に転記しなさい。

(2) 買掛金元帳に記入して締め切りなさい。

(3) /月末における合計試算表を作成しなさい。

ただし，i 商品に関する勘定は3分法によること。

ii 仕訳帳における小書きは省略する。

iii 総勘定元帳および買掛金元帳には，日付と金額を記入すればよい。

取　　　引

/月 2日 得意先 徳島商店に次の商品を売り渡し，代金は掛けとした。

A 品 200個 @¥670 ¥134,000

B 品 350〃 〃〃300 ¥105,000

4日 店舗用の応接セット¥290,000を購入し，代金は小切手#18を振り出して支払った。

6日 得意先 鳥取商店に対する売掛金の一部¥640,000を，同店振り出しの小切手で受け取った。

9日 仕入先 山口商店から商品を仕入れ，次の納品書を受け取った。なお，代金は掛けとした。

納　品　書　　令和○年1月9日

〒650-8567

兵庫県神戸市中央区下山手通5-10-1

兵庫商店　御中

〒753-8501 山口県山口市滝町1-1

山口商店

下記のとおり納品いたしました。

商品名	数量	単価	金額
A 品	400	450	180,000
B 品	300	200	60,000
		合計	240,000

11日 事務用の文房具を現金で購入し，次の領収証を受け取った。

領収証　　兵庫商店　御中　　No. 10

金額 ¥59,000※

但 事務用文房具代として

令和○年1月11日 上記正に領収いたしました。

収入印紙

〒670－8501 兵庫県姫路市安田4-1

姫路文房具店　姫路

13日 仕入先 島根商店に対する買掛金の一部¥260,000を，小切手#19を振り出して支払った。

1月15日　得意先　鳥取商店に対する売掛金の一部¥370,000を現金で受け取った。

16日　得意先　鳥取商店に次の商品を売り渡し，代金は掛けとした。

A　品	200個	@¥670	¥134,000
B　品	300〃	〃〃300	¥ 90,000

17日　仕入先　山口商店に対する買掛金の一部を，次の小切手#20を振り出して支払った。

No20　　小　切　手　　神　戸　2801　0158－154

支払地　兵庫県神戸市

株式会社　全商銀行兵庫支店

金　額　¥810,000※

上記の金額をこの小切手と引き替えに
持参人へお支払いください

令 和 ○ 年　1　月 17　日

振出地　兵庫県神戸市

兵庫県神戸市中央区下山手通5-10-1
兵 庫 商 店
振出人　兵　庫　一　郎　(兵庫)

18日　仕入先　島根商店から次の商品を仕入れ，代金は掛けとした。

A　品	500個	@¥450	¥225,000
B　品	400〃	〃〃200	¥ 80,000

19日　石川商店から借用証書によって¥600,000を借り入れていたが，利息¥1,500とともに小切手#21を振り出して支払った。

22日　本月分の給料¥320,000の支払いにあたり，所得税額¥25,000を差し引いて，従業員の手取額を現金で支払った。

25日　従業員の出張にさいして，旅費の概算額¥50,000を現金で仮払いした。

31日　得意先　徳島商店に次の商品を売り渡し，代金は掛けとした。

A　品	150個	@¥670	¥100,500
B　品	400〃	〃〃300	¥120,000

(1)

仕　訳　帳

1

令和○年		摘要	元丁	借方	貸方
1	1	前期繰越高	√	4,250,000	4,250,000

総勘定元帳

現金　1

1/ 1	230,000	

当座預金　2

1/ 1	1,860,000	

売掛金　3

1/ 1	1,480,000	

繰越商品　4

1/ 1 160,000	

備品　5

1/ 1 520,000	

仮払金　6

買掛金　7

	1/ 1 1,350,000

借入金　8

	1/ 1 600,000

所得税預り金　9

資本金　10

	1/ 1 2,300,000

売上　11

仕入　12

給料　13

消耗品費　14

支払利息　15

(2)（注意）買掛金元帳は締め切ること。

買掛金元帳

山口商店　1

	1/ 1 680,000

島根商店　2

	1/ 1 670,000

(3)

合計試算表

令和○年1月31日

借方	勘定科目	貸方
	現金	
	当座預金	
	売掛金	
	繰越商品	
	備品	
	仮払金	
	買掛金	
	借入金	
	所得税預り金	
	資本金	
	売上	
	仕入	
	給料	
	消耗品費	
	支払利息	

35 文章完成と計算の問題

35-1 次の各文の｛　　｝のなかから，いずれか適当なものを選び，その番号を記入しなさい。

(1) すべての取引を発生順に記録する帳簿を仕訳帳といい，勘定ごとの金額の増減を記録・計算し，損益計算書や貸借対照表を作成する資料となる帳簿を総勘定元帳という。これらの帳簿は，すべての取引が記入される重要な帳簿なので　ア｛1．補助元帳　2．補助簿　3．主要簿｝という。

(2) 企業では，資産・負債・純資産の内容を示した貸借対照表を作成することによって，簿記の目的の一つである企業の一定時点における　イ｛4．取引の明細　5．経営成績　6．財政状態｝を明らかにすることができる。

(3) 総勘定元帳のすべての勘定の記録を集計すると，借方に記入した金額の合計と貸方に記入した金額の合計は，必ず等しくなる。これは　ウ｛7．財産法　8．貸借対照表等式　9．貸借平均の原理｝によるものである。

(1)	(2)	(3)
ア	イ	ウ

35-2 次の各文の｛　　｝のなかから，いずれか適当なものを選び，その番号を記入しなさい。

(1) 仕入先ごとの買掛金の明細を人名勘定を設けて記入する帳簿が，買掛金元帳である。この場合，総勘定元帳の買掛金勘定は，買掛金元帳の各勘定の記入内容をまとめて示す勘定であるから，この勘定を　ア｛1．評価勘定　2．統制勘定　3．損益勘定｝という。

(2) 企業では，決算において総勘定元帳を締め切る前に，一会計期間の経営成績や期末の財政状態を知るため，残高試算表から，損益計算書と貸借対照表を作成する手続きを一つにまとめた　イ｛4．合計試算表　5．精算表　6．固定資産台帳｝を作成することがある。

(3) 資産・負債および純資産に属する勘定は，決算にさいして繰越記入をおこなって締め切る。この繰越記入が正しくおこなわれたかどうかを確かめるために　ウ｛7．繰越試算表　8．残高試算表　9．合計残高試算表｝を作成する。

(1)	(2)	(3)
ア	イ	ウ

35-3 次の各文の｛　　｝のなかから，いずれか適当なものを選び，その番号を記入しなさい。

(1) 貸倒引当金勘定は売掛金勘定の残高から差し引くと回収見込額を示すことができる。このようにある勘定の金額を修正する性質を持つ勘定を　ア｛1．統制勘定　2．集合勘定　3．評価勘定｝という。

(2) 総勘定元帳の各勘定の借方・貸方の合計金額を集めた表を合計試算表という。この表の総合計は，取引の総額をあらわすので　イ｛4．補助元帳　5．精 算 表　6．仕 訳 帳｝の総合計と一致する。

(1)	(2)
ア	イ

35-4 次の各文の｛　　｝のなかから，いずれか適当なものを選び，その番号を記入しなさい。

(1) 個人企業の決算において，損益勘定の貸方に残高が生じた場合には純利益を意味し，ア｛1．資本金　2．買掛金　3．現　金｝勘定の貸方に振り替える。

(2) 企業の一会計期間の収益と費用の内容を示した報告書を損益計算書という。企業がこれを作成するのは，一会計期間の　イ｛4．取引の明細　5．財 政 状 態　6．経 営 成 績｝を明らかにするためである。

(3) 商品に関する取引を3分法で記帳している場合，決算整理後の仕入勘定の借方残高は売上原価を意味している。この金額は，期首商品棚卸高＋　ウ｛7．純売上高　8．純仕入高　9．純 資 産｝－期末商品棚卸高によって求めることができる。

(1)	(2)	(3)
ア	イ	ウ

35-5 次の各文の［　　］のなかに，適当な金額を記入しなさい。

(1) 石川商店（個人企業）の期首の資産総額は¥1,460,000であり，期末の負債総額は¥1,330,000資本総額は¥920,000であった。なお，この期間の収益総額が¥2,140,000　費用総額が¥1,980,000であるとき，期末の資産総額は¥［ア］で，期首の負債総額は¥［イ］である。

(2) 金沢商店（個人企業）の期首の資産総額は¥640,000　負債総額は¥130,000であり，期末の資産総額は¥900,000であった。なお，この期間中の費用総額が¥1,580,000　当期純利益が¥150,000であるとき，収益総額は¥［ウ］で，期末の負債総額は¥［エ］である。

(3) 岐阜商店（個人企業）の期首の資産総額は¥3,940,000　負債総額は¥1,780,000であった。この期間中の収益総額が¥6,650,000　当期純利益が¥410,000であるとき，費用総額は¥［オ］で，期末の資本総額は¥［カ］である。

(1)		(2)		(3)	
ア	イ	ウ	エ	オ	カ
¥	¥	¥	¥	¥	¥

35-6 次の各文の ＿＿ のなかに，適当な金額を記入しなさい。

(1) 栃木商店（個人企業）の期首の負債総額は¥1,460,000であり，期末の資産総額は¥7,230,000 負債総額は¥2,000,000であった。なお，この期間中の費用総額は¥8,440,000で当期純利益が¥640,000であるとき，収益総額は¥［ア］で，期首の資産総額は¥［イ］である。

(2) 埼玉商店（個人企業）の期首の資産総額は¥5,080,000であり，期末の資産総額は¥5,800,000 負債総額は¥2,500,000であった。なお，この期間中の収益総額は¥8,150,000で当期純利益が¥520,000であるとき，費用総額は¥［ウ］で，期首の負債総額は¥［エ］である。

(3) 大阪商店（個人企業）の当期の費用総額は¥7,830,000で当期純利益が¥560,000であるとき，当期の収益総額は¥［オ］である。

(4) 奈良商店（個人企業）の期首の資産総額は¥8,350,000　負債総額は¥3,370,000であった。期末の負債総額は¥3,210,000で，この期間中の当期純利益が¥430,000であるとき，期末の資産総額は¥［カ］である。

(1)		(2)		(3)	(4)
ア	イ	ウ	エ	オ	カ
¥	¥	¥	¥	¥	¥

35-7 三重商店の下記の資料によって，次の金額を計算しなさい。

ア. 期首資本　　イ. 当期純利益　　ウ. 売上原価

資　料

(1) 資産・負債

	（期　首）	（期　末）
現　金	¥250,000	¥300,000
当座預金	〃400,000	〃500,000
商　品	〃600,000	〃900,000
備　品	〃750,000	〃650,000
買掛金	〃700,000	〃700,000
借入金	〃500,000	〃600,000

(2) 期間中の仕入高 ¥1,820,000

ア	期首資本	¥
イ	当期純利益	¥
ウ	売上原価	¥

35-8 高松商店（個人企業）の下記の資料によって，次の金額を計算しなさい。

a．期間中の収益総額　　b．期末の資産総額

資　料

i 期首の資産および負債

現　金	¥670,000	当座預金	¥1,500,000	商　品	¥370,000
備　品	680,000	買掛金	460,000	借入金	600,000

ii 期末の負債総額 ¥ 750,000

iii 期間中の費用総額 ¥3,985,000

iv 当期純利益 ¥ 325,000

a	¥	b	¥

35-9 山形商店の下記の資料によって，次の金額を計算しなさい。

a．期間中の費用総額　　b．期 首 の 資 本

資　料

i　期間中の収益総額　¥4,560,000
ii　当 期 純 利 益　¥　370,000
iii　期末の資産総額　¥3,300,000
iv　期末の負債総額　¥1,450,000

a	¥	b	¥

35-10 東海商店（個人企業）の下記の貸借対照表と資料によって，次の金額を計算しなさい。

a．期間中の費用総額　　b．期末の負債総額

貸 借 対 照 表

東海商店　　令和○年12月31日

現　　金	1,220,000	買 掛 金	1,180,000
売 掛 金	1,190,000	借 入 金	
商　　品	730,000	資 本 金	
備　　品	660,000	当期純利益	320,000
	3,800,000		3,800,000

資　料

i　期首の資産総額　¥2,500,000
ii　期首の負債総額　¥　800,000
iii　期間中の収益総額　¥6,880,000

a	¥	b	¥

36 英語表記の問題

36-1 次の用語を英語にした場合，もっとも適当な語を語群のなかから選び，その番号を記入しなさい。

ア．貸借対照表　　イ．勘　定　　ウ．簿　記　　エ．資　本

語　群

1．liabilities　　2．bookkeeping　　3．assets　　4．account
5．capital　　6．cash　　7．balance sheet　　8．expenses

ア	イ	ウ	エ

36-2 次の用語を英語にした場合，もっとも適当な語を語群のなかから選び，その番号を記入しなさい。

ア．資　産　　イ．精算表　　ウ．負　債　　エ．費　用

語　群

1．revenues　　2．trial balance　　3．liabilities　　4．closing books
5．assets　　6．financial statement　　7．expenses　　8．work sheet

ア	イ	ウ	エ

36-3 次の用語を英語にした場合，もっとも適当な語を語群のなかから選び，その番号を記入しなさい。

ア．収　益　　イ．財務諸表　　ウ．決　算　　エ．損益計算書

語　群

1．main book　　2．revenues　　3．bookkeeping　　4．financial statements
5．profit and loss statement　　6．account　　7．closing books　　8．capital

ア	イ	ウ	エ

37 決算の問題

37-1 石川商店（個人企業　決算年１回　12月31日）の決算整理事項は次のとおりであった。よって，
(1) 精算表を完成しなさい。
(2) 貸倒引当金勘定に必要な記入をおこない，締め切りなさい。ただし，日付・相手科目・金額を示すこと。

決算整理事項

a．期末商品棚卸高　¥860,000
b．貸倒見積高　売掛金残高の3％と見積もり，貸倒引当金を設定する。
c．備品減価償却高　取得原価¥900,000　残存価額は零(0)　耐用年数は6年とし，定額法により計算し，直接法で記帳している。

$$定額法による年間の減価償却費=\frac{取得原価-残存価額}{耐用年数}$$

(1)

精算表
令和○年12月31日

勘定科目	残高試算表		整理記入		損益計算書		貸借対照表	
	借方	貸方	借方	貸方	借方	貸方	借方	貸方
現金	715,000							
当座預金	1,830,000							
売掛金	2,600,000							
貸倒引当金		40,000						
繰越商品	900,000							
備品	750,000							
買掛金		2,190,000						
借入金		800,000						
資本金		3,000,000						
売上		9,170,000						
受取手数料		45,000						
仕入	6,270,000							
給料	1,350,000							
支払家賃	600,000							
消耗品費	132,000							
雑費	50,000							
支払利息	48,000							
	15,245,000	15,245,000						

(2) （注意）勘定には，日付・相手科目・金額を記入し，締め切ること。

貸倒引当金　4

6/20	売掛金	47,000	1/1	前期繰越	87,000

37-2 静岡商店（個人企業　決算年１回　12月31日）の決算整理事項は次のとおりであった。よって，

(1) 精算表を完成しなさい。

(2) 売上勘定に必要な記入をおこない，締め切りなさい。ただし，日付・相手科目・金額を示すこと。

決算整理事項

a．期末商品棚卸高　¥620,000

b．貸倒見積高　売掛金残高の2％と見積もり，貸倒引当金を設定する。

c．備品減価償却高　取得原価¥720,000　残存価額は零(0)　耐用年数は8年とし，定額法により計算し，直接法で記帳している。

(1)

精　算　表

令和○年12月31日

勘定科目	残高試算表		整理記入		損益計算書		貸借対照表	
	借方	貸方	借方	貸方	借方	貸方	借方	貸方
現金	501,000							
当座預金	1,356,000							
売掛金	1,650,000							
貸倒引当金		23,000						
繰越商品	580,000							
備品	630,000							
買掛金		1,809,000						
前受金		72,000						
資本金		2,600,000						
売上		8,652,000						
受取手数料		103,000						
仕入	6,245,000							
給料	1,275,000							
支払家賃	840,000							
水道光熱費	168,000							
雑費	14,000							
	13,259,000	13,259,000						

(2)（注意）i　売上勘定の記録は，合計額で示してある。

ii　勘定には，日付・相手科目・金額を記入し，締め切ること。

売　上　10

借方	貸方
150,000	8,802,000

37-3 神奈川商店（個人企業　決算年1回　12月31日）の決算整理事項は次のとおりであった。よって，

(1) 精算表を完成しなさい。

(2) 備品勘定に必要な記入をおこない，締め切りなさい。ただし，日付・相手科目・金額を示すこと。

決算整理事項

a．期末商品棚卸高　¥930,000

b．貸倒見積高　売掛金残高の2%と見積もり，貸倒引当金を設定する。

c．備品減価償却高　取得原価¥1,080,000　残存価額は零(0)　耐用年数は6年とし，定額法により計算し，直接法で記帳している。

$$定額法による年間の減価償却費＝\frac{取得原価－残存価額}{耐用年数}$$

(1)

精算表

令和○年12月31日

勘定科目	残高試算表		整理記入		損益計算書		貸借対照表	
	借方	貸方	借方	貸方	借方	貸方	借方	貸方
現金	390,000							
当座預金	570,000							
売掛金	1,100,000							
貸倒引当金		5,000						
繰越商品	730,000							
備品	900,000							
買掛金		690,000						
前受金		130,000						
資本金		2,400,000						
売上		8,100,000						
受取手数料		65,000						
仕入	5,700,000							
給料	1,068,000							
支払家賃	840,000							
通信費	72,000							
雑費	20,000							
	11,390,000	11,390,000						

(2) （注意）勘定には，日付・相手科目・金額を記入し，締め切ること。

備品　6

1/1 前期繰越 900,000	

37-4 三重商店（個人企業　決算年1回　12月31日）の総勘定元帳勘定残高と決算整理事項は，次のとおりであった。よって，

(1) 決算整理仕訳を示しなさい。

(2) 備品勘定と売上勘定に必要な記入をおこない，締め切りなさい。ただし，日付・相手科目・金額を示すこと。

(3) 損益計算書と貸借対照表を完成しなさい。なお，貸借対照表の資本金は期首資本の金額を示すこと。

元帳勘定残高

現金	¥ 798,000	当座預金	¥2,084,000	売掛金	¥2,700,000
貸倒引当金	20,000	繰越商品	510,000	備品	900,000
買掛金	2,618,000	資本金	3,800,000	売上	8,456,000
受取手数料	71,000	仕入	5,381,000	給料	1,560,000
支払地代	912,000	消耗品費	80,000	雑費	40,000

決算整理事項

a．期末商品棚卸高　¥570,000

b．貸倒見積高　売掛金残高の2%と見積もり，貸倒引当金を設定する。

c．備品減価償却高　取得原価　¥1,080,000　残存価額は零(0)　耐用年数は6年とし，定額法により計算し，直接法で記帳している。

(1)

	借　方	貸　方
a		
b		
c		

(2) （注意）i　売上勘定の記録は，合計額で示してある。
ii　勘定には，日付・相手科目・金額を記入し，締め切ること。

備　品　6

1/1 前期繰越	900,000		

売　上　9

	117,000		8,573,000

(3)

損益計算書

三重商店　令和○年1月1日から令和○年12月31日まで　(単位：円)

費用	金額	収益	金額
売上原価		売上高	8,456,000
給料	1,560,000	受取手数料	71,000
(　　)			
(　　)			
支払地代	912,000		
消耗品費	80,000		
雑費	40,000		
(　　)			

貸借対照表

三重商店　令和○年12月31日　(単位：円)

資産	金額	負債および純資産	金額
現金	798,000	買掛金	2,618,000
当座預金	2,084,000	資本金	
売掛金(　　)		(　　)	
貸倒引当金(　　)			
(　　)			
備品			

37-5 福井商店（個人企業　決算年１回　12月31日）の総勘定元帳勘定残高と決算整理事項は，次のとおりであった。よって，

(1) 決算整理仕訳を示しなさい。

(2) 買掛金勘定と仕入勘定に必要な記入をおこない，締め切りなさい。ただし，日付・相手科目・金額を示すこと。

(3) 損益計算書と貸借対照表を完成しなさい。

元帳勘定残高

現　　金	¥ 568,000	当座預金	¥1,340,000	売掛金	¥2,800,000
貸倒引当金	14,000	繰越商品	720,000	貸付金	600,000
備　　品	450,000	買掛金	2,948,000	前受金	120,000
資本金	3,000,000	売　　上	8,270,000	受取利息	18,000
仕　　入	5,640,000	給　　料	1,450,000	支払家賃	480,000
水道光熱費	170,000	消耗品費	96,000	雑　　費	56,000

決算整理事項

a．期末商品棚卸高　¥770,000

b．貸倒見積高　売掛金残高の2%と見積もり，貸倒引当金を設定する。

c．備品減価償却高　取得原価¥1,200,000　残存価額は零(0)　耐用年数は8年とし，定額法により計算し，直接法で記帳している。

(1)

	借　　　方	貸　　　方
a		
b		
c		

(2) （注意）i　買掛金勘定と仕入勘定の記録は，合計額で示してある。

ii　勘定には，日付・相手科目・金額を記入し，締め切ること。

買　掛　金　8

1,395,000	4,343,000

仕　入　13

5,700,000	60,000

(3)

損益計算書

福井商店　令和○年1月1日から令和○年12月31日まで　(単位：円)

費用	金額	収益	金額
売上原価		売上高	8,270,000
給料	1,450,000	受取利息	18,000
(　　　)			
(　　　)			
支払家賃	480,000		
水道光熱費	170,000		
消耗品費	96,000		
雑費	56,000		
(　　　)			

貸借対照表

福井商店　令和○年12月31日　(単位：円)

資産	金額	負債および純資産	金額
現金	568,000	買掛金	2,948,000
当座預金	1,340,000	(　　　)	
売掛金(　　　)		資本金	3,000,000
貸倒引当金(　　　)		(　　　)	
(　　　)			
貸付金	600,000		
備品			

37-6 愛知商店（個人企業　決算年１回　12月31日）の総勘定元帳勘定残高と決算整理事項は，次のとおりであった。よって，

(1) 決算整理仕訳を示しなさい。

(2) 貸倒引当金勘定と消耗品費勘定に必要な記入をおこない，締め切りなさい。ただし，日付・相手科目・金額を示すこと。

(3) 損益計算書と貸借対照表を完成しなさい。なお，貸借対照表の資本金は期首資本の金額を示すこと。

元帳勘定残高

現　　金	¥ 582,000	当座預金	¥ 784,000	売掛金	¥1,440,000
貸倒引当金	58,000	繰越商品	470,000	貸付金	600,000
備　　品	900,000	買掛金	657,000	資本金	3,600,000
売　　上	5,410,000	受取利息	36,000	仕　　入	3,290,000
給　　料	924,000	支払家賃	672,000	消耗品費	87,000
雑　　費	12,000				

決算整理事項

a．期末商品棚卸高　¥450,000

b．貸倒見積高　売掛金残高の5％と見積もり，貸倒引当金を設定する。

c．備品減価償却高　取得原価¥1,800,000　残存価額は零(0)　耐用年数は8年とし，定額法により計算し，直接法で記入している。

$$定額法による年間の減価償却費=\frac{取得原価-残存価額}{耐用年数}$$

(1)

	借　　方	貸　　方
a		
b		
c		

(2)（注意）勘定には，日付・相手科目・金額を記入し，締め切ること。

貸倒引当金　4

6/12	売掛金	32,000	1/1	前期繰越	90,000

消耗品費　15

3/30	現金	35,000			
9/28	現金	52,000			

(3)

損益計算書

愛知商店　令和○年1月1日から令和○年12月31日まで　(単位：円)

費用	金額	収益	金額
売上原価		売上高	5,410,000
給料	924,000	(　　)	
(　　)			
(　　)			
支払家賃	672,000		
消耗品費	87,000		
雑費	12,000		
(　　)			

貸借対照表

愛知商店　令和○年12月31日　(単位：円)

資産	金額	負債および純資産	金額
現金	582,000	買掛金	657,000
当座預金	784,000	資本金	
売掛金(　　)		(　　)	
貸倒引当金(　　)			
(　　)			
貸付金	600,000		
備品			

第1問 仕訳問題

出題の傾向

- ✣日商簿記3級の第1問目では，仕訳の問題が15題出題される。以前よりも出題量が増加しているので，出題範囲すべての論点を理解しておく必要がある。なお，2019年度より日商2級の範囲から3級の範囲へ移行された電子記録債権・債務やクレジット売掛金，消費税の税抜方式などは重要項目である。
- ✣日商簿記検定では勘定科目が指定され，そこから選択する形式となっているので，指定の勘定科目を確認する必要がある。
- ✣2019年度から，出題は個人商店ではなく小規模の株式会社を前提としたものに改正された。株式会社の記帳については，全商簿記の2級の範囲で詳しく学ぶが，攻略のポイントで基本的な内容を示しておく。

攻略のポイント

1 預金について

事業で使用するため，複数の銀行で普通預金や当座預金の口座を開設し，管理している場合がある。この場合，残高管理等の目的から口座種類と銀行名を組み合わせた勘定科目で処理することがある。

〈勘定科目例〉 普通預金東西銀行　　当座預金西南銀行　　など

2 株式会社会計

(1) 株式会社の設立

例 富山商事株式会社は，設立にさいし，株式400株を1株につき¥50,000で発行し，払込金は当座預金とした。

（借）当座預金 20,000,000　　（貸）資本金 20,000,000

※資本金の金額　1株の払込金額¥50,000×400株＝¥20,000,000

POINT

個人企業と異なり，株式会社は株式を発行し，出資者（株主）から資金を調達することで設立される。株式の発行により会社に払い込まれた金額は，原則として全額を**資本金勘定**（資本）で処理する。

(2) 当期純利益の計上

例 富山商事株式会社は，決算の結果，当期純利益¥2,500,00を計上した。

（借）損益 2,500,000　　（貸）繰越利益剰余金 2,500,000

POINT

株式会社では，決算により損益勘定で算出された当期純利益を個人企業のように資本金勘定へ振り替えるのではなく，**繰越利益剰余金勘定**（資本）に振り替える。この繰越利益剰余金は株主総会の決議を受けて，株主への配当金などに処分される。

(3) 繰越利益剰余金の処分

例 富山商事株式会社は株主総会において，繰越利益剰余金¥2,500,000について，次のとおり剰余金の処分が決定された。

配当金 ¥1,800,000　　利益準備金 ¥180,000

（借）繰越利益剰余金	1,980,000	（貸）未払配当金	1,800,000
		利益準備金	180,000

POINT

株主への配当金の支払いは株主総会の決議後行われるので，処分決定時は**未払配当金勘定**（負債）で処理する。また，会社法の規定により配当金の額に応じて積み立てる利益準備金は，**利益準備金勘定**（資本）で処理する。

3　法人税，住民税及び事業税

株式会社は純利益をもとに税法の規定によって法人税や住民税，事業税額を確定させ，国などに納めなければならない。

納付については次の３ステップを経て行われる。

①　期首から６か月経過後に中間申告を行い，前年度納税額の２分の１または中間決算によって納税額を計算して申告納付する。この金額は**仮払法人税等勘定**（資産）で処理する。

例　法人税，住民税及び事業税の中間申告を行い，前年度の納税額￥1,830,000の２分の１を普通預金口座から振替納付した。

（借）仮払法人税等　915,000　　（貸）普通預金　915,000

②　決算日には当期純利益をもとに，当期１年間に対する納税額を計算し，**法人税，住民税及び事業税勘定**の借方に記入するとともに，中間申告で納付済みの仮払法人税等勘定を貸方に記入し，差額を**未払法人税等勘定**（負債）の貸方に記入する。

例　決算にさいし，当期の法人税，住民税及び事業税の合計額￥1,980,000を計上した。

（借）法人税，住民税及び事業税　1,980,000　　（貸）仮払法人税等　915,000
未払法人税等　1,065,000

③　決算の翌日から２か月以内に確定申告を行い，未払法人税等の金額を納付する。

例　法人税，住民税及び事業税の確定申告を行い，中間申告による納付額を差し引いた未払法人税等の金額￥1,065,000を普通預金口座から振替納付した。

（借）未払法人税等　1,065,000　　（貸）普通預金　1,065,000

4　当座借越に関する勘定整理

小切手の振り出しは当座預金の残高を限度として行われるが，あらかじめ銀行と当座借越契約を結んでおけば，その借越限度額までは，残高を超えて支払いに応じてくれる。この場合，当座預金勘定は，残高を超えて振り出された金額分が貸方残高を示すことになる。

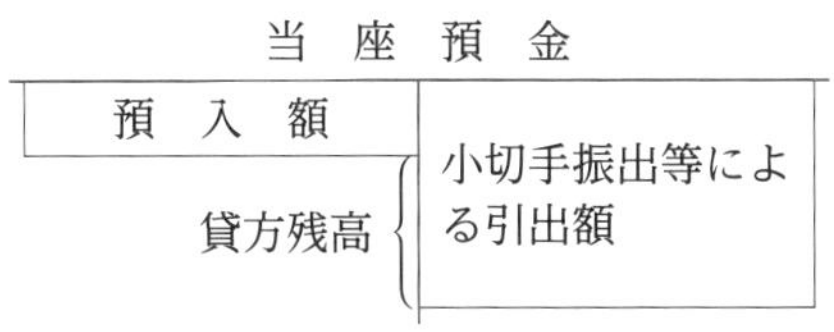

この貸方残高は取引銀行からの一時的な借り入れを意味するが，次回の当座預金口座入金時に返済扱いとなり解消していく。

なお，決算日に当座預金勘定が貸方残高の場合は，借り入れ状態を負債として計上すべきなので，その金額を当座預金勘定から**当座借越勘定**（負債）に振り替える。

例　決算にあたり，当座預金勘定が￥200,000の貸方残高であったので，適切な勘定に振り替えた。

（借）当座預金　200,000　　（貸）当座借越　200,000

POINT

この仕訳により，資産である当座預金勘定は残高「0」となり，負債として当座借越勘定が計上される。

5 有形固定資産

(1) 購入取引

例 備品¥1,250,000を購入し，代金の全額を翌月末に支払うことにした。この購入にともない発生した運搬費¥10,000および据付費¥18,000は現金で支払った。

(借)	備　品	1,278,000	(貸)	未 払 金	1,250,000
				現　金	28,000

POINT

固定資産の取得原価に付随費用（引取運賃・据付費）を含める。

購入代金の後日支払分は，**未払金勘定**（負債）で処理する。

(2) 売却取引

例 X2年12月1日に取得した業務用パソコン（取得原価¥300,000，残存価額ゼロ，耐用年数5年，減価償却費の計算は定額法，間接法で記帳）をX5年4月1日に¥100,000で売却し，売却代金は現金で受け取った。なお，当社の決算日は3月31日であり，取得年度の減価償却費については月割計算による。

(借)	備品減価償却累計額	140,000	(貸)	備　品	300,000
	現　金	100,000			
	固定資産売却損	60,000			

※備品減価償却累計額の金額

X2年度の償却額　$¥300,000 \div 5\text{年} \times \frac{4\text{か月}(12\text{月から}3\text{月分})}{12\text{か月}} = ¥20,000$

X3年度とX4年度の償却額　¥300,000÷5年＝¥60,000

よってX5年4月1日付の備品減価償却累計額は

¥20,000＋¥60,000＋¥60,000＝¥140,000

POINT

間接法で記帳している場合の売却は，備品勘定の減少とともに備品減価償却累計額勘定も減らす。

帳簿価額と売却価額との差額は**固定資産売却益勘定**（収益）または**固定資産売却損勘定**（費用）で処理する。

6 受取商品券

例 商品¥15,000を売り渡し，代金は信販会社発行の商品券を受け取った。

(借)	受取商品券	15,000	(貸)	売　上	15,000

POINT

信販会社などが発行した商品券を受け取った場合は，発行元からその金額を受け取る権利が生じるので，**受取商品券勘定**（資産）で処理する。後日換金請求を行い代金を受け取った場合は，受取商品券勘定の減少で処理する。

7 受取手形と支払手形

商品代金の受け払い手段として，約束手形が用いられる場合がある。約束手形は手形の振出人（支払人）が名あて人（受取人）に対し，一定の期日に手形金額を支払うことを約束する証券であり，約束手形を受け取ったときは手形金額を受け取る権利が発生する。この手形債権は**受取手形勘定**（資産）で処理する。また，約束手形の振出人にはその手形金額を支払う義務が発生し，この手形債務は**支払手形勘定**（負債）で処理する。

例 ①愛知商店は岐阜商店に商品¥250,000を売り渡し，代金として岐阜商店振り出し，愛知商店あての約束手形#6を受け取った。

愛知商店	(借)	受取手形	250,000	(貸)	売　上	250,000
岐阜商店	(借)	仕　入	250,000	(貸)	支払手形	250,000

POINT

約束手形を受け取った愛知商店は手形債権が発生するので，受取手形勘定の借方に記入し，振り出した岐阜商店は手形債務が発生するので，支払手形勘定の貸方に記入する。

例 ②愛知商店は取り立てを依頼していた上記約束手形＃6が，期日に当座預金口座に入金されたむね，取引銀行から通知を受けた。

愛知商店	（借）当座預金	250,000	（貸）受取手形	250,000
岐阜商店	（借）支払手形	250,000	（貸）当座預金	250,000

POINT

約束手形が決済されたときは，それぞれの債権と債務を消滅させる。

＜手形の裏書譲渡＞

手形の所持人は，商品代金の支払いなどのために，その手形を支払期日前に他者へ譲り渡すことができる。譲り渡す場合，手形裏面に必要事項を記入することから手形の裏書譲渡という。

例 広島商店は山口商店から商品¥210,000を仕入れ，代金は所持していた香川商店振り出しの約束手形を裏書譲渡した。

広島商店	（借）仕入	210,000	（貸）受取手形	210,000
山口商店	（借）受取手形	210,000	（貸）売上	210,000

POINT

約束手形が裏書譲渡されたときは，手形所持人である広島商店の手形債権が消滅し，新たな所持人である山口商店へ手形債権が移る。なお，振出人の香川商店は手形債務の支払人のままであり，特に仕訳は必要なく，支払手形（負債）を計上したままである。

＜手形の割引＞

手形の所持人は，必要な資金を調達するために，その手形を支払期日前に取引銀行に裏書譲渡し換金することがある。これを手形の割引という。この場合，割り引いた日から手形の支払期日までの日数に応じた利息に相当する割引料が差し引かれ，残額が手取金として当座預金口座に入金される。この支払った割引料は**手形売却損勘定**（費用）で処理する。

例 埼玉商店は，さきに商品代金として受け取っていた東京商店振り出しの約束手形¥280,000を取引銀行で割り引き，割引料¥1,600を差し引かれ，残額が手取金として当座預金口座に入金された。

埼玉商店	（借）当座預金	278,400	（貸）受取手形	280,000
	手形売却損	1,600		

POINT

約束手形が割り引きされたときは，手形所持人である埼玉商店の手形債権が消滅し，新たな所持人である取引銀行に手形債権が移る。なお，振出人の東京商店は手形債務の支払人のままであり，特に仕訳は必要なく，支払手形（負債）を計上したままである。

8 貸し倒れ

例 前期に生じた売掛金¥154,000と当期に生じた売掛金¥60,000が得意先の倒産により回収できなくなったため，貸し倒れとして処理する。なお，貸倒引当金の残高は¥300,000である。

（借）貸倒引当金	154,000	（貸）売掛金	214,000
貸倒損失	60,000		

POINT

前期に生じた売掛金が貸し倒れになった場合は，前期末決算で貸し倒れを見積もり設定した貸倒引当金勘定と相殺する。もし貸倒引当金が不足する場合は，不足分を**貸倒損失勘定**（費用）で処理する。

当期に生じた売掛金には貸し倒れを見積もっていないので，貸倒損失勘定で処理する。

9 償却債権取立益

例 前期に貸し倒れとして処理した売掛金のうち¥50,000を現金で回収した。

(借) 現　　金	50,000	(貸) 償却債権取立益	50,000

POINT

前期以前に貸し倒れとして処理していた売掛金などの債権が，当期になり回収できた場合は収益として**償却債権取立益勘定**（収益）を計上する。

10 クレジット売掛金

実務でクレジットカード払いによる売上取引が多くなってきている。通常の掛け取引とは異なる，クレジットカード払いによる売上取引では，**クレジット売掛金勘定**（資産）を用いて記録する。なお，信販会社へ支払う手数料は**支払手数料勘定**（費用）で処理する。

例 ①商品¥400,000をクレジットカード払いで販売した。なお，信販会社への手数料（販売代金の4%）は販売時に計上する。

(借) クレジット売掛金	384,000	(貸) 売　　上	400,000
支払手数料	16,000		

POINT

¥400,000×4%＝¥16,000→信販会社へ支払う手数料。

クレジット売掛金を貸借対照表に表示するさいは，一般の売掛金と合算して表示する。

例 ②上記クレジット売掛金につき，信販会社から所定の手数料を差し引かれ，手取額¥384,000が当座預金口座に入金された。

(借) 当座預金	384,000	(貸) クレジット売掛金	384,000

11 電子記録債権・電子記録債務

電子記録債権とは，債権者または債務者が電子債権記録機関に発生記録の請求を行い，同機関が記録を行うことによって発生する，売掛金や手形債権と異なる新たな金銭債権である。電子記録債権は，紛失や盗難の危険性がなく安全であること，また，迅速に譲渡等が行えるなど，その利便性から急速に普及している。

売掛金に関連して電子記録債権を発生させた場合は，売掛金勘定から**電子記録債権勘定**（資産）に振り替える。なお，債務者側は買掛金勘定から**電子記録債務勘定**（負債）に振り替える。電子記録債権を譲渡したさいに損失が発生したら，**電子記録債権売却損勘定**（費用）で処理する。

例 ①当社は仙台商店に対する買掛金¥300,000の支払いを電子債権記録機関で行うため，取引銀行を通して，債務の発生記録を行った。また，仙台商店はその通知を受けた。

〈当　社〉

(借) 買掛金	300,000	(貸) 電子記録債務	300,000

〈仙台商店〉

(借) 電子記録債権	300,000	(貸) 売掛金	300,000

例 ②当社は，上記電子記録債務の支払期日が到来し，当座預金口座から引き落とされた。また，仙台商店は当座預金口座の入金を確認した。

〈当　社〉

(借) 電子記録債務	300,000	(貸) 当座預金	300,000

〈仙台商店〉

(借) 当座預金	300,000	(貸) 電子記録債権	300,000

12 差入保証金

営業用の店舗を賃借する場合，賃貸人に対して，退去時の原状回復に備えた保証金を差し入れることがある。この場合，差し入れて預けてある金額を**差入保証金勘定**（資産）の借方に記入する。

例 営業用店舗の賃借にあたり，保証金¥300,000と不動産業者への仲介手数料¥150,000および1か月分の家賃¥150,000を普通預金口座から振り込んで支払った。

（借）	差入保証金	300,000	（貸）	普通預金	600,000
	支払手数料	150,000			
	支払家賃	150,000			

POINT

保証金は差入保証金勘定で資産計上するが，手数料や家賃はそれぞれ支払手数料勘定，支払家賃勘定で費用計上する。

13 法定福利費

従業員の健康保険加入などに対する社会保険料は，従業員本人と事業主が両者で負担しており，このうち事業主が負担する金額は**法定福利費勘定**（費用）で処理する。なお，従業員が負担する金額は給料から差し引き，**社会保険料預り金勘定**（負債）で処理しておき，両方の金額を合わせて関係機関へ納付する。

例 健康保険料の従業員負担分¥40,000と事業主負担分¥40,000を合わせて現金で健康保険組合に納付した。

（借）	社会保険料預り金	40,000	（貸）	現金	80,000
	法定福利費	40,000			

POINT

事業主負担分は，保険料支払い時に法定福利費勘定で費用計上する。

14 租税公課

土地や建物などの固定資産を保有することに対して課せられる固定資産税や，領収証や契約書の作成にあたり発生する印紙税などの税金を納付したときは，**租税公課勘定**（費用）で処理する。なお，印紙税は収入印紙を購入し，課税対象の文書に貼り付けることで納付となるが，通常購入時に費用処理する。

例 ①固定資産税の納税通知書を受け取ったので，第1期分¥16,000を現金で納付した。

（借）	租税公課	16,000	（貸）	現金	16,000

例 ②収入印紙を¥10,000分購入し，代金は現金で支払った。

（借）	租税公課	10,000	（貸）	現金	10,000

15 貯蔵品

郵便切手や収入印紙は購入時に通信費勘定や租税公課勘定により費用処理するが，決算において未使用分がある場合は，その費用勘定から差し引き，**貯蔵品勘定**（資産）に振り替える。これにより使用した分だけが費用となる。

なお，次期期首には各費用勘定へ再振替する。

例 ①郵便切手¥42,000を購入し，代金は現金で支払った。

（借）	通信費	42,000	（貸）	現金	42,000

例 ②決算にあたり，未使用の郵便切手¥8,400分があったので貯蔵品勘定に振り替えた。

（借）	貯蔵品	8,400	（貸）	通信費	8,400

例 ③期首に未使用分の郵便切手¥8,400を貯蔵品勘定から適切な勘定へ再振替した。

（借）	通信費	8,400	（貸）	貯蔵品	8,400

POINT

郵便切手や収入印紙の未使用分は貯蔵品勘定として次期に繰り越され，使用した分だけが費用として計上されることになる。

16 消費税

消費税の会計処理には「税抜方式」と「税込方式」の２種類があるが，日商簿記3級では税抜方式だけが出題される。

[税抜方式]

商品を仕入れたときに支払う消費税額は，消費者に代わって企業が仮払いしたものであるから，**仮払消費税勘定**（資産）の借方に記入し，売り上げたときに受け取る消費税額は，消費者から預かったものであるから，**仮受消費税勘定**（負債）の貸方に記入する。企業が納付する消費税額は，仮受消費税から仮払消費税を差し引いた差額である。決算時にこの差額を**未払消費税勘定**（負債）に計上する。

例 ①福井商店から商品¥165,000（消費税¥15,000を含む）を仕入れ，代金は掛けとした。

（借）	仕　入	150,000	（貸）	買掛金	165,000
	仮払消費税	15,000			

例 ②新潟商店に商品¥220,000（消費税¥20,000を含む）を売り渡し，代金は掛けとした。

（借）	売掛金	220,000	（貸）	売　上	200,000
				仮受消費税	20,000

例 ③決算にさいして，消費税の納付額を計算し，これを確定した。なお，本年度の消費税仮払分は¥50,000，消費税仮受分は¥70,000である。

（借）	仮受消費税	70,000	（貸）	仮払消費税	50,000
				未払消費税	20,000

例 ④消費税の確定申告を行い，未払消費税額¥20,000を現金で納付した。

（借）	未払消費税	20,000	（貸）	現　金	20,000

練習問題

1. 次の取引について仕訳しなさい。ただし，勘定科目は語群の中から最も適当と思われるものを選び記号で答えなさい。なお，商品売買の取引についてはすべて３分法によること。また，消費税については問題文に指示がある場合のみ考慮すること。

1．営業用の事務所として，オフィスビルの１区画を１か月あたり¥200,000の賃料で契約を結んだ。契約にあたり，敷金（家賃の２か月分）と仲介してもらった不動産業者への仲介手数料（家賃の１か月分）を，小切手を振り出して支払った。

ア．現金　イ．当座預金　ウ．差入保証金　エ．建物　オ．支払家賃　カ．支払手数料

2．従業員が出張から帰社し，立て替えて支払っていた鉄道運賃の領収書¥27,700を提示したので，当社の普通預金口座から従業員の指定口座へ振り込んで精算した。

ア．当座預金　イ．普通預金　ウ．立替金　エ．仮払金　オ．支払手数料
カ．旅費交通費

3．中野商事からの借入金¥900,000が支払期日となり，利息¥18,000とともに小切手を振り出して支払った。

ア．現金　イ．当座預金　ウ．借入金　エ．仮受金　オ．受取利息　カ．支払利息

4．富山商店に対する売掛金¥400,000について，電子債権記録機関に発生記録の請求を行い，同店の承諾を得た。

ア．売掛金　イ．電子記録債権　ウ．未収入金　エ．立替金　オ．電子記録債務
カ．未払金

5．領収書の発行に用いる収入印紙¥30,000と郵便切手¥21,000を郵便局で購入し，代金は現金で支払った。

ア．現金　イ．未収入金　ウ．発送費　エ．支払利息　オ．通信費　カ．租税公課

	仕		訳	
	借方科目	金額	貸方科目	金額
1				
2				
3				
4				
5				

6．本日，商品¥300,000を販売し，代金のうち¥250,000は共通商品券で受け取り，残額は現金で受け取った。

ア．現金　イ．売掛金　ウ．受取商品券　エ．売上　オ．受取手数料　カ．仕入

7．長野商事に商品¥240,000を売り渡し，代金は掛けとした。また，当社負担の発送運賃¥3,000は現金で支払った。

ア．現金　イ．売掛金　ウ．未払金　エ．売上　オ．発送費　カ．通信費

8．事務作業で使用する物品を購入し，品物とともに下記の請求書を受け取った。代金は今月末に支払うこととした。

請　求　書

株式会社実教商事　御中

○○電機株式会社

商品名	数量	単価	金額
27型デスクトップパソコン	1	320,000	320,000
ラベルプリント用紙(20シート入り)	5	1,200	6,000
		合計	326,000

ア．仮払金　イ．備品　ウ．貯蔵品　エ．買掛金　オ．未払金　カ．消耗品費

9．商品¥250,000を信販会社のクレジットカード決済で販売した。なお，信販会社へのクレジット手数料は決済額の4％で，販売時に計上する。

ア．クレジット売掛金　イ．売上　ウ．受取手数料　エ．支払手数料　オ．支払利息
カ．雑損

10．店舗にかかる固定資産税の第3期分¥80,000を現金で納付した。なお，納税通知書を受け取った際に全額を費用計上するとともに，未払金勘定で処理している。

ア．現金　イ．当座預金　ウ．未払金　エ．支払家賃　オ．保険料　カ．租税公課

	仕訳			
	借方科目	金額	貸方科目	金額
6				
7				
8				
9				
10				

11. 商品を仕入れ，品物とともに下記の納品書を受け取った。代金は後日支払うこととしている。なお，消費税については税抜方式で記帳する。

納　品　書

株式会社実教商事　御中

○○食品株式会社

下記のとおり納品いたしました。

商品名	数量	単価	金額
国産蜂蜜大瓶(12個入りケース)	20	9,000	180,000
国産蜂蜜小瓶(20個入りケース)	25	6,800	170,000
		消費税	28,000
		合　計	378,000

ア．繰越商品　イ．仮払消費税　ウ．仮受消費税　エ．買掛金　オ．仕入　カ．発送費

12. 営業用の建物について破損箇所の修繕を行い，代金¥250,000は翌月末に支払うこととした。

ア．買掛金　イ．未払金　ウ．減価償却費　エ．支払家賃　オ．修繕費　カ．雑損

13. 中間申告を行い，法人税と住民税および事業税合わせて¥1,250,000を普通預金口座から納付した。

ア．現金　イ．当座預金　ウ．普通預金　エ．仮払法人税等　オ．未払法人税等

カ．法人税，住民税及び事業税

14. 決算にあたり，事務用物品の現状を調査したところ，すでに費用処理されている84円切手が250枚未使用であることが判明したので，適切な勘定へ振り替える。

ア．立替金　イ．前払金　ウ．貯蔵品　エ．通信費　オ．消耗品費　カ．租税公課

15. 本体価格¥500,000の商品を売り上げ，代金は10％の消費税を含めて掛けとした。なお，消費税については税抜方式で記帳する。

ア．売掛金　イ．未収入金　ウ．仮払消費税　エ．買掛金　オ．仮受消費税　カ．売上

	仕		訳	
	借方科目	金額	貸方科目	金額
11				
12				
13				
14				
15				

16. 決算日に現金過不足￥25,000（貸方残高）の原因を改めて調査した結果，通信費￥7,000と受取手数料￥30,000の記入漏れが判明した。なお，残りの金額は原因が不明であったので，適切な勘定科目に振り替えた。

ア．現金　イ．現金過不足　ウ．受取手数料　エ．雑益　オ．通信費　カ．消耗品費　キ．雑損

17. 得意先の西南商事株式会社が倒産し，同社に対する前期販売分の売掛金￥250,000が回収できなくなったので，貸倒れの処理を行う。なお，貸倒引当金の残高は￥200,000である。

ア．売掛金　イ．貸倒引当金　ウ．売上　エ．貸倒引当金戻入　オ．償却債権取立益　カ．貸倒損失

18. 従業員に対する今月分の給料￥1,560,000について，所得税の源泉徴収分￥47,000および健康保険・厚生年金等の社会保険料合計￥76,000を控除し，各従業員が指定した給与振込口座へ当社の普通預金口座から振り込んで支給した。

ア．当座預金　イ．普通預金　ウ．仮受金　エ．所得税預り金　オ．社会保険料預り金　カ．給料　キ．法定福利費

19. 当社の取締役1名に資金を貸し付ける目的で￥4,000,000の小切手を振り出した。貸付期間は6か月で利率は年利3％とし，利息は元金とともに受け取る条件である。なお，役員に対する貸し付けであることを明示する勘定を用いること。

ア．現金　イ．当座預金　ウ．役員貸付金　エ．従業員立替金　オ．貸倒引当金　カ．給料

20. 株式会社実教商事は増資を行うことになり，1株あたり￥60,000で株式を新たに200株発行し，出資者より同社の当座預金口座に払込金が振り込まれた。発行価額の全額を資本金に組み入れる。

ア．普通預金　イ．当座預金　ウ．借入金　エ．預り金　オ．資本金　カ．利益準備金

	仕		訳	
	借方科目	金額	貸方科目	金額
16				
17				
18				
19				
20				

21. ７月１０日，本年度の雇用保険料￥144,000を一括して現金で納付した。そのうち従業員負担分は￥48,000（月額￥4,000相当）であり，残額は当社負担分である。従業員負担分については，４月から６月の３か月分は，毎月の給料から月額相当額を差し引いて預かっているが，７月以降の９か月分については，いったん会社が立て替えて支払い，７月以降の毎月の給料から精算することとしている。
　　ア．現金　　イ．従業員立替金　　ウ．仮払金　　エ．社会保険料預り金　　オ．給料
　　カ．法定福利費　　キ．保険料

22. 実教商事株式会社は，決算にあたり当期純利益￥1,400,000を計上した。
　　ア．未払配当金　　イ．資本金　　ウ．利益準備金　　エ．繰越利益剰余金　　オ．雑益
　　カ．損益

23. 備品（取得原価￥800,000，残存価額ゼロ，耐用年数５年）を３年間使用してきたが，４年目の期首に￥250,000で売却し，代金は月末に受け取ることにした。減価償却費は定額法で計算し，記帳は間接法を用いている。
　　ア．売掛金　　イ．未収入金　　ウ．備品　　エ．備品減価償却累計額　　オ．固定資産売却益
　　カ．減価償却費　　キ．固定資産売却損

24. 電子債権記録機関に発生記録した債務￥400,000の支払期日が到来し，当座預金口座から引き落とされた。
　　ア．当座預金　　イ．売掛金　　ウ．電子記録債権　　エ．買掛金　　オ．電子記録債務
　　カ．未払金

25. 決算により法人税，住民税及び事業税が￥1,800,000と確定したので，税額を計上する。なお，中間申告で納付した￥800,000は仮払法人税等で処理している。
　　ア．当座預金　　イ．普通預金　　ウ．仮払法人税等　　エ．未払法人税等　　オ．租税公課
　　カ．法人税，住民税及び事業税

	仕		訳	
	借方科目	金額	貸方科目	金額
21				
22				
23				
24				
25				

日商ではこうでる！

26. 従業員の給与から預かっていた所得税の源泉徴収額¥35,000を普通預金口座より納付した。
　ア．普通預金　イ．未払金　ウ．所得税預り金　エ．前受金　オ．給料　カ．租税公課

27. 札幌商事に対する売掛金¥420,000について，当社の当座預金口座に振り込みがあった。
　ア．現金　イ．当座預金　ウ．売掛金　エ．未収入金　オ．買掛金　カ．売上

28. 株主総会で繰越利益剰余金¥1,700,000の一部を次のとおり処分することが承認された。
　　株主配当金　¥400,000
　　利益準備金積み立て　¥ 40,000
　ア．現金　イ．未払法人税等　ウ．未払配当金　エ．資本金　オ．利益準備金
　カ．繰越利益剰余金

29. 店舗用の土地400㎡を1㎡あたり¥30,000で購入し，仲介手数料¥200,000を含めた代金全額を小切手を振り出して支払った。また，この土地の整地費用¥120,000を現金で支払った。
　ア．現金　イ．当座預金　ウ．建物　エ．土地　オ．支払地代　カ．修繕費

30. 従業員の出張に際し，諸経費として¥70,000を現金で概算払いしていたが，本日従業員が出張先から戻り，鉄道運賃¥40,000とホテルの宿泊費¥20,000を差し引いた残額を現金で受け取った。
　ア．現金　イ．前払金　ウ．仮払金　エ．法定福利費　オ．旅費交通費　カ．雑費

	仕		訳	
	借方科目	金額	貸方科目	金額
26				
27				
28				
29				
30				

第2問　補助簿・勘定記入・伝票・文章問題

出題の傾向

- 第２問目では，1補助簿記入問題，2勘定記入問題，3伝票問題がよく出題される。また，簿記全般に関連する4文章の適語選択問題も想定される。
- 1補助簿記入問題では，特に当座預金出納帳・商品有高帳・買掛金元帳・売掛金元帳の出題頻度が高い。
- 2勘定記入問題では，記帳の一連の流れをしっかりと把握しておくことが必要である。
- 3伝票問題は，試験区分の改定により，３伝票制だけが対象で，起票問題に加え，伝票の集計・転記による管理までが範囲となった。

攻略のポイント

1　補助簿記入問題

全商検定問題で学習した現金出納帳・当座預金出納帳・仕入帳・売上帳・商品有高帳・買掛金元帳・売掛金元帳への記入方法と締め切り方をしっかりと確認しておく必要がある。

例　次の５月における商品Aに関する資料にもとづいて，下記の設問に答えなさい。

［商品Aに関する資料］

5月 1日	前月繰越	100個	@¥400	
7日	仕　入	100個	@¥420	
10日	売　上	80個	@¥760	
14日	仕　入	80個	@¥430	
20日	売　上	100個	@¥770	
27日	仕　入	50個	@¥424	
30日	売　上	70個	@¥780	

1．商品の払出単価の決定方法として移動平均法を用いて，商品有高帳に記入しなさい。なお，商品有高帳は締め切らなくてよい。

2．商品Aの当月（５月）の売上総利益を求めなさい。

1．

商　品　有　高　帳

(移動平均法)　　商　品　A

令和○年		摘　要	受入 数量	受入 単価	受入 金額	払出 数量	払出 単価	払出 金額	残高 数量	残高 単価	残高 金額
5	1	前月繰越	100	400	40,000				100	400	40,000
	7	仕入れ	100	420	42,000				200	410	82,000
	10	売り上げ				80	410	32,800	120	410	49,200
	14	仕入れ	80	430	34,400				200	418	83,600
	20	売り上げ				100	418	41,800	100	418	41,800
	27	仕入れ	50	424	21,200				150	420	63,000
	30	売り上げ				70	420	29,400	80	420	33,600

2．売上総利益　¥ 88,400

POINT

1．移動平均法の場合，異なる単価で仕入れるごとに平均単価を計算し，その単価で払い出されたこととする。

5/ 7の残高欄に記入する平均単価　$\frac{¥82,000}{200個}$ = @¥410

5/10の払出欄はこの平均単価@¥410のものを80個払い出したこととして記入する。

5/14の残高欄に記入する平均単価　$\frac{¥83,600}{200個}$ = @¥418

5/20の払出欄はこの平均単価@¥418のものを100個払い出したこととして記入する。

5/27の残高欄に記入する平均単価　$\dfrac{¥63{,}000}{150\text{個}}=@¥420$

5/30の払出欄はこの平均単価@¥420のものを70個払い出したこととして記入する。

2．仕入返品の取引がなければ払出欄の金額合計が売上原価となる。

① 売上高は5/10　80個×@¥760＝¥60,800と，5/20　100個×@¥770＝¥77,000と，5/30　70個×@¥780＝¥54,600の合計¥192,400

② 売上原価は払出欄金額の合計　¥32,800＋¥41,800＋¥29,400＝¥104,000
よって売上総利益は売上高¥192,400－売上原価¥104,000＝¥88,400

2 勘定記入問題

勘定記入の問題は，「いつ」「いくら」で仕訳・転記を行うかを考えながら，特定の取引に関する一連の流れを理解する必要がある。

例 取引先に対して，昨年の12月1日に¥1,000,000を，期間2年，年利率6％，利払日5月および11月末日の条件で貸し付けた。当期中の受取利息に関する諸勘定の記入は次のとおりであった。各勘定に記入された取引等を推定し，イ～ホには適切な語句を，a～eには適切な金額を記入しなさい。なお，利息は利払日にすべて現金で支払われている。会計期間は4月1日から3月31日までの1年間とする。未収利息は，月割計算によって求めなさい。

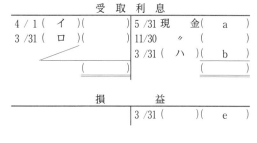

受　取　利　息

4/1	(イ)	( )	5/31	現　金	(a)
3/31	(ロ)	( )	11/30	〃	( )
			3/31	(ハ)	(b)
		( )			( )

未　収　利　息

4/1	前期繰越	(c)	4/1	(ニ)	( )
3/31	( )	( )	3/31	(ホ)	( )
		( )			(d)

損　　益

			3/31	( )	(e)

記号	語　句
イ	未収利息
ロ	損　益
ハ	未収利息
ニ	受取利息
ホ	次期繰越

記号	金　額
a	¥30,000
b	¥20,000
c	¥20,000
d	¥40,000
e	¥60,000

POINT

会計期間と決算日を確認し，4/1から日付を追って取引を推定し，仕訳を考え，その転記記録により解答を導く。

4/1　前期末決算で未収処理をした（c）の金額は，前期の12月から3月までの「4か月分」。

$$¥1{,}000{,}000\times6\%\times\frac{4\text{か月}}{12\text{か月}}=¥20{,}000$$

4/1　期首の再振替仕訳
（借）受取利息 20,000　（貸）未収利息 20,000

5/31と11/30　半年分の利息の受け取り
（借）現　金 30,000　（貸）受取利息 30,000

3/31　決算整理仕訳として，当期の12月から3月までの「4か月分」を未収処理する。
（借）未収利息 20,000　（貸）受取利息 20,000

3/31　受取利息勘定の残高（当期分の正しい収益額）を損益勘定に振り替える。
（借）受取利息 60,000　（貸）損　益 60,000

③　伝票問題

⑴　３伝票制の起票の注意事項

例　鳥取商店から商品￥120,000を仕入れ，代金のうち￥50,000は現金で支払い，残額は掛けとした。

〈基本的な仕訳〉

（借）	仕　入	120,000	（貸）現　金	50,000
			買掛金	70,000

このような一部振替取引の起票方法には，次のような二つがある。

①　取引を分解して記入する方法（現金取引部分と振替取引部分に分けて起票する）

（借）	仕　入	50,000	（貸）現　金	50,000	→ 出金伝票
（借）	仕　入	70,000	（貸）買掛金	70,000	→ 振替伝票

※取引に忠実だが，一つの取引が分割されてしまうため，照合時に不便である。

②　取引を擬制して記入する方法（いったん全部振替取引として振替伝票に起票し，すぐに入出金があったものとして，入金伝票または出金伝票に起票する）

（借）	仕　入	120,000	（貸）買掛金	120,000	→ 振替伝票
（借）	買掛金	50,000	（貸）現　金	50,000	→ 出金伝票

POINT

全額掛けで仕入れたと仮定して，振替伝票に起票する。

その後すぐに掛け代金の一部を現金で支払ったものとして，出金伝票に起票する。

⑵　記入済みの伝票から仕訳集計表を作成する問題

仕訳帳のかわりに伝票制をとる場合，伝票１枚ごとに個別転記をすると手数がかかり，また誤りも生じやすくなる。そこで，毎日あるいは期間を決めて伝票の各勘定科目ごとの金額を仕訳集計表に集計し，そこから各勘定に合計額で転記（合計転記）する方法がある。

POINT

①入金伝票を集計し，その合計額を仕訳集計表の現金の借方に記入する。

②出金伝票を集計し，その合計額を仕訳集計表の現金の貸方に記入する。

③振替伝票の借方科目と出金伝票の同じ科目を集計して，仕訳集計表の該当科目の借方に記入する。

④振替伝票の貸方科目と入金伝票の同じ科目を集計して，仕訳集計表の該当科目の貸方に記入する。

⑤仕訳集計表の借方欄と貸方欄の金額をそれぞれ合計し，一致を確かめる。

⑥総勘定元帳に仕訳集計表から転記する。

⑦伝票に記入されている商店名を手がかりに，補助元帳（買掛金元帳・売掛金元帳）へ転記する。

☆集計もれがないように，集計済みの伝票に「√」マークをつけるとよい。

④　文章の適語選択問題

簿記による経営活動の記録全般について，記帳手続きの流れや会計処理の方法とその意味をしっかりと理解しておくことが重要となる。

貸借対照表と損益計算書の役割，主要簿と補助簿，試算表の意味，決算手続き，減価償却費の計算と記帳方法，貸し倒れの見積もりで行われる内容など，簿記の学習を進める過程で，それぞれの処理方法や理論を意識するように心掛けること。

練習問題

1 補助簿記入問題

1. 次の9月におけるA商品に関しての［資料］にもとづいて，①から⑤に入るべき数値を解答欄に記入しなさい。なお，A商品の払出単価の決定方法は先入先出法を用いている。

［資料］

商品有高帳

（先入先出法）　A 商品

X/年		摘要	受入			払出			残高		
			数量	単価	金額	数量	単価	金額	数量	単価	金額
9	1	前月繰越	（　）	（　）	10,000				（　）	（　）	10,000
	5	仕入	（　）	（　）	（　）				（　）	（①）	（　）
	20	売上				（②）	（③）	（　）			
						90	（　）	（④）	（　）	（　）	（　）
	26	仕入	80	265	（　）				（　）	（　）	（　）

仕入帳

X/年		摘要		金額
9	5	広島商店	掛け	
		A商品 100個	@¥260	26,000
	26	広島商店	掛け	
		A商品（　）個	@¥（　）	（⑤）

売上帳

X/年		摘要		金額
9	20	東京商店	掛け	
		A商品 130個	@¥500	65,000

①	②	③	④	⑤

2. 次の，*10*月中の取引等にもとづいて，下記の問に答えなさい。

*10*月　*1*日　A商品の前月繰越高は，*200*個@*¥600*であった。
　　*10*日　本日の売上げは，A商品*150*個@*¥1,000*であり，代金はすべて現金で受け取った。
　　*20*日　A商品*450*個を@*¥610*で仕入れ，代金は月末払いとした。なお，当社負担の引取費用*¥4,500*を現金で支払った。
　　*25*日　本日の売上げは，A商品*300*個@*¥1,020*であり，代金はすべて現金で受け取った。
　　*31*日　仕入先への掛代金*¥265,000*の支払いとして，小切手を振り出した。

問　(1)　*10*月のA商品の商品有高帳を作成しなさい。なお，商品の払出単価の決定方法は移動平均法を採用し，摘要欄の記入は「仕入」または「売上」とする。
　　(2)　*10*月のA商品の売上高，売上原価および売上総利益を答えなさい。

(1)

商　品　有　高　帳

(移動平均法)　　　　A　　商　　品

X6年		摘　要	受　入			払　出			残　高		
			数量	単価	金　額	数量	単価	金　額	数量	単価	金　額
10	*1*	前月繰越									

(2)

売　上　高	売上原価	売上総利益
¥	¥	¥

2 勘定記入問題

1. 当社では毎年8月1日に向こう1年分の保険料¥60,000を支払っていたが，今年の支払額は20％アップして¥72,000となった。そこで，この保険料に関連する下記の勘定の空欄のうち，(イ)～(ハ)には次に示した［語群］の中から適切な語句を選択し記入するとともに，(a)～(b)には適切な金額を記入しなさい。なお，会計期間は4月1日から3月31日までであり，前払保険料は月割計算している。

［語群］　前期繰越　次期繰越　損　益　現　金
　　　　　未払金　保険料　前払保険料

保　険　料

4/1	(イ)	( )	3/31	( )	( )
8/1	現金	72,000	〃	(ロ)	( )
		( )			( )
4/1	( )	(b)			

( )保険料

4/1	( )	(a)	4/1	( )	( )
3/31	( )	( )	3/31	(ハ)	( )
		44,000			44,000
4/1	( )	( )	4/1	( )	( )

(イ)	(ロ)	(ハ)	(a)	(b)

2. 京都商事株式会社（決算年1回，3月31日）は，当期の6月1日に，店舗として使用する目的で契約期間を3年とする建物の賃借契約（年額¥720,000）を結んだ。この契約で，家賃は6月1日と12月1日に，向こう半年分¥360,000をそれぞれ現金で前払いすることとしている。よって，次の勘定記入の手順にもとづいて，解答欄に示す当期の支払家賃勘定と前払家賃勘定の記入（転記または繰越記入）をおこないなさい。

勘定記入の手順

① 6月および12月に家賃支払いの仕訳をおこない，支払家賃勘定に転記した。(勘定への転記は，相手勘定科目および金額の記入によりおこなう。以下同様)

② 決算日に，家賃の当期未経過高¥120,000を次期分の前払いとして決算整理仕訳をおこない，各勘定に転記した。

③ 決算日に，支払家賃勘定の残高を損益勘定に振り替える決算振替仕訳をおこない，支払家賃勘定に転記して，締め切った。

④ 決算日に，前払家賃勘定の残高を繰越記入し，前払家賃勘定を締め切った。

支　払　家　賃

6/1	( )	( )	3/31	( )	( )
12/1	( )	( )	〃	( )	( )
		720,000			720,000

前　払　家　賃

3/31	( )	( )	3/31	( )	( )

3. 下記の［資料］から，東京商事株式会社（決算年１回，３月31日）の損益勘定，資本金勘定，繰越利益剰余金勘定の(ア)から(オ)にあてはまる金額を記入しなさい。なお，当期は20X1年4月1日から20X2年3月31日までである。

［資料］

１．総売上高：¥8,120,000
２．純売上高：¥8,000,000
３．決算整理前仕入勘定残高：借方¥5,400,000
４．期首商品棚卸高：¥600,000
５．期末商品棚卸高：¥400,000
６．売上原価は仕入勘定で算定する。

損　　　益

3/31	仕　　入	（　ア　）	3/31	売　　上	（　　　）
〃	給　　料	1,900,000	〃	受取手数料	200,000
〃	貸倒引当金繰入	8,000			
〃	減価償却費	160,000			
〃	水道光熱費	140,000			
〃	（　　　　）	（　イ　）			
		（　　　）			（　ウ　）

資　本　金

3/31	次期繰越	（　エ　）	4/1	前期繰越	4,000,000

繰越利益剰余金

3/31	次期繰越	（　オ　）	4/1	前期繰越	60,000
			3/31	（　　　）	（　　　）
		（　　　）			（　　　）

(ア)	(イ)	(ウ)	(エ)	(オ)

3　伝票問題

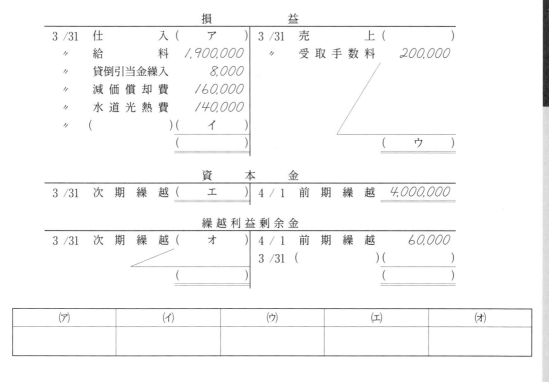

1. 次の各取引の伝票記入について，空欄①～⑤にあてはまる適切な語句または金額を答えなさい。ただし，いったん全額を掛け取引として起票する方法と取引を分解して起票する方法のいずれを採用しているかについては，取引ごとに異なるため，各伝票の記入から各自判断すること。

(1)　商品を¥300,000で仕入れ，代金のうち¥100,000については現金で支払い，残額は掛けとした。

出金伝票

科　目	金　額
（　　　）	（　①　）

振替伝票

借方科目	金　額	貸方科目	金　額
仕　入	300,000	（　②　）	300,000

(2)　商品を¥450,000で売り渡し，代金のうち¥50,000については現金で受け取り，残額は掛けとした。

入金伝票

科　目	金　額
売　上	（　③　）

振替伝票

借方科目	金　額	貸方科目	金　額
（　④　）	（　　　）	（　　　）	（　⑤　）

①	②	③	④	⑤

2. 当社は，毎日の取引を入金伝票，出金伝票および振替伝票に記入し，これを1日分ずつ集計して仕訳集計表を作成し，この仕訳集計表から総勘定元帳に転記している。当社のX7年6月1日の取引に関して作成された次の各伝票（略式）にもとづいて，解答欄の(1)仕訳集計表，(2)総勘定元帳への記入を完成しなさい。

入金伝票	No.101	借入金	70,000
入金伝票	No.102	売掛金	180,000
入金伝票	No.103	未収入金	45,000
入金伝票	No.104	売掛金	310,000
入金伝票	No.105	売掛金	53,000

出金伝票	No.201	買掛金	65,000
出金伝票	No.202	支払手数料	35,000
出金伝票	No.203	買掛金	90,000
出金伝票	No.204	買掛金	39,000
出金伝票	No.205	未払金	150,000

伝票	No.	借方科目	金額	貸方科目	金額
振替伝票	No.301	仕入	120,000	買掛金	120,000
振替伝票	No.302	仕入	260,000	買掛金	260,000
振替伝票	No.303	売掛金	220,000	売上	220,000
振替伝票	No.304	売掛金	320,000	売上	320,000
振替伝票	No.305	買掛金	80,000	支払手形	80,000
振替伝票	No.306	受取手形	30,000	売掛金	30,000
振替伝票	No.307	買掛金	50,000	支払手形	50,000
振替伝票	No.308	未収入金	400,000	土地	450,000
		固定資産売却損	50,000		

(1)

仕　訳　集　計　表

X7年6月1日

借　　方	元丁	勘　定　科　目	元丁	貸　　方
	（	現　　　金	（	
		受　取　手　形		
		売　掛　金		
	省	未　収　入　金	省	
		土　　　地		
		支　払　手　形		
		買　掛　金		
		未　払　金		
		借　入　金		
		売　　　上		
	略	仕　　　入	略	
		支　払　手　数　料		
	）	固　定　資　産　売　却　損	）	

(2)

総　勘　定　元　帳

現　　金

X7年		摘　要	仕丁	借　方	貸　方	借/貸	残　高
6	1	前月繰越	（省略）	521,000		借	521,000
	〃	仕訳集計表				〃	
	〃	〃				〃	

買　掛　金

X7年		摘　要	仕丁	借　方	貸　方	借/貸	残　高
6	1	前月繰越	（省略）		452,000	貸	452,000
	〃	仕訳集計表				〃	
	〃	〃				〃	

4　文章問題

1.　次の文の①～⑩にあてはまる最も適切な語句を下記の［語群］から選び，ア～トの記号で答えなさい。

1．当座預金の引出しには，一般に（ ① ）が使われる。他社が振り出した（ ① ）を受け取った場合，（ ② ）として処理する。

2．給料から差し引かれる所得税の源泉徴収額は，租税公課などの（ ③ ）ではなく，会社にとっての預り金として貸借対照表上（ ④ ）に計上される。

3．（ ⑤ ）に生じた売掛金が当期中に回収不能となった場合，（ ⑤ ）決算日に設定された（ ⑥ ）を取り崩す。

4．売掛金勘定や買掛金勘定は，主要簿である（ ⑦ ）に設定される。主要簿には（ ⑦ ）のほか，（ ⑧ ）がある。

5．決算は，決算予備手続き，決算本手続きの順に行われる。決算予備手続きでは（ ⑨ ）が作成され，決算本手続きでは帳簿が締め切られる。そして最終的に（ ⑩ ）が作成される。

［語群］

ア 売掛金元帳	イ 試算表	ウ 純資産	エ 前期	オ 仕訳日計表
カ 約束手形	キ 総勘定元帳	ク 負債	ケ 次期	コ 小切手
サ 収益	シ 受取手形	ス 仕訳帳	セ 財務諸表	ソ 貸倒引当金
タ 現金	チ 貸倒引当金繰入	ツ 貸倒損失	テ 損益勘定	ト 費用

①	②	③	④	⑤
⑥	⑦	⑧	⑨	⑩

2.　次の文章の（ ア ）から（ オ ）にあてはまる最も適切な語句を【語群】の中から選び，番号で答えなさい。

1．主要簿とは（ ア ）と総勘定元帳のことである。

2．仕訳の内容を各勘定口座に記入する手続きを（ イ ）という。

3．当期中に生じた収益総額から費用総額を差し引いて当期純損益を求める計算方法を（ ウ ）という。

4．前期以前に貸倒れとして処理した売掛金について，当期に回収したときは，その回収額を収益の勘定である（ エ ）勘定で処理する。

5．株式会社が繰越利益剰余金を財源として配当を行った場合は，会社法で定められている上限額に達するまで，配当額に対する一定額を（ オ ）として積み立てなければならない。

【語群】

① 売掛金元帳	② 残高試算表	③ 決算	④ 財産法	⑤ 転記
⑥ 3分法	⑦ 貸倒引当金	⑧ 償却債権取立益	⑨ 仕訳帳	⑩ 精算表
⑪ 損益法	⑫ 資本金	⑬ 減価償却費	⑭ 利益準備金	⑮ 未払配当金

ア	イ	ウ	エ	オ

日商ではこうでる！

第3問 決算問題

出題の傾向

- 第3問目は決算問題として，主に勘定式の貸借対照表や損益計算書を作成する問題や，決算整理後残高試算表，精算表を作成する問題が出題される。決算整理事項が増加する傾向にあるため，難易度が増している。
- 決算の問題では，決算整理事項を正しく仕訳することがポイントとなる。
- 日商簿記3級では，2019年度から小規模の株式会社を想定した出題に切り替わった。そのため，決算日は3月31日が基本となる。
- 減価償却費の月割り計算や，間接法による記帳方法を理解しておく必要がある。

攻略のポイント

(1) 減価償却費の記帳（間接法）

建物や備品などの固定資産（土地は除く）は，使用や時の経過によって価値が減少する。そこで決算において，この価値の減少分を，固定資産を使用する各会計期間に費用として配分する手続きを減価償却という。

減価償却費の記帳方法には，直接法と間接法の二つがある。直接法は，当期の減価償却費を，固定資産の勘定の金額から直接減額する方法である。間接法は，当期の減価償却費を，固定資産の取得原価から直接減額せず，固定資産の勘定に対する評価勘定として減価償却累計額勘定を設け，その貸方に記入し，間接的に減額を示す方法である。

例 決算にさいし，備品について¥1,500の減価償却を行った。

直接法 →	（借） 減価償却費	1,500	（貸）	備品	1,500	（日商2級範囲）
間接法 →	（借） 減価償却費	1,500	（貸）	備品減価償却累計額	1,500	（日商3級範囲）

(2) 費用の前払い

当期に支払った費用額のなかに，次期以降の分が含まれているときは，その金額を費用の勘定から差し引くとともに，この前払分を一時的な資産として次期に繰り延べる。これを前払費用という。

例 決算（3月31日）にあたり，11月1日に支払った1年分の保険料¥12,000のうち，前払分（7か月分）を次期に繰り延べた。

（借） 前払保険料 7,000　　（貸） 保険料 7,000

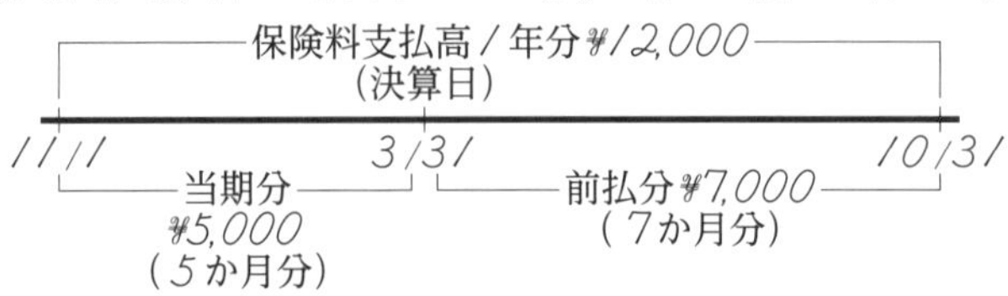

(3) 収益の前受け

当期に受け取った収益額のなかに，次期以降の分が含まれているときは，その金額を収益の勘定から差し引くとともに，この前受分を一時的な負債として次期に繰り延べる。これを前受収益という。

例 決算（3月31日）にあたり，12月1日に受け取った1年分の地代¥60,000のうち，前受分（8か月分）を次期に繰り延べた。

（借） 受取地代 40,000　　（貸） 前受地代 40,000

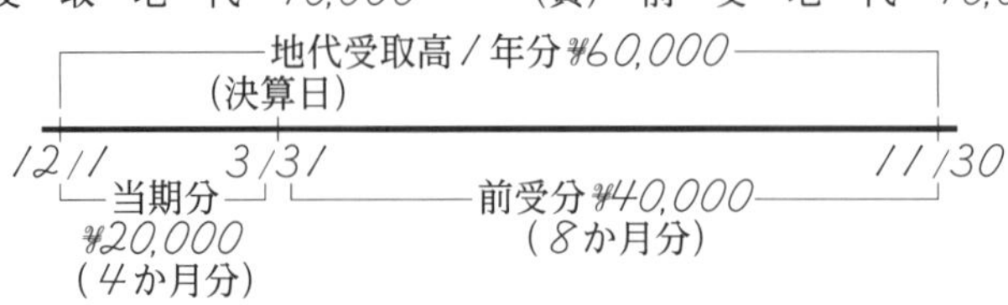

⑷ 費用の未払い

当期に費用額として発生しているにもかかわらず，決算日においてまだ支払いが行われていない分があるときは，その金額を費用に計上し，この未払分を一時的な負債として次期に繰り越す。これを未払費用という。

例 決算（3月31日）にあたり，当期の利息の未払分¥5,000（5か月分）を計上した。

(借) 支払利息 5,000　　(貸) 未払利息 5,000

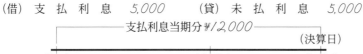

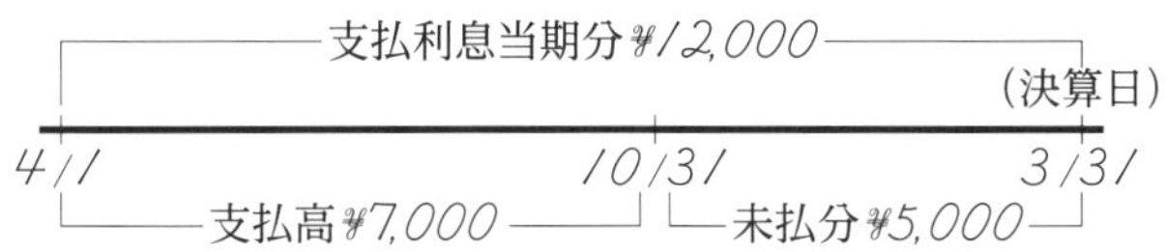

⑸ 収益の未収

当期に収益額として発生しているにもかかわらず，決算日においてまだ受け取っていない分があるときは，その金額を収益に計上するとともに，この未収分を一時的な資産として次期に繰り越す。これを未収収益という。

例 決算（3月31日）にあたり，当期の家賃の未収分¥40,000（4か月分）を計上した。

(借) 未収家賃 40,000　　(貸) 受取家賃 40,000

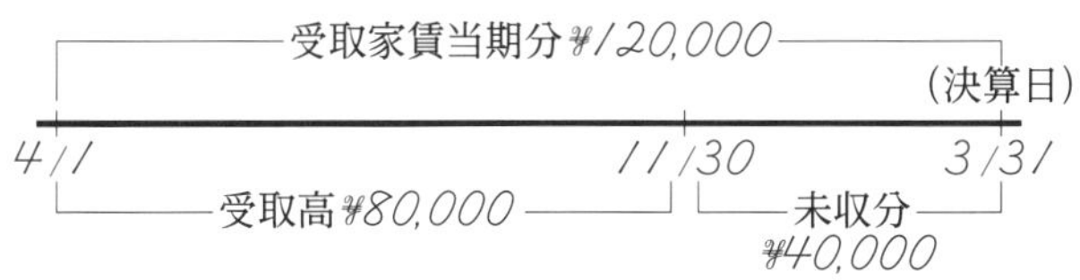

⑹ 貯蔵品棚卸

換金性の高い郵便切手や収入印紙は，財産管理の面から，決算において未使用分があれば費用の勘定から**貯蔵品勘定**（資産）へ振り替え，翌期首に再振替仕訳を行う。

例 (i) 郵便切手¥21,000と収入印紙¥10,000を購入し，代金は現金で支払った。

(借) 通信費 21,000　　(貸) 現金 31,000
　　 租税公課 10,000

(ii) 期末決算において，未使用の郵便切手¥4,200と収入印紙¥2,400分が金庫に保管されていた。

(借) 貯蔵品 6,600　　(貸) 通信費 4,200
　　　　　　　　　　　　 租税公課 2,400

⇒この仕訳は翌期首に再振替仕訳（逆仕訳）される。

練習問題

1. 次の未処理事項および決算整理事項にもとづき，右ページの精算表を完成しなさい。なお，会計期間は4月1日から3月31日までの1年間である。

未処理事項

1．期末の現金実際有高は¥128,000である。現金の帳簿残高との差異は，出張旅費の精算時に受け取った残金であったことが原因と判明した。なお，この出張にあたり旅費の概算額¥60,000を支払っており，精算の処理が未記帳となっている。

2．売掛金のうち¥100,000について得意先より普通預金口座へ入金があったが，その記帳がまだおこなわれていない。

3．固定資産税¥6,000が当座預金口座から引き落とされていたが，その記帳がまだおこなわれていない。

決算整理事項

1．受取手形および売掛金の期末残高に対して2％の貸倒れを見積もり，差額補充法により貸倒引当金を設定する。

2．期末商品の棚卸高は¥674,000である。売上原価は「仕入」の行で計算すること。

3．備品について耐用年数4年，残存価額ゼロの定額法により減価償却をおこなう。

4．保険料のうち¥48,000は，当期の2月1日に1年分を前払いしたものである。

5．貸付金は当期の12月1日に期間1年，年利率3％の条件で貸し付けたもので，利息は返済時に一括して受け取ることになっている。なお，利息の計算は月割りによる。

6．受取地代は奇数月の月末に向こう2か月分として¥24,000を受け取っている。

7．支払家賃のうち¥22,000は翌年度の4月分である。

精　　算　　表

勘定科目	残高試算表		修正記入		損益計算書		貸借対照表	
	借方	貸方	借方	貸方	借方	貸方	借方	貸方
現金	124,000							
普通預金	258,000							
当座預金	508,000							
受取手形	720,000							
売掛金	580,000							
仮払金	60,000							
繰越商品	628,000							
貸付金	400,000							
備品	800,000							
土地	1,600,000							
支払手形		550,000						
買掛金		420,000						
前受金		100,000						
貸倒引当金		12,000						
備品減価償却累計額		300,000						
資本金		3,000,000						
繰越利益剰余金		578,000						
売上		9,020,000						
受取地代		168,000						
仕入	6,320,000							
給料	1,254,000							
旅費交通費	500,000							
支払家賃	286,000							
保険料	90,000							
租税公課	20,000							
	14,148,000	14,148,000						
貸倒引当金繰入								
減価償却費								
(　　　)保険料								
受取利息								
(　　　)利息								
(　　　)地代								
(　　　)家賃								
当期純(　　　)								

2. 次の(1)決算整理前残高試算表および(2)未処理事項・決算整理事項にもとづき，右ページの貸借対照表および損益計算書を完成しなさい。なお，会計期間はX7年4月1日からX8年3月31日までの1年間である。

(1) 決算整理前残高試算表

残高試算表

借方	勘定科目	貸方
136,000	現金	
790,000	当座預金	
292,000	売掛金	
200,000	繰越商品	
8,000	仮払金	
600,000	貸付金	
600,000	備品	
	買掛金	240,000
	貸倒引当金	2,400
	備品減価償却累計額	180,000
	資本金	1,700,000
	繰越利益剰余金	269,200
	売上	2,994,000
	受取利息	400
2,240,000	仕入	
248,000	給料	
40,000	旅費交通費	
208,000	支払家賃	
24,000	租税公課	
5,386,000		5,386,000

(2) 未処理事項・決算整理事項

1. 仮払金の残高は，収入印紙の購入にあてたものであることが判明した。なお，この収入印紙は当期末までにすべて使用済みである。
2. 売掛金のうち¥52,000は，すでに当店の当座預金口座へ振り込まれていたことが判明した。
3. 期末商品の棚卸高は¥140,000であった。
4. 備品については定額法（耐用年数10年，残存価額ゼロ）により減価償却を行う。
5. 期末の売掛金残高に対して2％の貸倒れを見積もり，差額補充法により貸倒引当金を設定する。
6. 貸付金は，当期の2月1日に期間1年，利率年6％（利息は元本返済時に一括して受け取り）の条件で貸し付けたものである。なお，利息の計算は月割りによること。
7. 支払家賃のうち¥16,000は次期の4月分のものである。
8. 給料の決算日までの未払額が¥24,000ある。

貸借対照表

X8年3月31日　(単位：円)

現金		(　　)	買掛金	240,000
当座預金		(　　)	(　　)費用	(　　)
売掛金	(　　)		資本金	(　　)
貸倒引当金	(　　)	(　　)	繰越利益剰余金	(　　)
商品		(　　)		
未収収益		(　　)		
(　　)費用		(　　)		
貸付金		600,000		
備品	(　　)			
減価償却累計額	(　　)	(　　)		
		(　　)		(　　)

損益計算書

X7年4月1日からX8年3月31日まで　(単位：円)

売上原価	(　　)	売上高	2,994,000
給料	(　　)	受取利息	(　　)
旅費交通費	(　　)		
支払家賃	(　　)		
租税公課	(　　)		
(　　)繰入	(　　)		
(　　)	(　　)		
当期純利益	(　　)		
	(　　)		(　　)

3. 次の［資料1］と［資料2］にもとづいて，右ページの貸借対照表と損益計算書を作成しなさい。なお，会計期間はX2年4月1日からX3年3月31日までの1年間である。

［資料1］ 決算整理前残高試算表

借方	勘定科目	貸方
550,000	現金	
	当座預金	452,000
1,142,000	普通預金	
940,000	売掛金	
92,000	仮払法人税等	
282,000	繰越商品	
1,800,000	建物	
800,000	備品	
1,880,000	土地	
	買掛金	640,000
	社会保険料預り金	26,000
	貸倒引当金	10,000
	建物減価償却累計額	360,000
	備品減価償却累計額	480,000
	資本金	3,600,000
	繰越利益剰余金	946,000
	売上	6,640,000
	受取手数料	160,000
3,800,000	仕入	
960,000	給料	
584,000	広告宣伝費	
36,000	保険料	
168,000	水道光熱費	
280,000	法定福利費	
13,314,000		13,314,000

［資料2］ 決算整理事項等

1. 現金の実際有高は¥526,000であった。帳簿残高との差額のうち¥20,000については広告宣伝費の記入忘れであることが判明したが，残額については原因不明なので，雑損または雑益として計上する。
2. 当座預金勘定の貸方残高全額を当座借越分として借入金勘定に振り替える。なお，取引銀行とは借越限度額を¥1,000,000とする当座借越契約を結んでいる。
3. 売掛金¥140,000が普通預金口座に振り込まれていたが，この取引が未記帳であることが判明した。
4. 売掛金の期末残高に対して2％の貸倒引当金を差額を補充する方法により設定する。
5. 期末商品棚卸高は¥210,000である。
6. 有形固定資産について，次の要領で定額法により減価償却を行う。
   建物：残存価額ゼロ，耐用年数30年
   備品：残存価額ゼロ，耐用年数5年
7. 保険料の¥36,000は当期の11月1日に向こう1年分として支払ったものであるため，前払分を月割で計上する。
8. 手数料の未収分が¥24,000ある。
9. 法定福利費の未払分¥26,000を計上する。
10. 法人税，住民税及び事業税が¥228,000と計算されたので，仮払法人税等との差額を未払法人税等として計上する。

貸　借　対　照　表

X3年3月31日　(単位：円)

現　　金		(　　)	買　掛　金	(　　)
普通預金		(　　)	社会保険料預り金	26,000
売　掛　金	(　　)		借　入　金	(　　)
(　　)	△(　　)	(　　)	未払費用	(　　)
商　　品		(　　)	未払法人税等	(　　)
前払費用		(　　)	資　本　金	3,600,000
(　)収益		(　　)	繰越利益剰余金	(　　)
建　　物	(　　)			
減価償却累計額	△(　　)	(　　)		
備　　品	(　　)			
減価償却累計額	△(　　)	(　　)		
土　　地		1,880,000		
		(　　)		(　　)

損　益　計　算　書

X2年4月1日からX3年3月31日まで　(単位：円)

売上原価	(　　)	売　上　高	6,640,000
給　　料	960,000	受取手数料	(　　)
広告宣伝費	(　　)		
保　険　料	(　　)		
水道光熱費	(　　)		
法定福利費	(　　)		
貸倒引当金繰入	(　　)		
減価償却費	(　　)		
(　　)	(　　)		
法人税，住民税及び事業税	(　　)		
当期純(　)	(　　)		
	(　　)		(　　)

4. 当社（会計期間はX5年4月1日からX6年3月31日までの1年間）の(1)決算整理前残高試算表および(2)決算整理事項等にもとづいて，下記の問に答えなさい。なお，消費税の仮受け・仮払いは，売上時・仕入時のみ行うものとし，(2)決算整理事項等の 6．以外は消費税を考慮しない。

(1) 決算整理前残高試算表

借　方	勘定科目	貸　方
1,088,000	現金	
2,307,000	普通預金	
3,200,000	売掛金	
200,000	仮払金	
1,237,000	仮払消費税	
325,000	仮払法人税等	
900,000	繰越商品	
2,250,000	備品	
1,500,000	貸付金	
	買掛金	2,310,000
	仮受金	18,000
	仮受消費税	2,064,000
	貸倒引当金	26,000
	借入金	500,000
	備品減価償却累計額	675,000
	資本金	5,000,000
	繰越利益剰余金	1,054,000
	売上	20,640,000
	受取利息	45,000
12,370,000	仕入	
68,000	発送費	
1,200,000	支払家賃	
175,000	租税公課	
5,512,000	その他の費用	
32,332,000		32,332,000

(2) 決算整理事項等

1．仮受金はかつて倒産した得意先に対する売掛金にかかる入金であることが判明した。なお，この売掛金は前期に貸倒処理済みである。

2．当社では商品の発送費（当社負担）について，1か月分をまとめて翌月に支払う契約を配送業者と結んでいる。X6年3月分の発送費は¥8,000であったため，期末に費用計上する。

3．売掛金の期末残高に対して1％の貸倒引当金を差額を補充する方法により設定する。

4．期末商品棚卸高は¥890,000である。

5．備品について，残存価額をゼロ，耐用年数を10年とする定額法により減価償却を行う。

6．消費税の処理（税抜方式）を行う。

7．貸付金はX5年12月1日に期間1年，利率年3％の条件で貸し付けたものであり，利息は貸付時に全額受け取っている。よって，利息について月割により適切に処理する。

8．仮払金はX6年4月分と5月分の2か月分の家賃がX6年3月25日に普通預金口座から引き落とされたものであることが判明した。よって，家賃の前払分として処理する。

9．法人税，住民税及び事業税が¥420,000と計算されたので，仮払法人税等との差額を未払法人税等として計上する。

問1　右ページの決算整理後残高試算表を完成しなさい。

問2　当期純利益または当期純損失の金額を答えなさい。なお，（　　）内に利益か損失かを示すこと。

問1

決算整理後残高試算表

X6年3月31日

借方	勘定科目	貸方
1,088,000	現金	
	普通預金	
	売掛金	
	繰越商品	
	(　　　)家賃	
2,250,000	備品	
	貸付金	
	買掛金	2,310,000
	(　　　)	
	(　　　)消費税	
	未払法人税等	
	(　　　)利息	
	貸倒引当金	
	借入金	500,000
	備品減価償却累計額	
	資本金	5,000,000
	繰越利益剰余金	
	売上	
	受取利息	
	(　　　)	
	仕入	
	発送費	
	支払家賃	
	租税公課	
	貸倒引当金繰入	
	減価償却費	
5,512,000	その他の費用	
	法人税，住民税及び事業税	

問2　当期純(　　　)　¥＿＿＿＿＿＿

5. 次の［資料1］と［資料2］にもとづいて，下記の各問に答えなさい。なお，会計期間はX2年4月1日からX3年3月31日までの1年間である。

［資料1］ 決算整理前残高試算表

借　方	勘定科目	貸　方
250,000	現　　金	
	当座預金	156,000
3,150,000	普通預金	
2,232,000	売　掛　金	
1,160,000	繰越商品	
600,000	仮払法人税等	
8,000,000	建　　物	
3,200,000	備　　品	
12,000,000	土　　地	
	買　掛　金	2,236,000
	貸倒引当金	20,000
	建物減価償却累計額	2,000,000
	備品減価償却累計額	800,000
	資　本　金	12,600,000
	繰越利益剰余金	5,880,000
	売　　上	26,400,000
	受取手数料	560,000
13,600,000	仕　　入	
6,000,000	給　　料	
220,000	旅費交通費	
240,000	保　険　料	
50,652,000		50,652,000

［資料2］ 決算整理事項等

1．現金の手許有高は¥246,000であり，帳簿残高との差額は原因が不明のため適切に処理する。
2．当座預金勘定の貸方残高の全額を当座借越勘定に振り替える。なお，取引銀行とは借越限度額¥1,000,000の当座借越契約を締結している。
3．売掛金¥632,000が普通預金口座に振り込まれていたが，この取引が未記帳であった。
4．売掛金の期末残高に対して2％の貸倒引当金を差額補充法により設定する。
5．期末商品棚卸高は¥1,400,000である。
6．有形固定資産について，それぞれ定額法により減価償却を行う。
　建物：残存価額ゼロ，耐用年数40年
　備品：残存価額ゼロ，耐用年数5年
　なお，備品の金額のうち¥1,200,000はX2年10月1日に取得したものである。この取得分についても同様の条件で減価償却するが，減価償却費は月割で計算する。
7．受取手数料の前受分が¥80,000ある。
8．保険料の金額のうち¥192,000はX2年7月1日に向こう1年分を支払ったものであり，前払分を月割で計上する。
9．法人税，住民税及び事業税が¥1,960,000と計算されたので，仮払法人税等との差額を未払法人税等として計上する。

問1　右ページの決算整理後残高試算表を完成しなさい。
問2　当期純利益または当期純損失の金額を答えなさい。なお，（　　）内に利益か損失かを示すこと。

問１

決算整理後残高試算表

X3年3月31日

借　方	勘定科目	貸　方
	現金	
	普通預金	
	売掛金	
	前払保険料	
	繰越商品	
	建物	
	備品	
12,000,000	土地	
	買掛金	
	当座借越	
	前受手数料	
	未払法人税等	
	貸倒引当金	
	建物減価償却累計額	
	備品減価償却累計額	
	資本金	12,600,000
	繰越利益剰余金	
	売上	26,400,000
	受取手数料	
	仕入	
6,000,000	給料	
220,000	旅費交通費	
	保険料	
	貸倒引当金繰入	
	減価償却費	
	雑（　　　）	
	法人税，住民税及び事業税	

問２　当期純（　　　）　¥

公益財団法人全国商業高等学校協会主催

簿記実務検定試験規則　（平成27年２月改正）

第1条　公益財団法人全国商業高等学校協会は，簿記実務の能力を検定する。
第2条　検定は筆記試験によって行う。
第3条　検定は第1級，第2級および第3級の3種とする。
第4条　検定試験は全国一斉に同一問題で実施する。
第5条　検定試験は年2回実施する。
第6条　検定の各級は次のように定める。
　第1級　会計（商業簿記を含む）・原価計算
　第2級　商業簿記
　第3級　商業簿記
第7条　検定に合格するためには各級とも70点以上の成績を得なければならない。ただし，第1級にあっては，各科目とも70点以上であることを要する。
第8条　検定に合格した者には合格証書を授与する。
　第1級にあっては，会計・原価計算のうち1科目が70点以上の成績を得たときは，その科目の合格証書を授与する。
　前項の科目合格証書を有する者が，取得してから4回以内の検定において，第1級に不足の科目について70点以上の成績を得たときは，第1級合格と認め，合格証書を授与する。
第9条　省　略
第10条　検定試験受験志願者は所定の受験願書に受験料を添えて本協会に提出しなければならない。
第11条　試験委員は高等学校その他の関係職員がこれに当たる。

施　行　細　則　（平成27年２月改正）

第1条　受験票は本協会で交付する。受験票は試験当日持参しなければならない。
第2条　試験規則第5条による試験日は，毎年1月・6月の第4日曜日とする。
第3条　検定の第1級の各科目および第2・3級の配点は各100点満点とし，制限時間は各1時間30分とする。
　第1級にあっては，会計・原価計算のうち，いずれか一方の科目を受験することができる。
第4条　試験問題の範囲および答案の記入については別に定めるところによる。
第5条　受験料は次のように定める。（消費税を含む）
　第1級　1科目につき　1,300円
　第2級　1,300円
　第3級　1,300円
第6条　試験会場では試験委員の指示に従わなければならない。
第7条　合格発表は試験施行後1か月以内に行う。その日時は試験当日までに発表する。

答案の記入について　（昭和26年６月制定）

1. 答案はインクまたは鉛筆を用いて記載すること。けしゴムを用いてさしつかえない。
2. 朱記すべきところは赤インクまたは赤鉛筆を用いること。ただし線は黒でもよい。

出題の範囲について　（令和５年３月改正）

この検定試験は，文部科学省高等学校学習指導要領に定める内容によっておこなう。

Ⅰ　各級の出題範囲

各級の出題範囲は次のとおりである。ただし，2級の範囲は3級の範囲を含み，1級の範囲は2・3級の範囲を含む。

内　　容	３　級	２　級	１　級　（会計）
(1)簿記の原理	ア．簿記の概要 資産・負債・純資産・収益・費用 貸借対照表・損益計算書		
	イ．簿記の一巡の手続 取引・仕訳・勘定 仕訳帳・総勘定元帳 試算表		
	ウ．会計帳簿 主要簿と補助簿 現金出納帳・小口現金出納帳・当座預金出納帳・仕入帳・売上帳・商品有高帳(先入先出法・移動平均法)・売掛金元帳・買掛金元帳	受取手形記入帳 支払手形記入帳	(総平均法)
(2)取引の記帳	ア．現金預金	現金過不足の処理 当座借越契約	銀行勘定調整表の作成
	イ．商品売買		予約販売 サービス業会計 工事契約 契約資産・契約負債
	ウ．掛け取引		
		エ．手形 手形の受取・振出・決済・裏書・割引・書換・不渡 手形による貸付及び借入 営業外取引による手形処理	
		オ．有価証券 売買を目的とした有価証券	満期保有目的の債券・他企業支配目的株式・その他有価証券・有価証券における利息

内　　　容	3　級	2　級	1　級　(会計)
	カ．その他の債権・債務	クレジット取引 電子記録債権・債務	
	キ．固定資産 取得	売却	除却・建設仮勘定・無形固定資産 リース会計（借り手の処理）
	ク．販売費と一般管理費 ケ．個人企業の純資産	追加元入れ・引き出し	
		コ．税金 所得税・住民税・固定資産税・事業税・印紙税・消費税・法人税	課税所得の計算 税効果会計に関する会計処理
		サ．株式会社会計 設立・新株の発行・当期純損益の計上・剰余金の配当と処分	合併・資本金の増加・資本金の減少・任意積立金の取り崩し・自己株式の取得・処分・消却 新株予約権の発行と権利行使 シ．外貨建換算会計
(3)決　　算	ア．決算整理 商品に関する勘定の整理		商品評価損・棚卸減耗損
	貸倒れの見積もり		
	固定資産の減価償却（定額法） （直接法）	（定率法） （間接法）	（生産高比例法）
		有価証券の評価 収益・費用の繰り延べと見越し 消耗品の処理	税効果会計を含む処理 退職給付引当金 リース取引における利息の計算 外貨建金銭債権の評価
	イ．精算表 ウ．財務諸表 損益計算書（勘定式） 貸借対照表（勘定式）		（報告式） （報告式） 株主資本等変動計算書
(4)本支店会計		ア．本店・支店間取引 支店相互間の取引 イ．財務諸表の合併	
(5)記帳の効率化	ア．伝票の利用 入金伝票・出金伝票・振替伝票の起票 イ．会計ソフトウェアの活用	伝票の集計と転記	
(6)財務会計の概要			ア．企業会計と財務会計の目的 イ．会計法規と会計基準 ウ．財務諸表の種類
(7)資産，負債，純資産			ア．資産，負債の分類，評価基準 イ．資産，負債の評価法
(8)収益，費用			ア．損益計算の基準 イ．営業損益 ウ．営業外損益 エ．特別損益
(9)財務諸表分析の基礎			ア．財務諸表の意義・方法 イ．収益性，成長性，安全性の分析 ウ．連結財務諸表の目的，種類，有用性

内　　　容	1　　級（原価計算）
(1)原価と原価計算	ア．原価の概念と原価計算 イ．製造業における簿記の特色と仕組み
(2)費目別計算	ア．材料費の計算と記帳 イ．労務費の計算と記帳 ウ．経費の計算と記帳
(3)部門別計算と製品別計算	ア．個別原価計算と製造間接費の計算 （製造間接費差異の原因別分析（公式法変動予算）を含む） イ．部門別個別原価計算 （補助部門費の配賦は，直接配賦法・相互配賦法による） ウ．総合原価計算 （月末仕掛品原価の計算は，平均法・先入先出法による） （仕損と減損の処理を含む）
(4)内部会計	ア．製品の完成と販売 イ．工場会計の独立 ウ．製造業の決算
(5)標準原価計算	ア．標準原価計算の目的と手続き （シングルプラン及びパーシャルプランによる記帳を含む） イ．原価差異の原因別分析 ウ．損益計算書の作成
(6)直接原価計算	ア．直接原価計算の目的 イ．損益計算書の作成 ウ．短期利益計画

Ⅱ　各級の勘定科目（第97回より適用）

勘定科目のおもなものを級別に示すと，次のとおりである。

ただし，同一の内容を表せば，教科書に用いられている別の名称の科目を用いてもさしつかえない。

3　級

──ア 行──
- 受取地代 勘定
- 受取手数料 〃
- 受取家賃 〃
- 受取利息 〃
- 売上 〃
- 売掛金 〃

──カ 行──
- 買掛金 勘定
- 貸倒損失 〃
- 貸倒引当金 〃
- 貸倒引当金繰入 〃
- 貸付金 〃
- 借入金 〃
- 仮受金 〃
- 仮払金 勘定
- 給料 〃
- 繰越商品 〃
- 減価償却費 〃
- 現金 〃
- 広告料 〃
- 交通費 〃
- 小口現金 〃

──サ 行──
- 雑費 勘定
- 仕入 〃
- 支払地代 〃
- 支払手数料 〃
- 支払家賃 〃
- 支払利息 〃
- 資本金 勘定
- 車両運搬具 〃
- 従業員預り金 〃
- 従業員立替金 〃
- 商品 〃
- 商品売買益 〃
- 商品売買損 〃
- 消耗品費 〃
- 所得税預り金 〃
- 水道光熱費 〃
- 損益 〃

──タ 行──
- 建物 勘定
- 通信費 〃
- 定期預金 〃
- 当座預金 勘定
- 土地 〃

──ハ 行──
- 発送費 勘定
- 備品 〃
- 普通預金 〃
- 保険料 〃

──マ 行──
- 前受金 勘定
- 前払金 〃
- 未収入金 〃
- 未払金 〃

──ラ 行──
- 旅費 勘定

2　級

──ア 行──
- 印紙税 勘定
- 受取商品券 〃
- 受取手形 〃
- 営業外受取手形 〃
- 営業外支払手形 〃

──カ 行──
- 開業費 勘定
- 株式交付費 〃
- 仮受消費税 〃
- 仮払法人税等 〃
- 仮払消費税 〃
- 繰越利益剰余金 〃
- クレジット売掛金 〃
- 現金過不足 〃
- 固定資産税 〃
- 固定資産売却益 〃
- 固定資産売却損 〃

──サ 行──
- 雑益 勘定
- 雑損 〃
- 事業税 〃
- 支店 〃
- 支払手形 〃
- 資本準備金 〃
- 社会保険料預り金 〃
- 車両運搬具減価償却累計額 〃
- 修繕費 〃
- 消耗品 〃
- 新築積立金 〃
- 創立費 〃
- 租税公課 〃

──タ 行──
- 建物減価償却累計額 勘定
- 貯蔵品 〃
- 手形貸付金 〃
- 手形借入金 勘定
- 手形売却損 〃
- 電子記録債権 〃
- 電子記録債務 〃
- 電子記録債権売却損 〃
- 当座借越 〃

──ハ 行──
- 配当平均積立金 勘定
- 引出金 〃
- 備品減価償却累計額 〃
- 不渡手形 〃
- 別途積立金 〃
- 法人税等 〃
- 法定福利費 〃
- 本店 〃

──マ 行──
- 未払消費税 勘定
- 未払税金 〃
- 未払配当金 勘定
- 未払法人税等 〃

──ヤ 行──
- 有価証券 勘定
- 有価証券売却益 〃
- 有価証券売却損 〃
- 有価証券評価益 〃
- 有価証券評価損 〃

──ラ 行──
- 利益準備金 勘定

ほかに
- 前払費用に関する勘定
- 前受収益に関する 〃
- 未払費用に関する 〃
- 未収収益に関する 〃

1　級　（会　計）

──ア 行──
- 受取配当金 勘定
- 役務原価 〃
- 役務収益 〃

──カ 行──
- 開発費 勘定
- 火災損失 〃
- 為替差損益 〃
- 関連会社株式 〃
- 関連会社株式評価損 〃
- 機械装置 〃
- 機械装置減価償却累計額 〃
- 繰延税金資産 〃
- 繰延税金負債 〃
- 契約資産 〃
- 契約負債 〃
- 研究開発費 〃
- 建設仮勘定 〃
- 鉱業権 勘定
- 鉱業権償却 〃
- 工事収益 〃
- 工事原価 〃
- 構築物 〃
- 構築物減価償却累計額 〃
- 子会社株式 〃
- 子会社株式評価損 〃
- 固定資産除却損 〃

──サ 行──
- 災害損失 勘定
- 仕入割引 〃
- 仕掛品 〃
- 自己株式 〃
- 支払リース料 〃
- 商品評価損 〃
- 新株予約権 〃
- 新株予約権戻入益 〃
- その他資本剰余金 勘定
- その他有価証券 〃
- その他有価証券評価差額金 〃
- ソフトウェア 〃
- ソフトウェア仮勘定 〃
- ソフトウェア償却 〃

──タ 行──
- 退職給付引当金 勘定
- 退職給付費用 〃
- 棚卸減耗損 〃
- 投資有価証券売却益 〃
- 投資有価証券売却損 〃
- 特許権 〃
- 特許権償却 〃

──ナ 行──
- のれん 勘定
- のれん償却 〃

──ハ 行──
- 売買目的有価証券 勘定
- 法人税等調整額 〃
- 保険差益 〃
- 保証債務 〃
- 保証債務取崩益 〃
- 保証債務費用 〃
- 保証債務見返 〃

──マ 行──
- 満期保有目的債券 勘定
- 未決算 〃

──ヤ 行──
- 有価証券利息 勘定

──ラ 行──
- リース資産 勘定
- リース資産減価償却累計額 〃
- リース債務 〃

1　級　（原価計算）

──ア 行──
- 売上原価 勘定

──カ 行──
- 買入部品 勘定
- 外注加工賃 〃
- ガス代 〃
- 機械装置 〃
- 機械装置減価償却累計額 〃
- 組間接費 〃
- 月次損益 〃
- 健康保険料 〃
- 健康保険料預り金 〃
- 工具器具備品 〃
- 工具器具備品減価償却累計額 〃
- 工場 〃
- 工場消耗品 〃
- 厚生費 〃

──サ 行──
- 材料消費価格差異 勘定
- 材料消費数量差異 〃
- 作業くず 〃
- 作業時間差異 〃
- 雑給 〃
- 仕掛品に関する勘定
  - 仕掛品 勘定
  - ×組仕掛品 〃
  - ××工程仕掛品 〃
- 仕損費 〃
- 仕損品 〃
- 修繕料 〃
- 従業員賞与手当 〃
- 消費材料 〃
- 消費賃金 〃
- 消耗工具器具備品 〃
- 水道料 〃
- 製造間接費 勘定
- 製造間接費配賦差異 〃
- 製造部門費に関する勘定
  - ××製造部門費 勘定
- 製造部門費配賦差異 〃
- 製品に関する勘定
  - 製品 勘定
  - ×級製品 〃
  - ×組製品 〃
- 操業度差異 〃
- 素材 〃

──タ 行──
- 退職給付費用 勘定
- 棚卸減耗損 〃
- 賃金 〃
- 賃借料 〃
- 賃率差異 〃
- 電力料 〃
- 特許権使用料 勘定

──ナ 行──
- 年次損益 勘定
- 燃料 〃
- 能率差異 〃

──ハ 行──
- 半製品に関する勘定
  - ××工程半製品 勘定
- 販売費及び一般管理費 〃
- 副産物 〃
- 部門共通費 〃
- 補助部門に関する勘定
  - ××部門費 勘定
- 本社 〃

──ヤ 行──
- 予算差異 勘定

英語表記一覧表

英数	
T字形	T form
あ	
移動平均法	moving average method
受取手形勘定	notes receivable account
売上勘定	sales account
売上原価	cost of goods sold
売上帳	sales book
売掛金勘定	accounts receivable account
売掛金元帳	accounts receivable ledger
か	
買掛金勘定	accounts payable account
買掛金元帳	accounts payable ledger
貸方	credit, creditor ; Cr.
借方	debit, debtor ; Dr.
為替手形	bill of exchange
勘定	account ; a/c
勘定科目	title of account
繰越商品勘定	merchandise inventory account
決算	closing books
現金	cash
現金過不足	cash over and short
現金出納帳	cash book
合計転記	summary posting
小口現金	petty cash
小口現金出納帳	petty cash book
固定資産	fixed assets
個別転記	unit posting
さ	
財務諸表	financial statements ; F/S
先入先出法（買入順法）	first-in first-out method ; FIFO
仕入勘定	purchases account
仕入帳	purchases book
資産	assets
試算表	trial balance ; T/B
支払手形勘定	notes payable account
資本	capital
収益	revenues
出金伝票	payment slip
主要簿	main book
純資産	net assets
証ひょう	voucher
商品有高帳	stock ledger
仕訳	journalizing
仕訳帳	journal
精算表	work sheet ; W/S
総勘定元帳（元帳）	general ledger
損益計算書	profit and loss statement ; P/L income statement ; I/S

た	
貸借対照表	balance sheet ; B/S
貸借平均の原理	principle of equilibrium
帳簿組織	systems of books
定額資金前渡法 （インプレスト・システム）	imprest system
摘要欄	account and explanation
転記	posting
伝票	slip
当座借越	bank overdraft
当座預金	checking account
当座預金出納帳	bank book
取引	transactions
な	
内部けん制制度 （内部統制システム）	internal check system
入金伝票	receipt slip
は	
費用	expenses
負債	liabilities
振替伝票	transfer slip
簿記	bookkeeping
補助記入帳	subsidiary register
補助簿	subsidiary book
補助元帳	subsidiary ledger
や	
約束手形	promissory note
有価証券	securities

表紙・本文基本デザイン
エッジ・デザインオフィス

最新段階式　簿記検定問題集　全商3級

●編　者——実教出版編修部

●発行者——小田　良次

●印刷所——株式会社 広済堂ネクスト

●発行所——実教出版株式会社
〒102-8377
東京都千代田区五番町5
電 話〈営業〉(03)3238-7777
〈編修〉(03)3238-7332
〈総務〉(03)3238-7700
https://www.jikkyo.co.jp/

002402022　　ISBN　978-4-407-35493-5

最新段階式

簿記検定問題集

全商3級

解答編

実教出版

◎簿記の基礎

1 資産・負債・純資産と貸借対照表（p.4）

▶1-1

資　産	現　金　売掛金　貸付金　商　品　備　品　建　物　土　地
負　債	買掛金　借入金
資　本	資本金

▶1-2

(1)	売掛金	(2)	買掛金	(3)	現金
(4)	貸付金	(5)	借入金	(6)	商品
(7)	土地	(8)	備品	(9)	建物

▶1-3

貸借対照表

青森商店　令和○年（1）月（1）日　（単位：円）

資　産	金　額	負債および純資産	金　額
現　金	（90,000）	（借入金）	（200,000）
（商　品）	（430,000）	（資本金）	（600,000）
（備　品）	（280,000）		
	（800,000）		（800,000）

▶1-4

貸借対照表

（青　森）商店　令和○年（12）月（31）日　（単位：円）

資　産	金　額	負債および純資産	金　額
現　金	150,000	買掛金	870,000
売掛金	960,000	借入金	200,000
商　品	540,000	資本金	600,000 ❶
備　品	250,000	当期純利益	230,000 ❷
	1,900,000		1,900,000

解説 ❶期末の貸借対照表では，期末資本を期首資本と当期純利益に分けて表示する。よって，資本金の金額は前問1-3の資本金の金額を記入する。

❷当期純利益は，資産の合計￥1,900,000から買掛金￥870,000と借入金￥200,000と資本金￥600,000を差し引いて求める。

▶1-5

貸借対照表

（秋　田）商店　令和○年（12）月（31）日　（単位：円）

資　産	金　額	負債および純資産	金　額
現　金	90,000	買掛金	220,000
売掛金	260,000	借入金	200,000
商　品	470,000	資本金	550,000 ❶
備　品	200,000	当期純利益	50,000
	1,020,000		1,020,000

解説 ❶期首の資本金の金額を記入する。

▶1-6

(1)

①期首資本❶	②期末資産❷	③期末資本❸	④当期純損益❹
￥1,000,000	￥1,900,000	￥1,260,000	(純利益)・純損失 ￥260,000

(2)

貸借対照表

（岩　手）商店　令和○年（12）月（31）日　（単位：円）

資　産	金　額	負債および純資産	金　額
現　金	250,000	買掛金	340,000
売掛金	510,000	借入金	300,000
商　品	740,000	資本金	1,000,000 ❺
備　品	400,000	当期純利益	260,000 ❺
	1,900,000		1,900,000

解説 ❶1/1に出資した現金￥700,000と商品￥300,000の合計額が期首資本となる。

❷12/31の現金，売掛金，商品，備品のそれぞれの金額を合計したものが期末資産となる。

❸￥1,900,000－￥640,000＝￥1,260,000

❹￥1,260,000－￥1,000,000＝￥260,000（期末資本－期首資本＝当期純利益）

❺12/31（期末）に作成する貸借対照表に期末資本を記載する場合には，期首の「資本金」と「当期純利益」に分けて表示する（期首資本＋当期純利益＝期末資本）。

▶1-7

貸借対照表

（宮　城）商店　令和○年（1）月（1）日　（単位：円）

資　産	金　額	負債および純資産	金　額
現　金	800,000	買掛金	500,000
売掛金	300,000	資本金	2,000,000
商　品	1,200,000		
貸付金	200,000		
	2,500,000		2,500,000

貸借対照表

（宮　城）商店　令和○年（12）月（31）日　（単位：円）

資　産	金　額	負債および純資産	金　額
現　金	500,000	買掛金	900,000
売掛金	600,000	借入金	6,800,000
商　品	1,100,000	資本金	2,000,000
建　物	3,000,000	当期純利益	300,000
備　品	800,000		
土　地	4,000,000		
	10,000,000		10,000,000

▶1-8

	期首資産	期首負債	期首資本	期末資産
(1)	750,000	300,000	450,000❶	960,000
(2)	940,000❺	240,000	700,000❹	890,000
(3)	960,000	250,000❼	710,000	1,120,000❽
	期末負債	期末資本	当期純利益	当期純損失
(1)	310,000	650,000❷	200,000❸	
(2)	350,000❻	540,000		160,000
(3)	220,000	900,000	190,000❾	

解説 期首資産－期首負債＝期首資本

期末資産－期末負債＝期末資本

期末資本－期首資本＝当期純利益（マイナスは純損失）

❶￥750,000－￥300,000＝￥450,000

❷￥960,000－￥310,000＝￥650,000

❸￥650,000－￥450,000＝￥200,000

❹￥540,000＋￥160,000＝￥700,000

❺￥240,000＋￥700,000＝￥940,000

❻￥890,000－￥540,000＝￥350,000

❼￥960,000－￥710,000＝￥250,000

❽￥220,000＋￥900,000＝￥1,120,000

❾￥900,000－￥710,000＝￥190,000

❷ 収益・費用と損益計算書 (p.8)

▶2-1

収　益	商品売買益　受取手数料　受取利息
費　用	給　料　広告料　支払家賃　通信費 交通費　雑　費　支払利息

▶2-2

(1)	商品売買益	(2)	給　　料	(3)	広　告　料
(4)	受取手数料	(5)	支払家賃	(6)	支払地代
(7)	通　信　費	(8)	受取家賃	(9)	消耗品費
(10)	保　険　料	(11)	修　繕　費	(12)	水道光熱費
(13)	交　通　費	(14)	受取利息	(15)	雑　　費
(16)	支払利息				

▶2-3

損　益　計　算　書

(山　形)商店　令和○年(1)月(1)日から令和○年(12)月(31)日まで　(単位：円)

費　用	金　額	収　益	金　額
給　　料	(380,000)	(商品売買益)	940,000
(広　告　料)	170,000	受取手数料	(30,000)
支払家賃	(240,000)		
(支払利息)	20,000		
(当期純利益)	(❶ 160,000)		
	(970,000)		(970,000)

解説 ❶収益総額¥970,000－費用総額¥810,000
＝当期純利益¥160,000

▶2-4

(1)

①	収益総額　¥955,000❶	②	費用総額　¥893,000❷
③	当期純損益の額　(純利益)/純損失　¥ 62,000❸		

(2)

損　益　計　算　書

(宮　城)商店　令和○年(1)月(1)日から令和○年(12)月(31)日まで　(単位：円)

費　用	金　額	収　益	金　額
給　　料	487,000	商品売買益	794,000
広　告　料	139,000	受取手数料	126,000
支払家賃	168,000	受取利息	35,000
雑　　費	74,000		
支払利息	25,000		
当期純利益	62,000		
	955,000		955,000

解説 ❶¥794,000＋¥126,000＋¥35,000＝¥955,000
❷¥487,000＋¥139,000＋¥168,000＋¥74,000
＋¥25,000＝¥893,000
❸¥955,000－¥893,000＝¥62,000

▶2-5

(1)

①	期末資本¥ 1,200,000❶	②	当期純(利益) ¥200,000❷
③	期首資本¥ 1,000,000❸		

(2)

貸　借　対　照　表

(福　島)商店　(令和○年12月31日)　(単位：円)

資　産	金　額	負債および純資産	金　額
現　　金	374,000	買　掛　金	519,000
売　掛　金	682,000	借　入　金	200,000
商　　品	563,000	資　本　金	1,000,000 ❹
備　　品	300,000	当期純利益	❺ 200,000 ❹
	1,919,000		1,919,000

損　益　計　算　書

(福　島)商店　(令和○年1月1日から令和○年12月31日まで)　(単位：円)

費　用	金　額	収　益	金　額
給　　料	750,000	商品売買益	1,170,000
広　告　料	158,000	受取手数料	134,000
支払家賃	180,000		
支払利息	16,000		
❺当期純利益	200,000		
	1,304,000		1,304,000

解説 ❶(現金＋売掛金＋商品＋備品)－(買掛金＋借入金)
＝期末資本
❷(商品売買益＋受取手数料)－(給料＋広告料＋支払家賃＋支払利息)＝当期純利益
❸期首資本＝期末資本－当期純利益
❹期末貸借対照表に記入する期末資本は，期首の「資本金」と「当期純利益」に分けて表示する。
❺貸借対照表と損益計算書の当期純利益は同一金額となる。

▶2-6

	期首資本	期末 資　産	期末 負　債	期末 資　本
(1)	630,000❶	930,000❷	390,000	540,000
(2)	720,000	1,580,000	600,000❺	980,000❹
(3)	700,000	1,195,000❼	350,000	845,000
	収益総額	費用総額	当期純利益	当期純損失
(1)	680,000	770,000❸		90,000
(2)	910,000❻	650,000	260,000	
(3)	875,000	730,000❾	145,000❽	

解説 ❶¥540,000＋¥90,000＝¥630,000
❷¥390,000＋¥540,000＝¥930,000
❸¥680,000＋¥90,000＝¥770,000
❹¥720,000＋¥260,000＝¥980,000
❺¥1,580,000－¥980,000＝¥600,000
❻¥650,000＋¥260,000＝¥910,000
❼¥350,000＋¥845,000＝¥1,195,000
❽¥845,000－¥700,000＝¥145,000
❾¥875,000－¥145,000＝¥730,000

▶2-7

(1)

a	¥ 6,932,000❶	b	¥ 2,080,000❷

解説 ❶収益総額－費用総額＝当期純利益の計算式により
収益総額＝¥6,692,000＋¥240,000＝¥6,932,000
❷資産＝負債＋資本の計算式により
期首資本＝¥5,120,000－¥1,940,000
＝¥3,180,000
また，期末資本－期首資本＝当期純利益の計算式により
期末資本＝¥3,180,000＋¥240,000＝¥3,420,000
期末負債＝¥5,500,000－¥3,420,000
＝¥2,080,000

(2)

ア	¥ 1,137,000❶	イ	¥ 3,690,000❷

解説 ❶収益総額－費用総額＝当期純利益の計算式により
費用総額＝¥1,175,000－¥38,000＝¥1,137,000
❷資産＝負債＋資本の計算式により
期首資本＝¥3,180,000－¥2,246,000＝¥934,000
また，期末資本－期首資本＝当期純利益の計算式

により
期末資本＝¥934,000＋¥210,000＝¥1,144,000
期末資産＝¥2,546,000＋¥1,144,000
　　　　＝¥3,690,000

(3)

a	¥ 6,956,000❶	b	¥ 3,169,000❷

解説 ❶当期純損失が生じているので収益総額＜費用総額である。
よって，費用総額＝¥6,419,000＋¥537,000
　　　　　　　＝¥6,956,000
❷資産＝負債＋資本の計算式により
期首資本＝¥3,460,000－¥1,182,000
　　　　＝¥2,278,000
当期純損失が生じているので期首資本＞期末資本である。
よって期首資本－期末資本＝当期純損失となり
期末資本＝¥2,278,000－¥537,000＝¥1,741,000
期末資産＝¥1,428,000＋¥1,741,000
　　　　＝¥3,169,000

(4)

ア	¥ 680,000❶	イ	¥ 3,140,000❷

解説 ❶収益総額－費用総額＝当期純利益の計算式により
当期純利益＝¥4,270,000－¥3,590,000
　　　　　＝¥680,000
❷資産＝負債＋資本の計算式により
期首資本＝¥4,380,000－¥2,750,000
　　　　＝¥1,630,000
また，期末資本－期首資本＝当期純利益の計算式により
期末資本＝¥1,630,000＋¥420,000＝¥2,050,000
期末負債＝¥5,190,000－¥2,050,000
　　　　＝¥3,140,000

3 取引と勘定 (p.12)

▶3-1

ア	取　　引	イ	資　　本

▶3-2

(1)	(2)	(3)	(4)	(5)	(6)	(7)	(8)	(9)
E	A	E	A	R	L	E	A	E
(10)	(11)	(12)	(13)	(14)	(15)	(16)	(17)	(18)
A	R	L	C	E	A	E	A	E

▶3-3

(1)	商　品(資産)の(増加)	買 掛 金(負債)の(増加)	
(2)	現　金(資産)の(増加)	受取手数料(収益)の(発生)	
(3)	備　品(資産)の(増加)	現　金(資産)の(減少)	
(4)	広 告 料(費用)の(発生)	現　金(資産)の(減少)	
(5)	買 掛 金(負債)の(減少)	現　金(資産)の(減少)	❶
(6)	現　金(資産)の(増加)	商　品(資産)の(減少) 商品売買益(収益)の(発生)	❷
(7)	現　金(資産)の(増加)	借 入 金(負債)の(増加)	
(8)	売 掛 金(資産)の(増加)	商　品(資産)の(減少) 商品売買益(収益)の(発生)	
(9)	借 入 金(負債)の(減少)	現　金(資産)の(減少)	
(10)	支払利息(費用)の(発生)	現　金(資産)の(減少)	❸

解説 ❶買掛金(仕入金額を支払わなければならない義務)を支払った場合には，負債が減少すると同時に資産も減少する。
❷売価－原価＝収益(商品売買益)の発生となる。
❸借り入れにともなって生じる利息の支払いは，費用(支払利息)の発生となる。

▶3-4

4月3日	商　品(資産)の増加270,000	⟷	買 掛 金(負債)の増加270,000
8日	売 掛 金(資産)の増加180,000	⟷	商　品(資産)の減少140,000 商品売買益(収益)の発生 40,000
10日	備　品(資産)の増加320,000	⟷	現　金(資産)の減少320,000
15日	現　金(資産)の増加 60,000	⟷	受取手数料(収益)の発生 60,000
18日	現　金(資産)の増加372,000 支払利息(費用)の発生 28,000	⟷	借 入 金(負債)の増加400,000
25日	買 掛 金(負債)の減少150,000	⟷	現　金(資産)の減少150,000
30日	支払家賃(費用)の発生 30,000	⟷	現　金(資産)の減少 30,000

▶3-5

現　金

4/ 1	500,000	4/10	320,000
15	60,000	25	150,000
18	372,000	30	30,000

売　掛　金

4/ 8	180,000		

商　品

4/ 3	270,000	4/ 8	140,000

備　品

4/10	320,000		

買　掛　金

4/25	150,000	4/ 3	270,000

借　入　金

		4/18	400,000

資　本　金

		4/ 1	500,000

商 品 売 買 益

		4/ 8	40,000

受 取 手 数 料

		4/15	60,000

支 払 利 息

4/18	28,000		

支 払 家 賃

4/30	30,000		

4 仕訳と転記 (p.15)

▶4-1

借　方		貸　方	
商　品	80,000	買 掛 金	80,000

商　品

4/ 6	*80,000*		

買　掛　金

		4/ 6	*80,000*

借方		貸方	
現金	*30,000*	売掛金	*30,000*

現　金

4/10	*30,000*		

売　掛　金

		4/10	*30,000*

借方		貸方	
広告料	*15,000*	現金	*15,000*

広　告　料

4/12	*15,000*		

現　金

		4/12	*15,000*

借方		貸方	
現金	*75,000*	商品	*50,000*
		商品売買益	*25,000*

現　金

4/15	*75,000*		

商　品

		4/15	*50,000*

商品売買益

		4/15	*25,000*

▶4-2

	借方		貸方	
5/ 1	現金	*600,000*	資本金	*600,000*
2	商品	*300,000*	買掛金	*300,000*
6	現金	*200,000*	借入金	*200,000*
8	備品	*280,000*	現金	*280,000*
11	売掛金	*260,000*	商品	*200,000*
			商品売買益	*60,000*
13	買掛金	*170,000*	現金	*170,000*
17	現金	*50,000*	受取手数料	*50,000*
20	借入金	*100,000*	現金	*107,000*
	支払利息	*7,000*		
25	給料	*130,000*	現金	*130,000*
31	現金	*140,000*	売掛金	*140,000*

▶4-3

現　金

5/ 1	*600,000*	5/ 8	*280,000*
6	*200,000*	13	*170,000*

売　掛　金

5/11	*260,000*		

商　品

5/ 2	*300,000*	5/11	*200,000*

備　品

5/ 8	*280,000*		

買　掛　金

5/13	*170,000*	5/ 2	*300,000*

借　入　金

		5/ 6	*200,000*

資　本　金

		5/ 1	*600,000*

商品売買益

		5/11	*60,000*

▶4-4

	借方		貸方	
5/ 1	現金	*500,000*	資本金	*500,000*
2	備品	*300,000*	現金	*300,000*
6	商品	*400,000*	買掛金	*400,000*
9	広告料	*40,000*	現金	*40,000*
13	売掛金	*390,000*	商品	*300,000*
			商品売買益	*90,000*
15	商品	*300,000*	現金	*100,000*
			買掛金	*200,000*
18	現金	*480,000*	借入金	*500,000*
	支払利息	*20,000*		
22	買掛金	*270,000*	現金	*270,000*
25	給料	*90,000*	現金	*90,000*

現　金

5/ 1	*500,000*	5/ 2	*300,000*
18	*480,000*	9	*40,000*
		15	*100,000*
		22	*270,000*
		25	*90,000*

売　掛　金

5/13	*390,000*		

商　品

5/ 6	*400,000*	5/13	*300,000*
15	*300,000*		

備　品

5/ 2	*300,000*		

買　掛　金

5/22	*270,000*	5/ 6	*400,000*
		15	*200,000*

借　入　金

		5/18	*500,000*

資　本　金

		5/ 1	*500,000*

商品売買益

		5/13	*90,000*

給　料

5/25	*90,000*		

広　告　料

5/ 9	*40,000*		

支払利息

5/18	*20,000*		

5 仕訳帳と総勘定元帳 (p.18)

▶5-1

仕　　訳　　帳　　1

令和○年		摘　　要	元丁	借　方	貸　方
5	1	(現　　金)	1	800,000	
		資　本　金			800,000
		元入れして開業			
	7	(商　　品)	3	500,000	
		現　　金	1		300,000
		(買　掛　金)			200,000
		盛岡商店から仕入れ			
	13	(現　　金)	1	490,000	
		商　　品	3		370,000
		(商品売買益)			120,000
		花巻商店に売り渡し			
	19	(備　　品)		260,000	
		(現　　金)	1		260,000
		金庫の購入			
	25	(給　　料)	10	110,000	
		(現　　金)	1		110,000
		給料の支払い			

▶5-2

総　勘　定　元　帳

現　　　金　　1

令和○年		摘　要	仕丁	借　方	令和○年		摘　要	仕丁	貸　方
5	1	資本金	1	800,000	5	7	商　品	1	300,000
	13	諸　口	〃	490,000		19	備　品	〃	260,000
						25	給　料	〃	110,000

商　　　品　　3

5	7	諸　口	1	500,000	5	13	現　金	1	370,000

給　　　料　　10

5	25	現　金	1	110,000					

▶5-3

仕　　訳　　帳　　3

令和○年		摘　　要	元丁	借　方	貸　方
5	19	(現　　金)	1	150,000	
		(売　掛　金)	2		150,000
		小樽商店から売掛金の回収			
	21	(商　　品)	3	340,000	
		(現　　金)	1		100,000
		(買　掛　金)	6		240,000
		札幌商店から仕入れ			
	24	(現　　金)	1	480,000	
		(支 払 利 息)	17	20,000	
		(借　入　金)	7		500,000
		全商銀行から借り入れ			
	25	(現　　金)	1	80,000	
		(売　掛　金)	2	200,000	
		(商　　品)	3		230,000
		(商品売買益)	9		50,000
		千歳商店に売り渡し			
	27	(買　掛　金)	6	160,000	
		(現　　金)	1		160,000
		札幌商店に買掛金の支払い			
	31	(支 払 家 賃)	14	70,000	
		(現　　金)	1		70,000
		家賃の支払い			

▶5-4

総　勘　定　元　帳

現　　　金　　1

令和○年		摘　要	仕丁	借　方	令和○年		摘　要	仕丁	貸　方
5	19	売掛金	3	150,000	5	21	商　品	3	100,000
	24	借入金	〃	480,000		27	買掛金	〃	160,000
	25	諸　口	〃	80,000		31	支払家賃	〃	70,000

売　掛　金　　2

5	25	諸　口	3	200,000	5	19	現　金	3	150,000

商　　　品　　3

5	21	諸　口	3	340,000	5	25	諸　口	3	230,000

買　掛　金　　6

5	27	現　金	3	160,000	5	21	商　品	3	240,000

借　入　金　　7

					5	24	諸　口	3	500,000

商品売買益　　9

					5	25	諸　口	3	50,000

支　払　家　賃　　14

5	31	現　金	3	70,000					

支　払　利　息　　17

5	24	借入金	3	20,000					

▶5-5

仕　訳　帳　　1

令和○年		摘要		元丁	借方	貸方
5	1	現金		1	800,000	
		備品		4	200,000	
			資本金	6		1,000,000
	6	商品		3	300,000	
			買掛金	5		300,000
	8	現金		1	100,000	
		売掛金		2	160,000	
			商品	3		200,000
			商品売買益	7		60,000
	13	商品		3	200,000	
			現金	1		100,000
			買掛金	5		100,000
	17	売掛金		2	350,000	
			商品	3		250,000
			商品売買益	7		100,000
	25	買掛金		5	240,000	
			現金	1		240,000
	28	給料		8	130,000	
			現金	1		130,000

総　勘　定　元　帳

現　金　　1

令和○年		摘要	仕丁	借方	令和○年		摘要	仕丁	貸方
5	1	資本金	1	800,000	5	13	商品	1	100,000
	8	諸口	〃	100,000		25	買掛金	〃	240,000
						28	給料	〃	130,000

売　掛　金　　2

令和○年		摘要	仕丁	借方	令和○年		摘要	仕丁	貸方
5	8	諸口	1	160,000					
	17	諸口	〃	350,000					

商　品　　3

令和○年		摘要	仕丁	借方	令和○年		摘要	仕丁	貸方
5	6	買掛金	1	300,000	5	8	諸口	1	200,000
	13	諸口	〃	200,000		17	売掛金	〃	250,000

備　品　　4

令和○年		摘要	仕丁	借方	令和○年		摘要	仕丁	貸方
5	1	資本金	1	200,000					

買　掛　金　　5

令和○年		摘要	仕丁	借方	令和○年		摘要	仕丁	貸方
5	25	現金	1	240,000	5	6	商品	1	300,000
						13	商品	〃	100,000

資　本　金　　6

令和○年		摘要	仕丁	借方	令和○年		摘要	仕丁	貸方
					5	1	諸口	1	1,000,000

商品売買益　　7

令和○年		摘要	仕丁	借方	令和○年		摘要	仕丁	貸方
					5	8	諸口	1	60,000
						17	売掛金	〃	100,000

給　料　　8

令和○年		摘要	仕丁	借方	令和○年		摘要	仕丁	貸方
5	28	現金	1	130,000					

▶5-6

仕　訳　帳　　1

令和○年		摘要		元丁	借方	貸方
1	7	商品			240,000	
			現金	1		120,000
			買掛金	7		120,000
	10	備品			250,000	
			現金	1		250,000
	15	現金		1	295,000	
		支払利息			5,000	
			借入金			300,000
	20	買掛金		7	60,000	
			現金	1		60,000
	23	現金		1	50,000	
		売掛金			210,000	
			商品			190,000
			商品売買益			70,000

総　勘　定　元　帳

現　金　　1

令和○年		摘要	仕丁	借方	貸方	借または貸	残高
1	1	前期繰越	√	520,000		借	520,000
	7	商品	1		120,000	〃	400,000
	10	備品	〃		250,000	〃	150,000
	15	借入金	〃	295,000		〃	445,000
	20	買掛金	〃		60,000	〃	385,000
	23	諸口	〃	50,000		〃	435,000

買　掛　金　　7

令和○年		摘要	仕丁	借方	貸方	借または貸	残高
1	7	商品	1		120,000	貸	120,000
	20	現金	〃	60,000		〃	60,000

6 試算表（p.25）

▶6-1

合　計　試　算　表

令和○年3月31日

借　方	勘定科目	貸　方
❶ 896,000	現　金	519,000 ❷
430,000	売掛金	280,000
560,000	商　品	420,000
310,000	買掛金	460,000
	資本金	500,000
	商品売買益	126,000
70,000	給　料	
39,000	雑　費	
2,305,000		2,305,000

解説 ❶現金勘定の借方合計額。
❷現金勘定の貸方合計額。

▶6-2

残　高　試　算　表

令和○年3月31日

借　方	勘定科目	貸　方
❶ 253,000	現　金	
475,000	売掛金	
316,000	商　品	
	買掛金	221,000
	借入金	200,000
	資本金	500,000
	商品売買益	273,000
140,000	給　料	
10,000	支払利息	
1,194,000		1,194,000

解説 ❶現金勘定の借方合計額から貸方合計額を差し引いた残額。

▶6-3

現　金　1

借方	貸方
851,000	369,000
(160,000)	(85,000)
(140,000)	(200,000)
	(47,000)

売　掛　金　2

借方	貸方
640,000	228,000
(169,000)	(160,000)

商　品　3

借方	貸方
940,000	560,000
(180,000)	(130,000)
	(100,000)

買　掛　金　4

借方	貸方
300,000	580,000
(85,000)	(180,000)

借　入　金　5

借方	貸方
(200,000)	200,000

資　本　金　6

借方	貸方
	700,000

商品売買益　7

借方	貸方
	176,000
	(39,000)
	(40,000)

受取手数料　8

借方	貸方
	46,000

給　料　9

借方	貸方
90,000	

雑　費　10

借方	貸方
38,000	
(47,000)	

合計残高試算表

令和○年4月30日

借方 残高	借方 合計	勘定科目	貸方 合計	貸方 残高
450,000	1,151,000	現　金	701,000	
421,000	809,000	売掛金	388,000	
330,000	1,120,000	商　品	790,000	
	385,000	買掛金	760,000	375,000
	200,000	借入金	200,000	
		資本金	700,000	700,000
		商品売買益	255,000	255,000
		受取手数料	46,000	46,000
90,000	90,000	給　料		
85,000	85,000	雑　費		
1,376,000	3,840,000		3,840,000	1,376,000

▶6-4

仕　訳　帳　3

令和○年		摘　要	元丁	借　方	貸　方
		前ページから		2,610,000	2,610,000
5	20	売掛金	2	245,000	
		商　品	3		175,000
		商品売買益	8		70,000
	23	商　品	3	130,000	
		買掛金	5		130,000
	25	給　料	10	109,000	
		現　金	1		109,000
	27	現　金	1	50,000	
		受取手数料	9		50,000
	29	借入金	6	200,000	
		支払利息	12	16,000	
		現　金	1		216,000
	31	現　金	1	180,000	
		売掛金	2		180,000

総　勘　定　元　帳

現　金　1

令和○年		摘　要	仕丁	借　方	令和○年		摘　要	仕丁	貸　方
				716,000					367,000
5	27	受取手数料	3	50,000	5	25	給　料	3	109,000
	31	売掛金	〃	180,000		29	諸　口	〃	216,000

売　掛　金　2

令和○年		摘　要	仕丁	借　方	令和○年		摘　要	仕丁	貸　方
				592,000					259,000
5	20	諸　口	3	245,000	5	31	現　金	3	180,000

商　品　3

令和○年		摘　要	仕丁	借　方	令和○年		摘　要	仕丁	貸　方
				680,000					434,000
5	23	買掛金	3	130,000	5	20	売掛金	3	175,000

備　品　4

令和○年		摘　要	仕丁	借　方	令和○年		摘　要	仕丁	貸　方
				240,000					

買　掛　金　5

令和○年		摘　要	仕丁	借　方	令和○年		摘　要	仕丁	貸　方
				370,000					580,000
					5	23	商　品	3	130,000

借　入　金　6

令和○年		摘　要	仕丁	借　方	令和○年		摘　要	仕丁	貸　方
5	29	現　金	3	200,000					300,000

資　本　金　7

令和○年		摘　要	仕丁	借　方	令和○年		摘　要	仕丁	貸　方
									500,000

商品売買益 8

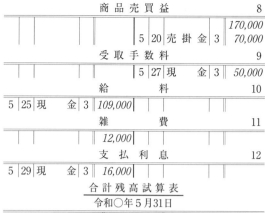

月	日	摘要	仕丁	借方	月	日	摘要	仕丁	貸方
									170,000
					5	20	売掛金	3	70,000

受取手数料 9

月	日	摘要	仕丁	借方	月	日	摘要	仕丁	貸方
					5	27	現金	3	50,000

給料 10

月	日	摘要	仕丁	借方	月	日	摘要	仕丁	貸方
5	25	現金	3	109,000					

雑費 11

月	日	摘要	仕丁	借方	月	日	摘要	仕丁	貸方
				12,000					

支払利息 12

月	日	摘要	仕丁	借方	月	日	摘要	仕丁	貸方
5	29	現金	3	16,000					

合計残高試算表

令和○年５月31日

借方		勘定科目	貸方	
残高	合計		合計	残高
254,000	❶ 946,000	現金	❷ 692,000	
398,000	837,000	売掛金	439,000	
201,000	810,000	商品	609,000	
240,000	240,000	備品		
	370,000	買掛金	710,000	340,000
	200,000	借入金	300,000	100,000
		資本金	500,000	500,000
		商品売買益	240,000	240,000
		受取手数料	50,000	50,000
109,000	109,000	給料		
12,000	12,000	雑費		
16,000	16,000	支払利息		
1,230,000	3,540,000		3,540,000	1,230,000

解説 ❶現金勘定の借方合計額¥946,000が，合計残高試算表の借方の合計欄に記入される。

❷現金勘定の貸方合計額¥692,000が，合計残高試算表の貸方の合計欄に記入される。

7 精算表（p.30）

▶7-1

精算表

令和○年12月31日

勘定科目	残高試算表		損益計算書		貸借対照表	
	借方	貸方	借方	貸方	借方	貸方
現金	170,000			❶	170,000	
売掛金	280,000			❶	280,000	
商品	360,000			❶	360,000	
買掛金		250,000			❷	250,000
資本金		500,000			❷	500,000
商品売買益		225,000	❸	225,000		
給料	120,000	❹	120,000			
広告料	45,000	❹	45,000			
当期純(利益)		❺	60,000		❺	60,000
	975,000	975,000	225,000	225,000	810,000	810,000

解説 ❶資産の科目の金額は，貸借対照表欄の借方に移記する。

❷負債・資本の科目の金額は，貸借対照表欄の貸方に移記する。

❸収益の科目の金額は，損益計算書欄の貸方に移記する。

❹費用の科目の金額は，損益計算書欄の借方に移記する。

❺当期純利益の場合は，損益計算書欄の借方と貸借対照表欄の貸方に同一金額が記入される。

▶7-2

精算表

令和○年12月31日

勘定科目	残高試算表		損益計算書		貸借対照表	
	借方	貸方	借方	貸方	借方	貸方
現金	198,000				198,000	
売掛金	372,000				372,000	
商品	390,000				390,000	
備品	280,000				280,000	
買掛金		350,000				350,000
借入金		280,000				280,000
資本金		(600,000)				600,000
商品売買益		204,000		204,000		
受取手数料		16,000		16,000		
給料	144,000		144,000			
雑費	51,000		51,000			
支払利息	15,000		15,000			
(当期純利益)			10,000			10,000
	1,450,000	1,450,000	220,000	220,000	1,240,000	1,240,000

▶**7-3**

(1)

精　算　表

令和○年12月31日

勘定科目	残高試算表		損益計算書		貸借対照表	
	借　方	貸　方	借　方	貸　方	借　方	貸　方
現　金	170,000				170,000	
売掛金	350,000				350,000	
商　品	280,000				280,000	
備　品	240,000				240,000	
買掛金		290,000				290,000
借入金		200,000				200,000
資本金		500,000				500,000
商品売買益		270,000		270,000		
受取手数料		20,000		20,000		
給　料	148,000		148,000			
支払家賃	76,000		76,000			
支払利息	16,000		16,000			
当期純利益			50,000			50,000
	1,280,000	1,280,000	290,000	290,000	1,040,000	1,040,000

(2)　期末の資本の金額　¥　550,000 ❶

解説 ❶期末資本は，期首資本¥500,000に当期純利益¥50,000を加算した金額である。

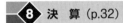

8 決　算 (p.32)

▶**8-1**

	借　方	貸　方
12/31	(商品売買益) (170,000) (受取手数料) (30,000)	(損　益) (200,000)

商品売買益

(12/31)	(損　益)	(170,000)	12/ 6	現　金	27,000
			13	売掛金	49,000
			24	諸　口	56,000
			31	現　金	38,000
		(170,000)			(170,000)

受取手数料

(12/31)	(損　益)	(30,000)	12/18	現　金	30,000

損　益

			(12/31)	(商品売買益)	(170,000)
			(〃)	(受取手数料)	(30,000)

▶**8-2**

	借　方	貸　方
12/31	(損　益) (160,000)	(給　料) (95,000) (雑　費) (65,000)

給　料

12/25	現　金	95,000	(12/31)	(損　益)	(95,000)

雑　費

12/18	現　金	17,000	(12/31)	(損　益)	(65,000)
31	現　金	48,000			
		(65,000)			(65,000)

損　益

(12/31)	(給　料)	(95,000)			
(〃)	(雑　費)	(65,000)			

▶**8-3**

	借　方	貸　方
12/31	(損　益) (40,000)	(資本金) (40,000)

損　益

12/31	給　料	95,000	12/31	商品売買益	170,000
〃	雑　費	65,000	〃	受取手数料	30,000
(〃)	(資本金)	(40,000)			
		(200,000)			(200,000)

資本金

			12/ 1	前期繰越	500,000
			(31)	(損　益)	(40,000)

▶**8-4**

現　金

		640,000			290,000
			(12/31)	(次期繰越)	(350,000)
		(640,000)			(640,000)
1/ 1	(前期繰越)	(350,000)			

借入金

(12/31)	(次期繰越)	(300,000)			300,000
			1/ 1	(前期繰越)	(300,000)

資本金

(12/31)	(次期繰越)	(540,000)			500,000
			12/31	損　益	40,000
		(540,000)			(540,000)
			1/ 1	(前期繰越)	(540,000)

▶8-5

	借	方	貸	方
(1)	商品売買益	200,000	損益	230,000
	受取手数料	30,000		
(2)	損益	170,000	給料	100,000
			広告料	50,000
			雑費	20,000
(3)	損益	60,000	資本金	60,000 ❶

(4)

総勘定元帳

現金　1

	700,000		480,000
		12/31 **次期繰越**	220,000
	700,000		700,000
1/1 前期繰越	220,000		

売掛金　2

	600,000		410,000
		12/31 **次期繰越**	190,000
	600,000		600,000
1/1 前期繰越	190,000		

商品　3

	500,000		440,000
		12/31 **次期繰越**	60,000
	500,000		500,000
1/1 前期繰越	60,000		

買掛金　4

	400,000		570,000
12/31 **次期繰越**	170,000		
	570,000		570,000
		1/1 前期繰越	170,000

資本金　5

12/31 **次期繰越**	300,000		240,000
		12/31 損益	60,000
	300,000		300,000
		1/1 前期繰越	300,000

商品売買益　6

12/31 損益	200,000		200,000

受取手数料　7

12/31 損益	30,000		30,000

給料　8

	100,000	12/31 損益	100,000

広告料　9

	50,000	12/31 損益	50,000

雑費　10

	20,000	12/31 損益	20,000

損益　11

12/31 給料	100,000	12/31 商品売買益	200,000
〃 広告料	50,000	〃 受取手数料	30,000
〃 雑費	20,000		
〃 資本金	60,000		
❷	230,000		230,000

解説 ❶収益総額¥230,000－費用総額¥170,000
＝当期純利益¥60,000

❷ここを当期純利益としないように注意する。上記(3)の仕訳で，損益の相手科目は資本金であるから，ここは資本金を記入する。

▶8-6

仕訳帳　3

令和○年		摘要	元丁	借方	貸方
		決算仕訳			
12	31	(商品売買益)	7	240,000	
		(受取手数料)	8	40,000	
		(損益)	12		280,000
		収益の各勘定を損益勘定に振り替え			
	〃	(損益)	12	220,000	
		(給料)	9		120,000
		(広告料)	10		70,000
		(雑費)	11		30,000
		費用の各勘定を損益勘定に振り替え			
	〃	(損益)	12	60,000	
		(資本金)	6		60,000
		当期純利益を資本金勘定に振り替え			
				560,000	560,000

総勘定元帳

資本金　6

令和○年		摘要	仕丁	借方	令和○年		摘要	仕丁	貸方
12	31	**次期繰越**	√	560,000	12	1	現金	1	500,000
						31	損益	3	60,000
				560,000					560,000
					1	1	前期繰越	√	560,000

商品売買益　7

令和○年		摘要	仕丁	借方	令和○年		摘要	仕丁	貸方
12	31	損益	3	240,000	12	8	売掛金	1	160,000
						20	現金	2	80,000
				240,000					240,000

受取手数料　8

令和○年		摘要	仕丁	借方	令和○年		摘要	仕丁	貸方
12	31	損益	3	40,000	12	24	現金	2	40,000

給料　9

令和○年		摘要	仕丁	借方	令和○年		摘要	仕丁	貸方
12	25	現金	2	120,000	12	31	損益	3	120,000

広告料　10

令和○年		摘要	仕丁	借方	令和○年		摘要	仕丁	貸方
12	4	現金	1	70,000	12	31	損益	3	70,000

雑費　11

令和○年		摘要	仕丁	借方	令和○年		摘要	仕丁	貸方
12	29	現金	2	30,000	12	31	損益	3	30,000

損益　12

令和○年		摘要	仕丁	借方	令和○年		摘要	仕丁	貸方
12	31	給料	3	120,000	12	31	商品売買益	3	240,000
	〃	広告料	〃	70,000		〃	受取手数料	〃	40,000
	〃	雑費	〃	30,000					
	〃	資本金	〃	60,000					
				280,000					280,000

▶8-7

総勘定元帳

現　　金　　1

令和○年		摘　要	仕丁	借　方	令和○年		摘　要	仕丁	貸　方
				660,000					370,000
					12	31	次期繰越	√	290,000
				660,000					660,000
1	1	前期繰越	√	290,000					

売　掛　金　　2

令和○年		摘　要	仕丁	借　方	令和○年		摘　要	仕丁	貸　方
				820,000					350,000
					12	31	次期繰越	√	470,000
				820,000					820,000
1	1	前期繰越	√	470,000					

商　　品　　3

令和○年		摘　要	仕丁	借　方	令和○年		摘　要	仕丁	貸　方
				940,000					620,000
					12	31	次期繰越	√	320,000
				940,000					940,000
1	1	前期繰越	√	320,000					

買　掛　金　　4

令和○年		摘　要	仕丁	借　方	令和○年		摘　要	仕丁	貸　方
				280,000					600,000
12	31	次期繰越	√	320,000					
				600,000					600,000
					1	1	前期繰越	√	320,000

借　入　金　　5

令和○年		摘　要	仕丁	借　方	令和○年		摘　要	仕丁	貸　方
				100,000					300,000
12	31	次期繰越	√	200,000					
				300,000					300,000
					1	1	前期繰越	√	200,000

資　本　金　　6

令和○年		摘　要	仕丁	借　方	令和○年		摘　要	仕丁	貸　方
12	31	次期繰越	√	560,000					500,000
					12	31	損　益	3	60,000
				560,000					560,000
					1	1	前期繰越	√	560,000

繰越試算表

令和○年12月31日

借　方	勘定科目	貸　方
290,000	現　金	
470,000	売掛金	
320,000	商　品	
	買掛金	320,000
	借入金	200,000
	資本金	560,000 ❶
1,080,000		1,080,000

解説 ❶期首の資本金¥500,000に当期純利益¥60,000を加えた金額である。

▶8-8

(1)

	借　方		貸　方	
12/31	商品売買益	256,000	損　益❶	290,000
	受取手数料	34,000		
〃	損　益❷	252,000	給　料	175,000
			支払家賃	50,000
			雑　費	27,000
〃	損　益	38,000	資本金❸	38,000

(2)

総勘定元帳

現　　金　　1

日付	摘　要	借　方	日付	摘　要	貸　方
		637,000			528,000
			12/31	次期繰越	109,000
		637,000			637,000
1/1	前期繰越	109,000			

売　掛　金　　2

日付	摘　要	借　方	日付	摘　要	貸　方
		810,000			560,000
			12/31	次期繰越	250,000
		810,000			810,000
1/1	前期繰越	250,000			

商　　品　　3

日付	摘　要	借　方	日付	摘　要	貸　方
		940,000			669,000
			12/31	次期繰越	271,000
		940,000			940,000
1/1	前期繰越	271,000			

備　　品　　4

日付	摘　要	借　方	日付	摘　要	貸　方
		240,000	12/31	次期繰越	240,000
1/1	前期繰越	240,000			

買　掛　金　　5

日付	摘　要	借　方	日付	摘　要	貸　方
		460,000			792,000
12/31	次期繰越	332,000			
		792,000			792,000
			1/1	前期繰越	332,000

資　本　金　　6

日付	摘　要	借　方	日付	摘　要	貸　方
12/31	次期繰越	538,000			500,000
			12/31	損　益	38,000 ❸
		538,000			538,000
			1/1	前期繰越	538,000

商品売買益　　7

日付	摘　要	借　方	日付	摘　要	貸　方
12/31	損　益	256,000			256,000

受取手数料　　8

日付	摘　要	借　方	日付	摘　要	貸　方
12/31	損　益	34,000			34,000

給　　料　　9

日付	摘　要	借　方	日付	摘　要	貸　方
		175,000	12/31	損　益	175,000

支払家賃　　10

日付	摘　要	借　方	日付	摘　要	貸　方
		50,000	12/31	損　益	50,000

雑　　費　　11

日付	摘　要	借　方	日付	摘　要	貸　方
		27,000	12/31	損　益	27,000

損　　益　　12

日付	摘　要	借　方	日付	摘　要	貸　方
12/31	給　料	175,000	12/31	商品売買益	256,000
〃	支払家賃	50,000	〃	受取手数料	34,000
〃	雑　費	27,000			
〃	資本金	38,000			
		290,000			290,000

(3)

繰越試算表

令和○年12月31日

借　方	勘定科目	貸　方
109,000	現　金	
250,000	売掛金	
271,000	商　品	
240,000	備　品	
	買掛金	332,000
	資本金	538,000
870,000		870,000

解説 ❶損益勘定の貸方に収益の各勘定を集計するから
貸方　損益　*290,000*　となる。
❷損益勘定の借方に費用の各勘定を集計するから
借方　損益　*252,000*　となる。
❸収益総額－費用総額＝当期純利益
¥290,000－¥252,000＝¥38,000
当期純利益は資本金勘定の貸方に記入するから
貸方　資本金　*38,000*　となる。

▶8-9

仕　訳　帳　4

令和○年		摘　要	元丁	借　方	貸　方
		前ページから		2,828,000	2,828,000
12	26	買掛金	5	150,000	
		現金	1		150,000
	28	売掛金	2	243,000	
		商品	3		180,000
		商品売買益	8		63,000
	29	現金	1	120,000	
		売掛金	2		120,000
	31	広告料	11	40,000	
		雑費	12	19,000	
		現金	1		59,000
				3,400,000	3,400,000
		決算仕訳			
12	31	商品売買益	8	280,000	
		受取手数料	9	40,000	
		損益	14		320,000
	〃	損益	14	270,000	
		給料	10		135,000
		広告料	11		78,000
		雑費	12		45,000
		支払利息	13		12,000
	〃	損益	14	50,000	
		資本金	7		50,000
				640,000	640,000

総勘定元帳

現　金　1

		530,000			325,000
12/29	売掛金	120,000	12/26	買掛金	150,000
			31	諸口	59,000
			〃	**次期繰越**	116,000
		650,000			650,000
1/1	前期繰越	116,000			

売　掛　金　2

		687,000			486,000
12/28	諸口	243,000	12/29	現金	120,000
			31	**次期繰越**	324,000
		930,000			930,000
1/1	前期繰越	324,000			

商　品　3

		835,000			420,000
			12/28	売掛金	180,000
			31	**次期繰越**	235,000
		835,000			835,000
1/1	前期繰越	235,000			

備　品　4

		200,000	12/31	**次期繰越**	200,000
1/1	前期繰越	200,000			

買　掛　金　5

		365,000			640,000
12/26	現金	150,000			
31	**次期繰越**	125,000			
		640,000			640,000
			1/1	前期繰越	125,000

借　入　金　6

12/31	**次期繰越**	200,000			200,000
			1/1	前期繰越	200,000

資　本　金　7

12/31	**次期繰越**	550,000			500,000
			12/31	損益	50,000
		550,000			550,000
			1/1	前期繰越	550,000

商品売買益　8

12/31	損益	280,000			217,000
			12/28	売掛金	63,000
		280,000			280,000

受取手数料　9

12/31	損益	40,000			40,000

給　料　10

		135,000	12/31	損益	135,000

広　告　料　11

		38,000	12/31	損益	78,000
12/31	現金	40,000			
		78,000			78,000

雑　費　12

		26,000	12/31	損益	45,000
12/31	現金	19,000			
		45,000			45,000

支　払　利　息　13

		12,000	12/31	損益	12,000

損　益　14

❷	12/31 給料	135,000	12/31	商品売買益	280,000	❶
❷	〃 広告料	78,000	〃	受取手数料	40,000	❶
❷	〃 雑費	45,000				
❷	〃 支払利息	12,000				
❸	〃 資本金	50,000				
		320,000			320,000	

合　計　試　算　表
令和○年12月31日

借　方	勘定科目	貸　方	
650,000	現金	534,000	
930,000	売掛金	606,000	
835,000	商品	600,000	
200,000	備品		
515,000	買掛金	640,000	
	借入金	200,000	
	資本金	500,000	❹
	商品売買益	280,000	
	受取手数料	40,000	
135,000	給料		
78,000	広告料		
45,000	雑費		
12,000	支払利息		
3,400,000		3,400,000	

繰 越 試 算 表

令和○年12月31日

借　　方	勘 定 科 目	貸　　方
116,000	現　　金	
324,000	売 掛 金	
235,000	商　　品	
200,000	備　　品	
	買 掛 金	*125,000*
	借 入 金	*200,000*
	資 本 金	*550,000* ❹
875,000		*875,000*

解説 12/31までの取引の記入が済んだあと，仕訳帳はいったん締め切る。また，勘定記入の正否を確かめるために合計試算表を作成する。合計試算表の合計金額と仕訳帳の合計金額の一致を確認する。次に，仕訳帳に決算仕訳を記入する。

❶損益勘定の貸方には，収益の各勘定科目と金額を個別に記入する。

❷損益勘定の借方には，費用の各勘定科目と金額を個別に記入する。

❸資本金に記入された¥*50,000*は当期純利益をあらわす。

❹合計試算表の資本金¥*500,000*は期首の資本金である。繰越試算表に示されている資本金¥*550,000*は，期首資本に当期純利益を加算した期末資本の額である。金額が異なる点に注意する。

9 損益計算書・貸借対照表(1) (p.40)

▶9-1

損 益 計 算 書

(福　島)商店　令和○年(1)月(1)日から令和○年(12)月(31)日まで　(単位：円)

費　用	金　額	収　益	金　額
給　　料	*150,000*	商品売買益	*287,000*
広 告 料	*49,000*	受取手数料	*42,000*
雑　　費	*37,000*		
支払利息	*28,000*		
当期純利益	*65,000*		
	329,000		*329,000*

貸 借 対 照 表

(福　島)商店　令和○年(12)月(31)日　(単位：円)

資　産	金　額	負債および純資産	金　額
現　　金	*190,000*	買 掛 金	*375,000*
売 掛 金	*460,000*	借 入 金	*240,000*
商　　品	*330,000*	資 本 金	*300,000*
		当期純利益	*65,000*
	980,000		*980,000*

▶9-2

損 益 計 算 書

(郡　山)商店　令和○年(1)月(1)日から令和○年(12)月(31)日まで　(単位：円)

費　用	金　額	収　益	金　額
給　　料	*198,000*	商品売買益	*276,000*
広 告 料	*70,000*	受取手数料	*54,000*
雑　　費	*48,000*	当期純損失	*10,000* ❶
支払利息	*24,000*		
	340,000		*340,000*

貸 借 対 照 表

(郡　山)商店　令和○年(12)月(31)日　(単位：円)

資　産	金　額	負債および純資産	金　額
現　　金	*225,000*	買 掛 金	*340,000*
売 掛 金	*397,000*	借 入 金	*400,000*
商　　品	*348,000*	資 本 金	*500,000*
備　　品	*260,000*		
❷ 当期純損失	*10,000*		
	1,240,000		*1,240,000*

解説 ❶収益総額¥*330,000*よりも費用総額¥*340,000*のほうが¥*10,000*大きいので，当期純損失となる。これは損益計算書の貸方側に記入することに注意する。

❷貸借対照表では，当期純損失は借方側に記入する。

◎取引の記帳

10 現金・現金出納帳・現金過不足 (p.42)

▶10-1

	借方		貸方	
1/28	現金	30,000	売掛金	30,000
30	現金	15,000	受取手数料	15,000
31	商品	130,000	現金	100,000
			買掛金	30,000

▶10-2

現金出納帳　2

令和○年		摘要	収入	支出	残高
		前ページから	1,750,000	1,326,000	424,000
1	28	太田商店から売掛金の回収，小切手受け取り	30,000		454,000
	30	中里商店から仲介手数料，送金小切手受け取り	15,000		469,000
	31	熊谷商店から仕入れ，一部現金で支払い		100,000	369,000
	〃	次月繰越		369,000	
			1,795,000	1,795,000	
2	1	前月繰越	369,000		369,000

▶10-3

	借方		貸方	
(1)	現金過不足	2,500	現金	2,500
(2)	保険料	1,900	現金過不足	1,900
(3)	雑損	600	現金過不足	600

▶10-4

	借方		貸方	
(1)	現金❶	45,000	売掛金	45,000
(2)	商品	63,000	現金❷	63,000
(3)	現金❸	140,000	商品	100,000
			商品売買益	40,000

解説 ❶他人振り出しの小切手を受け取ったときは現金勘定で処理する。

❷さきに受け取っていた他人振り出しの小切手(現金勘定の借方に記入済み)を渡したのであるから，現金勘定の減少であり，当座預金勘定の減少ではない。

❸送金小切手を受け取った時点で借方は現金となる。

▶10-5

仕訳帳　1

令和○年		摘要		元丁	借方	貸方
1	1	前期繰越高		√	6,391,000	6,391,000
	6	商品			50,000	
			現金	1		50,000
	18	現金		1	203,800	
			貸付金			200,000
			受取利息			3,800
	22	現金		1	40,000	
		売掛金			20,000	
			商品			50,000
			商品売買益			10,000

総勘定元帳

現金　1

令和○年		摘要	仕丁	借方	令和○年		摘要	仕丁	貸方
1	1	前期繰越	√	325,000	1	6	商品	1	50,000
	18	諸口	1	203,800					
	22	諸口	〃	40,000					

現金出納帳　1

令和○年		摘要	収入	支出	残高
1	1	前月繰越	325,000		325,000
	6	所沢商店から商品仕入れ		50,000	275,000
	18	浦和商店から貸付金・同利息を小切手で受け取り	203,800		478,800
	22	狭山商店に対する売上代金の一部，送金小切手で受け取り	40,000		518,800
	31	次月繰越		518,800	
			568,800	568,800	
2	1	前月繰越	518,800		518,800

▶10-6

	借方		貸方	
(1)	貸付金	270,000	現金	270,000
(2)	現金	800,000	資本金	800,000
(3)	広告料	30,000	現金	30,000

11 当座預金・当座預金出納帳・当座借越・その他の預金 (p.46)

▶11-1

	借	方	貸	方
(1)	当座預金	200,000	現金	200,000
(2)	商品	80,000	当座預金	80,000
(3)	当座預金	50,000	売掛金	50,000

▶11-2

	借	方	貸	方
1/4	買掛金	190,000	当座預金	190,000
5	当座預金	70,000	受取手数料	70,000

当座預金

1/1	前期繰越	250,000	1/4	買掛金	190,000
5	受取手数料	70,000			

▶11-3

当座預金出納帳　1

令和○年		摘要	預入	引出	借または貸	残高
1	1	前月繰越	250,000		借	250,000
	4	大船商店に買掛金の支払い, 小切手#5		❶190,000	〃	60,000
	5	横須賀商店から仲介手数料の受け取り	70,000		〃	130,000

解説 ❶買掛金の支払いのために小切手#5を振り出したので，その小切手の金額¥190,000を記入する。

▶11-4

	借	方	貸	方
(1)	定期預金	370,000	現金	370,000
(2)	普通預金	388,500	定期預金 受取利息	370,000 18,500
(3)	当座預金	80,000	普通預金	80,000
(4)	普通預金	75,000	通知預金	75,000

▶11-5

	借	方	貸	方
7/1	当座預金	550,000	現金	550,000
8	商品	300,000	当座預金 買掛金	200,000 100,000
15	備品❶	280,000	当座預金	280,000
20	現金 売掛金	80,000 170,000	商品 商品売買益	200,000 50,000
22	買掛金	100,000	現金 当座預金	80,000 20,000
25	当座預金	170,000	売掛金	170,000

解説 ❶事務用ロッカーは相当価格以上(税法では10万円以上)なので，備品勘定(資産)で処理する。

▶11-6

当座預金出納帳
全商銀行　1

令和○年		摘要	預入	引出	借または貸	残高
7	1	現金を預け入れ, 当座取引開始	550,000		借	550,000
	8	藤沢商店から仕入れ, 小切手#1振り出し		200,000	〃	350,000
	15	事務用ロッカー購入代金, 小切手#2振り出し		280,000	〃	70,000
	22	藤沢商店に買掛金支払い, 小切手#3振り出し		20,000	〃	50,000
	25	平塚商店から当座振込により売掛金回収	170,000		〃	220,000
	31	**次月繰越**		**220,000**		
			720,000	720,000		
8	1	前月繰越	220,000		借	220,000

▶11-7

	借	方	貸	方
(1)	商品	315,000	当座預金 買掛金	200,000 115,000
(2)	当座預金	395,000	売掛金	395,000
(3)	普通預金	300,000	現金	300,000

⑫ 小口現金（p.50）

▶12-1

	借	方	貸	方
5/ 1	小口現金	25,000	当座預金	25,000
31	通信費	5,000	小口現金	22,600
	消耗品費	9,000		
	交通費	6,800		
	雑費	1,800		
〃	小口現金	22,600	当座預金	22,600

▶12-2

借	方	貸	方
通信費	5,000	当座預金	22,600
消耗品費	9,000		
交通費	6,800		
雑費	1,800		

▶12-3

小口現金出納帳　8

受入	令和○年		摘要	支出	内訳 通信費	交通費	水道光熱費	消耗品費	雑費	残高
80,000	8	1	小切手#15							80,000
		3	電力料	12,000			12,000			68,000
		5	電話料	9,500	9,500					58,500
		9	帳簿・伝票	1,500				1,500		57,000

▶12-4

小口現金出納帳　7

受入	令和○年		摘要	支出	内訳 通信費	消耗品費	交通費	雑費	残高
25,000	7	1	前月繰越						25,000
		4	バス回数券	2,000			2,000		23,000
		7	コピー用紙	3,000		3,000			20,000
		13	郵便切手	6,000	6,000				14,000
		20	バインダー	5,000		5,000			9,000
		25	タクシー代	1,800			1,800		7,200
		28	新聞代	2,800				❶2,800	4,400
			合計	20,600	6,000	8,000	3,800	2,800	
20,600		31	小切手#19						25,000
		〃	**次月繰越**	25,000					
45,600				45,600					

解説 ❶新聞代については，この問題では通信費から交通費までの内訳項目に該当するものがない。そこでこのような場合は雑費とする。

▶12-5

ア	￥28,000	イ	￥30,000

解説 収入欄の金額は期間のはじめはつねに定額となり，その金額は￥30,000である。1月の支出合計額￥28,000分の補給を受けることによって，残高が￥30,000となり，次月に繰り越す。

▶12-6

	借	方	貸	方
(1)	通信費	9,000	小口現金	28,000
	交通費	17,000		
	雑費	2,000		
	小口現金	28,000	当座預金	28,000
	[または 通信費	9,000	当座預金	28,000]
	交通費	17,000		
	雑費	2,000		
(2)	通信費	20,000	小口現金	45,000
	消耗品費	17,000		
	雑費	8,000		
	小口現金	45,000	当座預金	45,000
	[または 通信費	20,000	当座預金	45,000]
	消耗品費	17,000		
	雑費	8,000		
(3)	小口現金	30,000	当座預金	30,000

⑬ 仕入・売上，仕入帳・売上帳（p.53）

▶13-1

	借	方	貸	方
(1)	仕入	600,000	買掛金	600,000
(2)	買掛金	30,000	仕入	30,000
(3)	仕入	405,300	買掛金	400,000
			現金	5,300
(4)	買掛金	8,000	仕入	8,000

▶13-2

仕入帳　9

令和○年		摘要	内訳	金額
9	10	館山商店　掛け		
		A品 200個 @￥ 500	100,000	
		B品 300〃 〃〃1,000	300,000	400,000
	11	富浦商店　掛け		
		B品 160個 @￥1,000	160,000	
		引取運賃現金払い	6,400	166,400
	23	**富浦商店　掛け返品**		
		B品 5個 @￥1,000		5,000
	30	総仕入高		566,400
	〃	**仕入返品高**		5,000
		純仕入高		561,400

▶13-3

	借	方	貸	方
(1)	現金	100,000	売上	350,000
	売掛金	250,000		
(2)	売上	35,000	売掛金	35,000
(3)	売掛金	460,000	売上	460,000
	発送費	7,000	現金	7,000
(4)	売上	5,000	売掛金	5,000

▶13-4

売　上　帳　9

令和○年		摘　　要		内　訳	金　額
9	14	野田商店	現金・掛け		
		A品　200個	@¥ 800		*160,000*
	15	**野田商店**	**掛け返品**		
		A品　20個	**@¥ 800**		*16,000*
	25	佐倉商店	掛　け		
		A品　300個	@¥ 800	*240,000*	
		B品　200〃	〃〃1,400	*280,000*	*520,000*
	30		総売上高		*680,000*
	〃		**売上返品高**		*16,000*
			純売上高		*664,000*

▶13-5

	借	方	貸	方
9/ 1	仕　入	*230,000*	買掛金	*230,000*
2	買掛金	*15,000*	仕　入	*15,000*
5	当座預金 売掛金	*50,000* *76,000*	売　上	*126,000*
7	売　上	*18,000*	売掛金	*18,000*
12	現　金	*174,000*	売　上	*174,000*
13	売　上	*3,600*	現　金	*3,600*
20	仕　入	*240,000*	当座預金 買掛金	*40,000* *200,000*

仕　入

9/ 1	買掛金	*230,000*	9/ 2	買掛金	*15,000*
20	諸　口	*240,000*			

売　上

9/ 7	売掛金	*18,000*	9/ 5	諸　口	*126,000*
13	現　金	*3,600*	12	現　金	*174,000*

▶13-6

仕　入　帳　9

令和○年		摘　　要		内　訳	金　額
9	1	松戸商店	掛　け		
		A品　100個	@¥1,500	*150,000*	
		B品　80〃	〃〃1,000	*80,000*	*230,000*
	2	**松戸商店**	**掛け返品**		
		A品　10個	**@¥1,500**		*15,000*
	20	野田商店	小切手・掛け		
		A品　150個	@¥1,600		*240,000*
	30		総仕入高		*470,000*
	〃		**仕入返品高**		*15,000*
			純仕入高		*455,000*

売　上　帳　9

令和○年		摘　　要		内　訳	金　額
9	5	土浦商店	小切手・掛け		
		A品　70個	@¥1,800		*126,000*
	7	**土浦商店**	**掛け返品**		
		A品　10個	**@¥1,800**		*18,000*
	12	北浦商店	現　金		
		A品　60個	@¥1,900	*114,000*	
		B品　50〃	〃〃1,200	*60,000*	*174,000*
	13	**北浦商店**	**現金返品**		
		B品　3個	**@¥1,200**		*3,600*
	30		総売上高		*300,000*
	〃		**売上返品高**		*21,600*
			純売上高		*278,400*

▶13-7

	借	方	貸	方
(1)	仕　入❶	*426,000*	買掛金 現　金	*420,000* *6,000*
(2)	売掛金 発送費❷	*895,000* *10,000*	売　上 現　金	*895,000* *10,000*

解説 ❶引取運賃¥6,000は仕入価額に含める。
❷売上時の発送費は発送費勘定で処理する。

⓮ 商品有高帳 (p.58)

▶14-1

商品有高帳

（先入先出法）　品名　A　品　単位：個

令和○年		摘要	受入 数量	受入 単価	受入 金額	払出 数量	払出 単価	払出 金額	残高 数量	残高 単価	残高 金額
1	1	前月繰越	300	200	60,000				300	200	60,000
	8	取手商店				200	200	40,000	100	200	20,000
	10	柏商店	400	220	88,000				100	200	20,000
									400	220	88,000
	18	市川商店				100	200	20,000			
						200	220	44,000	200	220	44,000
	25	浦安商店	200	230	46,000				200	220	44,000
									200	230	46,000
	31	**次月繰越**				**200**	**220**	**44,000**			
						200	**230**	**46,000**			
			900		194,000	900		194,000			

▶14-2

商品有高帳

（移動平均法）　品名　A　品　単位：個

令和○年		摘要	受入 数量	受入 単価	受入 金額	払出 数量	払出 単価	払出 金額	残高 数量	残高 単価	残高 金額
10	1	前月繰越	200	500	100,000				200	500	100,000
	9	松山商店	800	550	440,000				1,000	❶540	540,000
	16	室戸商店				250	540	135,000	750	540	405,000
	22	香川商店	250	560	140,000				1,000	❷545	545,000
	29	高知商店				410	545	223,450	590	545	321,550
	31	**次月繰越**				**590**	**545**	**321,550**			
			1,250		680,000	1,250		680,000			
11	1	前月繰越	590	545	321,550				590	545	321,550

解説

❶ $\dfrac{¥100,000+¥440,000}{200個+800個}=¥540$

❷ $\dfrac{¥405,000+¥140,000}{750個+250個}=¥545$

▶14-3

商品有高帳

（先入先出法）　品名　A　品　単位：個

令和○年		摘要	受入 数量	受入 単価	受入 金額	払出 数量	払出 単価	払出 金額	残高 数量	残高 単価	残高 金額
9	1	前月繰越	2,600	180	468,000				2,600	180	468,000
	4	笠間商店				2,000	180	360,000	600	180	108,000
	10	市原商店	500	200	100,000				600	180	108,000
									500	200	100,000
	12	佐倉商店				600	180	108,000			
						400	200	80,000	100	200	20,000
	21	佐原商店	700	210	147,000				100	200	20,000
									700	210	147,000
	30	**次月繰越**				**100**	**200**	**20,000**			
						700	**210**	**147,000**			
			3,800		715,000	3,800		715,000			❶

A品の9月中の売上原価	¥　548,000 ❷

解説 ❶合計は受入欄と払出欄の数量・金額についておこない，それぞれの合計が一致することを確認する。また，締切線は日付欄や残高欄にも忘れずに引くこと。

❷払出欄を合計して求める。

9/4 ¥360,000 + 9/12 ¥188,000 = ¥548,000

▶14-4

商品有高帳

（移動平均法）　品名　ボールペン　単位：ダース

令和○年		摘要	受入 数量	受入 単価	受入 金額	払出 数量	払出 単価	払出 金額	残高 数量	残高 単価	残高 金額
8	1	前月繰越	150	800	120,000				150	800	120,000
	7	愛媛商店	200	730	146,000				350	❶760	266,000
	12	鳴門商店				125	❷760	95,000	225	760	171,000
	20	徳島商店	300	690	207,000				525	720	378,000
	25	宇和島商店				250	720	180,000	275	720	198,000
	31	**次月繰越**				**275**	**720**	**198,000**			
			650		473,000	650		473,000			
9	1	前月繰越	275	720	198,000				275	720	198,000

解説

❶ $\dfrac{¥120,000+¥146,000}{150ダース+200ダース}=¥760$

❷売り渡したときに，誤って売価記入しないこと。前日の残高（原価）の単価によって記入する。

▶14-5

ア	@¥　840❶	イ	600箱❷

解説

❶5/11 $\dfrac{¥80,000+¥340,000}{100箱+400箱}=@¥840$

❷100箱(5/1) + 400箱(5/11) + 300箱(5/14) − 400箱(5/15) + 200箱(5/22) = 600箱

▶14-6

a	1	b	200台❶

解説 ❶受入600台 − 払出400台 = 200台

15 売掛金・買掛金，売掛金元帳・買掛金元帳（p.62）

▶15-1

	借	方	貸	方
(1)	売掛金	900,000	売上	900,000
(2)	売上	18,000	売掛金	18,000
(3)	現金	350,000	売掛金	350,000
(4)	仕入	230,000	買掛金	230,000
(5)	買掛金	7,000	仕入	7,000
(6)	買掛金	160,000	当座預金	160,000
(7)	貸倒損失	170,000	売掛金	170,000

▶15-2

(1)

仕　訳　帳　　1

令和○年		摘要	元丁	借方	貸方
1	1	前期繰越高	√	6,180,000	6,180,000
	9	売掛金	3	510,000	
		売上			510,000
	10	売上		7,000	
		売掛金	3		7,000
	15	仕入		690,000	
		当座預金			400,000
		買掛金			290,000
	23	現金		100,000	
		売掛金	3	380,000	
		売上			480,000
	30	当座預金		300,000	
		売掛金	3		300,000

総勘定元帳

売　掛　金　　3

令和○年		摘要	仕丁	借方	令和○年		摘要	仕丁	貸方
1	1	前期繰越	√	840,000	1	10	売上	1	7,000
	9	売上	1	510,000		30	当座預金	〃	300,000
	23	売上	〃	380,000					

(2)

売掛金元帳

千　葉　商　店　　1

令和○年		摘要	借方	貸方	借または貸	残高
1	1	前月繰越	350,000		借	350,000
	9	売り上げ	510,000		〃	860,000
	10	売り上げ返品		7,000	〃	853,000
	31	**次月繰越**		**853,000**		
			860,000	860,000		

群　馬　商　店　　2

令和○年		摘要	借方	貸方	借または貸	残高
1	1	前月繰越	490,000		借	490,000
	23	売り上げ	380,000		〃	870,000
	30	小切手受け取り		300,000	〃	570,000
	31	**次月繰越**		**570,000**		
			870,000	870,000		

▶15-3

(1)

仕　訳　帳　　1

令和○年		摘要	元丁	借方	貸方
1	1	前期繰越高	√	5,960,000	5,960,000
	5	仕入		480,000	
		買掛金	7		480,000
	6	買掛金	7	7,000	
		仕入			7,000
	10	当座預金		100,000	
		売掛金		300,000	
		売上	10		400,000
	17	仕入		153,000	
		買掛金	7		150,000
		現金			3,000
	25	買掛金	7	200,000	
		当座預金			200,000

総勘定元帳

買　掛　金　　7

令和○年		摘要	仕丁	借方	令和○年		摘要	仕丁	貸方
1	6	仕入	1	7,000	1	1	前期繰越	√	350,000
	25	当座預金	〃	200,000		5	仕入	1	480,000
						17	仕入	〃	150,000

売　　上　　10

令和○年		摘要	仕丁	借方	令和○年		摘要	仕丁	貸方
					1	10	諸口	1	400,000

(2)

買掛金元帳

青　森　商　店　　1

令和○年		摘要	借方	貸方	借または貸	残高
1	1	前月繰越		120,000	貸	120,000
	5	仕入れ		480,000	〃	600,000
	6	仕入れ返品	7,000		〃	593,000
	31	**次月繰越**	**593,000**			
			600,000	600,000		

福　島　商　店　　2

令和○年		摘要	借方	貸方	借または貸	残高
1	1	前月繰越		230,000	貸	230,000
	17	仕入れ		150,000	〃	380,000
	25	小切手で支払い	200,000		〃	180,000
	31	**次月繰越**	**180,000**			
			380,000	380,000		

▶15-4

(1)

仕訳帳　1

令和○年		摘要		元丁	借方	貸方
1	1	前期繰越高		√	6,517,000	6,517,000
	8	仕入		❶	420,000	
			買掛金	7		420,000
	9	買掛金		7	7,000	
			仕入			7,000
	16	売掛金			380,000	
			売上	10		380,000
	21	買掛金		7	190,000	
			当座預金			190,000
	28	仕入			295,000	
			現金			45,000
			買掛金	7		250,000

総勘定元帳

買掛金　7

令和○年		摘要 ❷	仕丁 ❸	借方	令和○年		摘要	仕丁	貸方
1	9	仕入	1	7,000	1	1	前期繰越	√	450,000
	21	当座預金	〃	190,000		8	仕入	1	420,000
						28	仕入	〃	250,000

売上　10

令和○年		摘要	仕丁	借方	令和○年		摘要	仕丁	貸方
					1	16	売掛金	1	380,000

(2)

仕入帳　1

令和○年		摘要		内訳	金額
1	8	佐賀商店	掛け		
		A品 600個 @¥700			420,000
	9	**佐賀商店**	**掛け返品**		
		A品 10個 @¥700			7,000
	28	福岡商店	現金・掛け		
		B品 700個 @¥350		245,000	
		C品 100〃 〃〃500		50,000	295,000
	31		総仕入高		❹715,000
	〃		**仕入返品高**		❺ 7,000
			純仕入高		708,000

買掛金元帳

佐賀商店　1

令和○年		摘要	借方	貸方	借または貸 ❻	残高
1	1	前月繰越		100,000	貸	100,000
	8	仕入れ		420,000	〃	520,000
	9	返品	7,000		〃	513,000
	31	**次月繰越**	513,000			
			520,000	520,000		

福岡商店　2

令和○年		摘要	借方	貸方	借または貸	残高
1	1	前月繰越		350,000	貸	350,000
	21	支払い	190,000		〃	160,000
	28	仕入れ		250,000	〃	410,000
	31	**次月繰越**	410,000			
			600,000	600,000		

解説 ❶勘定口座の番号を記入する。
❷相手勘定科目を記入する。
❸仕訳帳のページ数を記入する。
❹赤字記入の数字は加算しない。
❺赤で記入する。
❻残高が借方残高か貸方残高かを記入する。

▶15-5

(1)

仕訳帳　1

令和○年		摘要		元丁	借方	貸方
1	1	前期繰越高		√	4,827,000	4,827,000
	7	仕入			572,000	
			現金	1		160,000
			買掛金			412,000
	15	売掛金		3	276,000	
			売上			276,000
	17	売上			8,000	
			売掛金	3		8,000
	22	現金		1	100,000	
		売掛金		3	136,000	
			売上			236,000
	29	当座預金			280,000	
			売掛金	3		280,000

総勘定元帳

現金　1

令和○年		摘要	仕丁	借方	令和○年		摘要	仕丁	貸方
1	1	前期繰越	√	410,000	1	7	仕入	1	160,000
	22	売上	1	100,000					

売掛金　3

令和○年		摘要	仕丁	借方	令和○年		摘要	仕丁	貸方
1	1	前期繰越	√	490,000	1	17	売上	1	8,000
	15	売上	1	276,000		29	当座預金	〃	280,000
	22	売上	〃	136,000					

(2)

売上帳　1

令和○年		摘要		内訳	金額
1	15	大阪商店	掛け		
		A品 210個 @¥400		84,000	
		B品 320〃 〃〃600		192,000	276,000
	17	**大阪商店**	**掛け返品**		
		A品 20個 @¥400			8,000
	22	三重商店	現金・掛け		
		A品 590個 @¥400			236,000
	31		総売上高		512,000
	〃		**売上返品高**		8,000
			純売上高		504,000

売掛金元帳

大阪商店　1

令和○年		摘要	借方	貸方	借または貸	残高
1	1	前月繰越	150,000		借	150,000
	15	売り上げ	276,000		〃	426,000
	17	売上返品		8,000	〃	418,000
	31	**次月繰越**		418,000		
			426,000	426,000		

三重商店 2

令和○年		摘要	借方	貸方	借または貸	残高
1	1	前月繰越	340,000		借	340,000
	22	売り上げ	136,000		〃	476,000
	29	回収		280,000	〃	196,000
	31	**次月繰越**		196,000		
			476,000	476,000		

▶15-6

(1) 仕訳帳 1

令和○年		摘要		元丁	借方	貸方
1	1	前期繰越高		√	5,048,000	5,048,000
	8	仕入			262,000	
			買掛金	8		262,000
	9	買掛金		8	3,000	
			仕入			3,000
	14	仕入			175,000	
			買掛金	8		175,000
	21	売掛金			507,000	
			売上			507,000
	27	買掛金		8	189,000	
			当座預金	2		189,000
	28	当座預金		2	395,000	
			売掛金			395,000
	30	買掛金		8	285,000	
			当座預金	2		285,000

総勘定元帳

当座預金 2

令和○年		摘要	仕丁	借方	令和○年		摘要	仕丁	貸方
1	1	前期繰越	√	1,680,000	1	27	買掛金	1	189,000
	28	売掛金	1	395,000		30	買掛金	〃	285,000

買掛金 8

令和○年		摘要	仕丁	借方	令和○年		摘要	仕丁	貸方
1	9	仕入	1	3,000	1	1	前期繰越	√	474,000
	27	当座預金	〃	189,000		8	仕入	1	262,000
	30	当座預金	〃	285,000		14	仕入	〃	175,000

(2) 仕入帳 1

令和○年		摘要		内訳	金額
1	8	船橋商店	掛け		
		A品 400個 @¥280		112,000	
		B品 500〃 〃〃300		150,000	262,000
	9	**船橋商店**	**掛け返品**		
		B品 10個 @¥300			3,000
	14	水戸商店	掛け		
		C品 700個 @¥250			175,000
	31		総仕入高		437,000
	〃		**仕入返品高**		3,000
			純仕入高		434,000

買掛金元帳

船橋商店 1

令和○年		摘要	借方	貸方	借または貸	残高
1	1	前月繰越		189,000	貸	189,000
	8	仕入れ		262,000	〃	451,000
	9	返品	3,000		〃	448,000
	27	支払い	189,000		〃	259,000
	31	**次月繰越**	259,000			
			451,000	451,000		

水戸商店 2

令和○年		摘要	借方	貸方	借または貸	残高
1	1	前月繰越		285,000	貸	285,000
	14	仕入れ		175,000	〃	460,000
	30	支払い	285,000		〃	175,000
	31	**次月繰越**	175,000			
			460,000	460,000		

▶15-7

(1) 仕訳帳 1

令和○年		摘要		元丁	借方	貸方
1	1	前期繰越高		√	6,003,000	6,003,000
	8	仕入			486,000	
			買掛金			486,000
	16	売掛金		3	273,000	
			売上			273,000
	17	売掛金		3	426,000	
			売上			426,000
	20	売上			29,000	
			売掛金	3		29,000
	24	現金		1	261,000	
			売掛金	3		261,000
	27	当座預金			174,000	
			売掛金	3		174,000
	29	買掛金			305,000	
			現金	1		305,000

総勘定元帳

現金 1

令和○年		摘要	仕丁	借方	令和○年		摘要	仕丁	貸方
1	1	前期繰越	√	197,000	1	29	買掛金	1	305,000
	24	売掛金	1	261,000					

売掛金 3

令和○年		摘要	仕丁	借方	令和○年		摘要	仕丁	貸方
1	1	前期繰越	√	435,000	1	20	売上	1	29,000
	16	売上	1	273,000		24	現金	〃	261,000
	17	売上	〃	426,000		27	当座預金	〃	174,000

(2) 売上帳 1

令和○年		摘要		内訳	金額
1	16	大分商店	掛け		
		A品 700個 @¥390			273,000
	17	長崎商店	掛け		
		A品 200個 @¥390		78,000	
		B品 600〃 〃〃580		348,000	426,000
	20	**長崎商店**	**掛け返品**		
		B品 50個 @¥580			29,000
	31		総売上高		699,000
	〃		**売上返品高**		29,000
			純売上高		670,000

売掛金元帳

大分商店 1

令和○年		摘要	借方	貸方	借または貸	残高
1	1	前月繰越	174,000		借	174,000
	16	売り上げ	273,000		〃	447,000
	27	回収		174,000	〃	273,000
	31	**次月繰越**		273,000		
			447,000	447,000		

長崎商店　2

令和○年		摘要	借方	貸方	借または貸	残高
1	1	前月繰越	261,000		借	261,000
	17	売り上げ	426,000		〃	687,000
	20	返品		29,000	〃	658,000
	24	回収		261,000	〃	397,000
	31	**次月繰越**		397,000		
			687,000	687,000		

▶15-8

(1)

仕訳帳　1

令和○年		摘要		元丁	借方	貸方
1	1	前期繰越高		√	6,070,000	6,070,000
	7	仕入			452,000	
			当座預金	2		452,000
	12	売掛金		3	572,000	
			売上			572,000
	15	売上			19,000	
			売掛金	3		19,000
	18	売掛金		3	215,000	
			売上			215,000
	25	当座預金		2	156,000	
			売掛金	3		156,000
	27	買掛金			395,000	
			当座預金	2		395,000
	29	現金			374,000	
			売掛金	3		374,000

総勘定元帳

当座預金　2

令和○年		摘要	仕丁	借方	令和○年		摘要	仕丁	貸方
1	1	前期繰越	√	1,208,000	1	7	仕入	1	452,000
	25	売掛金	1	156,000		27	買掛金	〃	395,000

売掛金　3

令和○年		摘要	仕丁	借方	令和○年		摘要	仕丁	貸方
1	1	前期繰越	√	530,000	1	15	売上	1	19,000
	12	売上	1	572,000		25	当座預金	〃	156,000
	18	売上	〃	215,000		29	現金	〃	374,000

(2)

売上帳　1

令和○年		摘要		内訳	金額
1	12	京都商店	掛け		
		A品　900個　@¥380		342,000	
		B品　500〃　〃〃460		230,000	572,000
	15	**京都商店**	**掛け返品**		
		A品　50個　@¥380			19,000
	18	兵庫商店	掛け		
		A品　400個　@¥380		152,000	
		C品　90〃　〃〃700		63,000	215,000
	31		総売上高		787,000
	〃		**売上返品高**		19,000
			純売上高		768,000

売掛金元帳

京都商店　1

令和○年		摘要	借方	貸方	借または貸	残高
1	1	前月繰越	374,000		借	374,000
	12	売り上げ	572,000		〃	946,000
	15	返品		19,000	〃	927,000
	29	回収		374,000	〃	553,000
	31	**次月繰越**		553,000		
			946,000	946,000		

兵庫商店　2

令和○年		摘要	借方	貸方	借または貸	残高
1	1	前月繰越	156,000		借	156,000
	18	売り上げ	215,000		〃	371,000
	25	回収		156,000	〃	215,000
	31	**次月繰越**		215,000		
			371,000	371,000		

16 受取手形・支払手形 (p.76)

▶16-1

	借	方	貸	方
(1)	受取手形	340,000	売上	340,000
(2)	買掛金	70,000	支払手形	70,000
(3)	当座預金	230,000	受取手形	230,000
(4)	支払手形	330,000	当座預金	330,000

▶16-2

	借	方	貸	方
(1)	仕入	250,000	受取手形	250,000
(2)	当座預金 手形売却損	78,400 1,600	受取手形	80,000

▶16-3

支払手形記入帳　3

令和○年		摘要	金額	手形種類	手形番号	受取人	振出人	振出日		支払期日		支払場所	てん末		
													月	日	摘要
11	4	仕入れ	680,000	約手	9	田川商店	当店	11	4	12	4	全商銀行	12	4	支払い

▶16-4

	借	方	貸	方
9/5	受取手形	180,000	売掛金	180,000
11	受取手形	260,000	売上	260,000
14	仕入	180,000	受取手形	180,000
10/11	当座預金	260,000	受取手形	260,000

受取手形記入帳　3

令和○年		摘要	金額	手形種類	手形番号	支払人	振出人または裏書人	振出日		支払期日		支払場所	てん末		
													月	日	摘要
9	5	売掛金	180,000	約手	26	大塚商店	大塚商店	9	5	10	5	全商銀行	9	14	裏書譲渡
	11	売り上げ	260,000	約手	6	坂戸商店	坂戸商店	9	11	10	11	〃	10	11	入金

17 その他の債権・債務 (p.79)

▶17-1

	借	方	貸	方
(1)	貸付金	200,000	現金	200,000
(2)	現金	210,000	貸付金 受取利息❶	200,000 10,000
(3)	現金	300,000	借入金	300,000
(4)	現金 支払利息❷	246,500 3,500	借入金	250,000

解説 ❶利息を受け取ったので，受取利息勘定(収益)の貸方に記入する。

❷利息を差し引かれて支払ったので，支払利息勘定(費用)の借方に記入する。

▶17-2

	借	方	貸	方
(1)	前払金	80,000	現金	80,000
(2)	仕入	280,000	前払金 買掛金	80,000 200,000
(3)	現金	60,000	前受金	60,000

▶17-3

	借	方	貸	方
(1)	未収入金	1,200	雑益	1,200
(2)	備品	250,000	未払金	250,000
(3)	未払金	250,000	当座預金	250,000

▶17-4

	借	方	貸	方	
(1)	従業員立替金	50,000	現金	50,000	❶
(2)	給料❷	120,000	従業員立替金 現金	50,000 70,000	
(3)	給料	160,000	所得税預り金 現金	4,000 156,000	

解説 ❶家庭用品自体は従業員個人のものであり，仕訳する必要はない。

❷給料勘定の借方には給料の「総額」を記入する。

▶17-5

	借	方	貸	方
(1)	仮払金	60,000	現金	60,000
(2)	旅費❶ 現金	57,500 2,500	仮払金	60,000
(3)	当座預金❷	100,000	仮受金	100,000
(4)	仮受金	100,000	売掛金	100,000

解説 ❶精算が済むと，旅費の金額が確定する。これを旅費勘定の借方に記入する。

❷当座預金に振り込まれたので，それだけ当座預金が増える。

▶17-6

	借	方	貸	方
(1)	受取商品券	100,000	売上	100,000
(2)	現金	100,000	受取商品券	100,000

▶17-7

	借	方	貸	方
(1)	仮払金	20,000	現金	20,000
(2)	交通費	500	仮払金	500
(3)	消耗品費	1,200	仮払金	1,200

▶17-8

	借	方	貸	方
(1)	現金	262,000	貸付金 受取利息	250,000 12,000
(2)	借入金 支払利息	340,000 16,000	当座預金	356,000
(3)	当座預金 支払利息	275,800 4,200	借入金	280,000
(4)	借入金	280,000	当座預金	280,000

▶17-9

	借	方	貸	方
(1)	仕入	170,000	前払金❶ 買掛金	100,000 70,000
(2)	前受金 売掛金	100,000 400,000	売上	500,000
(3)	仕入	430,000	前払金 買掛金	30,000 400,000
(4)	現金	60,000	前受金❷	60,000

解説 ❶「さきに支払ってある」は，「前払いしてある」という意味である。

❷注文を受けた商品¥160,000については，この段階ではまだ仕訳をしない。

▶17-10

	借	方	貸	方
(1)	現金	1,400	未収入金❶	1,400
(2)	備品	270,000	未払金	270,000
(3)	未払金❷	260,000	当座預金	260,000
(4)	給料	175,000	所得税預り金 現金	6,000 169,000

解説 ❶「さきに売却した」時点で，月末に受け取る約束の未収額を計上した勘定は未収入金勘定である。

❷「さきに買い入れた」時点で，月末に支払う約束の未払額を計上した勘定は未払金勘定である。

▶17-11

	借	方	貸	方
(1)	旅　費 現　金	28,000 2,000	仮払金❶	30,000
(2)	仮受金❷	80,000	売掛金	80,000
(3)	受取商品券 現　金	50,000 10,000	売　上	60,000

解説 ❶概算で渡した時点で，仮払金勘定に計上してある。
❷「さきに送金を受けていた内容不明の￥80,000」は，仮受金勘定に計上してある。

▶17-12

	借	方	貸	方
(1)	給　料	750,000	所得税預り金❶ 現　金	54,000 696,000
(2)	仮払金❷	40,000	現　金	40,000
(3)	当座預金	130,000	仮受金❸	130,000
(4)	前受金❹ 売掛金	300,000 600,000	売　上	900,000
(5)	現　金	90,000	前受金	90,000
(6)	旅　費 現　金	83,000 7,000	仮払金	90,000
(7)	仮受金	150,000	売掛金	150,000
(8)	仕　入	300,000	前払金❺ 買掛金	60,000 240,000
(9)	現　金	721,000	貸付金 受取利息	700,000 21,000
(10)	貸付金❻	1,200,000	現　金	1,200,000
(11)	借入金 支払利息	400,000 6,000	現　金	406,000

解説 ❶所得税は所得税預り金勘定で処理する。
❷旅費の金額が確定していないので，仮払金勘定で処理する。
❸内容不明金の振込額は，仮受金勘定で処理する。
❹受け取っていた内金は，前受金勘定の貸方に記入してある。
❺支払った内金は，前払金勘定の借方に記入してある。
❻借用証書で資金を貸し付けた場合は，貸付金勘定で処理する。

18 固定資産 (p.86)

▶18-1

	借	方	貸	方
(1)	備　品❶	250,000	現　金 未払金	25,000 225,000
(2)	車両運搬具	1,500,000	当座預金	1,500,000
(3)	建　物	8,000,000	当座預金 現　金	6,000,000 2,000,000

解説 ❶(借方)金庫と仕訳しないで，備品勘定を用いる。

▶18-2

	借	方	貸	方
(1)	備　品	300,000	当座預金	300,000
(2)	建　物	❶4,950,000	当座預金	4,950,000
(3)	土　地	❷45,350,000	当座預金	45,350,000
(4)	車両運搬具	❸2,450,000	当座預金 現　金	2,400,000 50,000
(5)	備　品	❹932,000	当座預金 現　金	890,000 42,000

解説 ❶仲介手数料と登記料は建物の取得原価に含めて計上する。
❷仲介手数料は土地の取得原価に含めて計上する。
❸登録料は車両運搬具の取得原価に含めて計上する。
❹引取運賃と据付費は備品の取得原価に含めて計上する。

▶18-3

	借	方	貸	方
(1)	土　地	6,570,000	当座預金	6,570,000
(2)	備　品	338,000	現　金	338,000
(3)	土　地	5,480,000	当座預金	5,480,000
(4)	建　物	4,790,000	当座預金 現　金	4,500,000 290,000
(5)	備　品	800,000	当座預金	800,000

解説 登記料・買入手数料などの付随費用は，該当する固定資産の取得原価に含めて計上する。

19 販売費及び一般管理費（p.88）

▶**19-1**

	借	方	貸	方
4/15	販売費及び一般管理費	6,000	現　　金	6,000
25	販売費及び一般管理費	8,000	現　　金	8,000
30	販売費及び一般管理費	30,000	現　　金	30,000

総　勘　定　元　帳

販売費及び一般管理費　30

借			貸
4/15	現　　金	6,000	
25	現　　金	8,000	
30	現　　金	30,000	

販売費及び一般管理費元帳

広　告　料　2

令和○年		摘　　要	金　額	合　計
4	30	新　聞　広　告　代	30,000	30,000

通　信　費　6

令和○年		摘　　要	金　額	合　計
4	15	郵便切手・はがき代	6,000	6,000 ❶

水　道　光　熱　費　12

令和○年		摘　　要	金　額	合　計
4	25	電　気　料　金	8,000	8,000 ❷

解説 ❶郵便切手・はがき代は通信費である。
❷電気料金は水道光熱費である。

▶**19-2**

	借	方	貸	方
(1)	租税公課（または事業税）	50,000	現　　金	50,000
(2)	租税公課（または固定資産税）	30,000	現　　金	30,000
(3)	租税公課（または印紙税）	2,000	現　　金	2,000

▶**19-3**

	借	方	貸	方
(1)	販売費及び一般管理費	4,000	現　　金	4,000
(2)	販売費及び一般管理費	50,000	当座預金	50,000

▶**19-4**

	借	方	貸	方
(1)	給　　料	170,000	所得税預り金	8,000
			現　　金	162,000
(2)	発　送　費	3,000	現　　金	3,000
(3)	旅　　費	19,000	仮　払　金	20,000
	現　　金	1,000		

解説 販売費及び一般管理費勘定を用いず，それぞれ該当する勘定科目を用いて仕訳する。

▶**19-5**

	借	方	貸	方
(1)	広　告　料	30,000	現　　金	30,000
(2)	給　　料	610,000	所得税預り金	48,000
			現　　金	562,000
(3)	通　信　費	20,000	現　　金	20,000
(4)	保　険　料	78,000	現　　金	78,000
(5)	旅　　費	52,000	仮　払　金	53,000
	現　　金	1,000		

20 個人企業の資本金（p.91）

▶**20-1**

	借	方	貸	方
(1)	現　　金	1,000,000	資　本　金	1,000,000
(2)	資　本　金	50,000	現　　金	50,000
(3)	現　　金	800,000	資　本　金	800,000
(4)	損　　益	240,000	資　本　金❶	240,000
(5)	資　本　金❶	45,000	損　　益	45,000

解説 ❶損益勘定をイメージすると，仕訳の貸借がはっきりする。

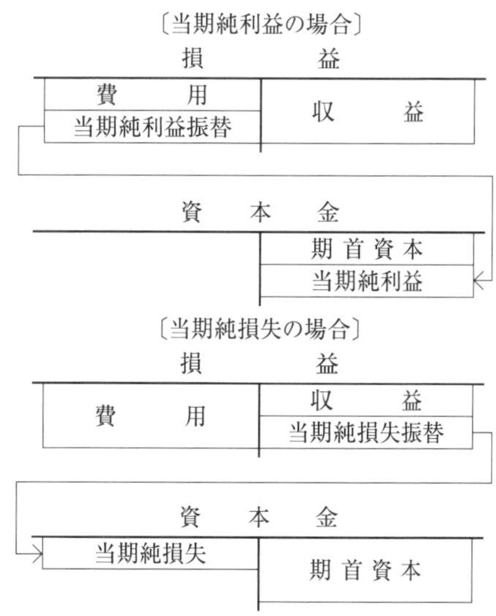

▶**20-2**

	借	方	貸	方
(1)	現　　金	800,000	資　本　金	2,000,000
	備　　品	1,200,000		
(2)	現　　金	500,000	資　本　金	500,000
(3)	資　本　金	10,500	現　　金	10,000
			仕　　入❶	500
(4)	資　本　金	30,000	当座預金	30,000
(5)	損　　益	352,000	資　本　金	352,000

解説 ❶ 3分法で記帳するので，原価¥500の商品は仕入勘定で処理する。

▶20-3

	借	方	貸	方
(1)	引　出　金	25,000	現　　金	25,000
(2)	引　出　金	4,000	仕　　入	4,000
(3)	資　本　金	29,000	引　出　金	29,000

解説 店主が店の資産を私用にあてた(引き出した)ときは，引出金(または資本金)勘定に計上する。

21 所得税・住民税 (p.93)

▶21-1

	借	方	貸	方
(1)	引　出　金(または資本金)	51,000	現　　金	51,000
(2)	引　出　金(または資本金)	111,000	現　　金	111,000
(3)	引　出　金(または資本金)	31,000	現　　金	31,000
(4)	引　出　金(または資本金)	31,000	現　　金	31,000

◎決　算

22 商品に関する勘定の整理 (p.94)

▶22-1

	期首商品棚卸高	純仕入高	期末商品棚卸高	売上原価	純売上高	商品売買益
(1)	65,000	308,000	58,000	315,000	416,000	101,000
(2)	71,000	❷445,000	83,000	❶433,000	495,000	62,000
(3)	119,000	652,000	134,000	637,000	774,000	137,000

解説 ❶純売上高¥495,000－商品売買益¥62,000
＝¥433,000で，売上原価が求められる。
❷下のような仕入勘定を作成する。
¥516,000－¥71,000＝純仕入高¥445,000と計算される。

仕　入

期首商品棚卸高	71,000	売上原価	433,000
純仕入高	(　　)	期末商品棚卸高	83,000
	516,000		516,000

▶22-2

借	方	貸	方
仕　　入	85,000	繰越商品	85,000
繰越商品	93,000	仕　　入	93,000

繰　越　商　品

1/1 前期繰越	85,000	12/31 仕　入	85,000
12/31 仕　入	93,000		

仕　入

(純仕入高)	554,000	12/31 繰越商品	93,000
12/31 繰越商品	85,000		

▶22-3

繰　越　商　品

1/1 前期繰越	235,000	12/31 仕　入	235,000
12/31 仕　入	264,000	〃 **次期繰越**	264,000
	499,000		499,000

仕　入

(総仕入高)	873,000	(仕入返品高)	21,000
12/31 繰越商品	235,000	12/31 繰越商品	264,000
		〃 損　益	823,000
	1,108,000		1,108,000

売　上

(売上返品高)	33,000	(総売上高)	1,316,000
12/31 損　益	1,283,000		
	1,316,000		1,316,000

損　益

12/31 仕　入	823,000	12/31 売　上	1,283,000

▶22-4

売上原価 ¥941,000❶	商品売買益 ¥537,000❷	純(利益) ¥142,000❸

解説 仕入勘定の残高は，総仕入高¥926,000から仕入返品高¥18,000を差し引いた¥908,000であり，売上勘定の残高は，総売上高¥1,517,000から売上返品高¥39,000を差し引いた¥1,478,000となる。
❶期首商品棚卸高¥218,000＋純仕入高¥908,000
－期末商品棚卸高¥185,000＝¥941,000
❷純売上高¥1,478,000－売上原価¥941,000
＝¥537,000

❸商品売買益¥537,000－給料¥383,000
－支払利息¥12,000＝¥142,000

▶22-5

	借	方	貸	方	
決算整理仕訳	仕入	188,000	繰越商品	188,000	❶
	繰越商品	205,000	仕入	205,000	❷
決算振替仕訳	売上	954,000	損益	954,000	
	損益	589,000	仕入	589,000	❸

繰越商品

1/1 前期繰越	188,000	12/31 仕入	188,000
12/31 仕入	205,000	〃 **次期繰越**	205,000
	393,000		393,000
1/1 前期繰越	205,000		

仕入

(総仕入高)	614,000	(仕入返品高)	8,000
12/31 繰越商品	188,000	12/31 繰越商品	205,000
		〃 損益	589,000
	802,000		802,000

売上

12/31 損益	954,000	(純売上高)	954,000

損益

12/31 仕入	589,000	12/31 売上	954,000

解説 3分法の整理仕訳・振替仕訳は覚えておくこと。
❶繰越商品勘定の前期繰越高を用いて仕訳する。
❷期末商品棚卸高の仕訳である。
❸仕入勘定で売上原価を計算して，損益勘定に振り替える仕訳である。

▶22-6

繰越商品

前期繰越	63,000	(仕入)	(63,000)
❶(仕入)	(78,000)	(**次期繰越**)	(78,000)
	(141,000)		(141,000)
前期繰越	78,000		

仕入

(総仕入高)	576,000	(仕入返品高)	8,500
(繰越商品)	(63,000)	(繰越商品)	(78,000)
		損益	(552,500)
	(639,000)		(639,000)

売上

(売上返品高)	21,000	(総売上高)	914,000
損益	(893,000)		
	(914,000)		(914,000)

損益

(仕入)	(552,500)	(売上)	(893,000)
給料	225,000		
支払利息	12,000		
資本金	(103,500)		
	(893,000)		(893,000)

解説 ❶繰越商品勘定の借方金額は，その下の前期繰越高と同じである。

▶22-7

	借	方	貸	方
決算整理仕訳	仕入	331,000	繰越商品	331,000
	繰越商品	284,000	仕入	284,000
決算振替仕訳	売上	2,277,000	損益	2,277,000
	損益	1,589,000	仕入	1,589,000

▶22-8

	借	方	貸	方
決算整理仕訳	仕入	215,000	繰越商品	215,000
	繰越商品	272,000	仕入	272,000
決算振替仕訳	売上	936,000	損益	936,000
	損益	850,000	仕入	628,000
			給料	124,000
			雑費	87,000
			支払利息	11,000
純損益の振替	損益	86,000	資本金	86,000

繰越商品

1/1 前期繰越	215,000	12/31 仕入	215,000
12/31 仕入	272,000	〃 **次期繰越**	272,000
	487,000		487,000
1/1 前期繰越	272,000		

仕入

(純仕入高)	685,000	12/31 繰越商品	272,000
12/31 繰越商品	215,000	〃 損益	628,000
	900,000		900,000

損益

12/31 仕入	628,000	12/31 売上	936,000
〃 給料	124,000		
〃 雑費	87,000		
〃 支払利息	11,000		
〃 資本金	86,000		
	936,000		936,000

解説 まず決算整理事項によって整理仕訳をおこなう。この二つの仕訳によって，仕入勘定で売上原価の計算ができる。
(¥215,000＋¥685,000)－¥272,000
＝売上原価¥628,000
前問と違って，売上原価以外にも費用の発生額が資料にあるので，売上原価と一緒に損益勘定に振り替え，当期純利益の額を計算する。

㉓ 貸し倒れの見積もり (p.98)

▶23-1

借	方	貸	方
貸倒引当金繰入	7,000	貸倒引当金	7,000

▶23-2

(1)

借	方	貸	方
貸倒引当金繰入	11,000	貸倒引当金	11,000

貸倒引当金繰入

12/31 貸倒引当金	11,000	12/31 損　益	11,000

貸倒引当金

12/31 次期繰越	11,000	12/31 貸倒引当金繰入	11,000

(2)

借	方	貸	方
貸倒引当金繰入	❶9,000	貸倒引当金	9,000

貸倒引当金繰入

12/31 貸倒引当金	9,000	12/31 損　益	9,000

貸倒引当金

12/31 次期繰越	11,000	(残　高)	2,000
		12/31 貸倒引当金繰入	9,000
	11,000		11,000

解説 ❶売掛金残高¥550,000×0.02=¥11,000だが，貸倒引当金に¥2,000の残高があるので，¥11,000−¥2,000=¥9,000となる。

▶23-3

借	方	貸	方
貸倒引当金	58,000	売掛金	75,000
貸倒損失	17,000		

▶23-4

	借	方	貸	方
12/31	貸倒引当金繰入	❶24,000	貸倒引当金	24,000
3/10	貸倒引当金❷	20,000	売掛金	20,000
12/31	貸倒引当金繰入	❸32,000	貸倒引当金	32,000

貸倒引当金

12/31 次期繰越	24,000	12/31 貸倒引当金繰入	24,000
3/10 売掛金	20,000	1/1 前期繰越	24,000
12/31 次期繰越	36,000	12/31 貸倒引当金繰入	32,000
	56,000		56,000
		1/1 前期繰越	36,000

解説 ❶売掛金残高¥800,000×0.03=¥24,000

❷回収不能となった売掛金は，貸倒引当金勘定を用いて処理する。

❸売掛金残高¥1,200,000×0.03=¥36,000
ただし，貸倒引当金に残高(¥24,000−¥20,000=¥4,000)があるので，差額(不足額)だけ計上する。
¥36,000−¥4,000=¥32,000

▶23-5

	借	方	貸	方
(1)	貸倒引当金	❶ 76,000	売掛金	76,000
(2)	貸倒引当金 貸倒損失	❷38,000 2,000	売掛金	40,000

解説 ❶貸倒額より多く貸倒引当金があるので，貸倒引当金を取り崩せばよい。

❷貸倒引当金の残高は¥38,000あるが，貸倒額は¥40,000で，貸倒額のほうが¥2,000多い。このため，この差額は貸倒損失勘定(費用)で処理する。

〈参考〉

(1) 貸倒引当金

売掛金	76,000		130,000
(残　高)	54,000		
	130,000		130,000

(2) 貸倒引当金

売掛金	38,000	(残　高)	38,000

貸倒損失

売掛金	2,000	損　益	2,000

24 減価償却（直接法）(p.100)

▶**24-1**

〔計算式〕 $\frac{(￥200,000)-(￥0)}{(8年)}$ = 減価償却費（￥25,000）

▶**24-2**

借	方	貸	方
減価償却費	30,000	備　品	30,000

備　品

1/8	現　金	300,000	12/31	減価償却費	30,000
			〃	**次期繰越**	270,000
		300,000			300,000
1/1	前期繰越	270,000			

減価償却費

12/31	備　品	30,000	12/31	損　益	30,000

▶**24-3**

借	方	貸	方
減価償却費	50,000	備　品	50,000

備　品

1/1	前期繰越	300,000	12/31	減価償却費	50,000
			〃	**次期繰越**	250,000
		300,000			300,000
1/1	前期繰越	250,000			

▶**24-4**

	借	方	貸	方
整理仕訳	減価償却費	30,000	建　物	30,000
振替仕訳	損　益	30,000	減価償却費❶	30,000

建　物

1/1	前期繰越	1,320,000	12/31	減価償却費	30,000 ❷
			〃	**次期繰越**	1,290,000
		1,320,000			1,320,000
1/1	前期繰越	1,290,000			

減価償却費

12/31	建　物	30,000	12/31	損　益	30,000

解説 ❶減価償却費は，費用項目であるから，決算のさいに損益勘定の借方に振り替える。これはそのための仕訳である。

❷直接法は，建物の帳簿価額から直接減額していく方法である。

▶**24-5**

	借	方	貸	方
○1/12/31	減価償却費	35,000	備　品	35,000
○2/12/31	減価償却費	35,000	備　品	35,000

備　品

1/4	当座預金	420,000	12/31	減価償却費	35,000
			〃	**次期繰越**	385,000
		420,000			420,000
1/1	前期繰越	385,000	12/31	減価償却費	35,000
			〃	**次期繰越**	350,000
		385,000			385,000
1/1	前期繰越	350,000			

解説 定額法では，毎期の減価償却費が同額となる。備品の帳簿価額が毎期同額ずつ減少していくことに注意する。

▶**24-6**

〔計算式〕 $\frac{￥480,000-￥0}{8年}$ = ￥60,000

￥480,000 − (￥60,000 × 6) = ￥120,000

備品の帳簿価額　￥　120,000

解説 定額法は1年間の減価償却費￥60,000は変わらないので，6倍した金額が減価償却費の累計額となる。備品の帳簿価額は，取得原価からこの累計額を差し引いた金額である。

25 8桁精算表 (p.102)

▶**25-1**

借	方	貸	方
仕　入	280,000	繰越商品	280,000 ❶
繰越商品	320,000	仕　入	320,000

精　算　表

勘定科目	残高試算表		整理記入		損益計算書		貸借対照表	
	借方	貸方	借方	貸方	借方	貸方	借方	貸方
繰越商品	280,000		(320,000)	(280,000)			(320,000)	
仕　入	960,000		(280,000)	(320,000)	(❷920,000)			

解説 ❶この仕訳は，期首商品棚卸高を仕入勘定に振り替えるものである。期首商品棚卸高は，精算表の残高試算表欄の繰越商品勘定の金額￥280,000である。精算表の残高試算表欄は，決算整理前の元帳勘定残高である。

❷仕入勘定欄で売上原価の計算がおこなわれる。期首商品棚卸高￥280,000 + 当期の商品仕入高￥960,000 − 期末商品棚卸高￥320,000 = ￥920,000となる。

▶**25-2**

借	方	貸	方
貸倒引当金繰入	45,000	貸倒引当金	45,000 ❶

精　　　算　　　表

勘定科目	残高試算表		整理記入		損益計算書		貸借対照表	
	借方	貸方	借方	貸方	借方	貸方	借方	貸方
売掛金	2,600,000						2,600,000	
貸倒引当金		7,000		(45,000)				(52,000)
貸倒引当金繰入			(45,000)		(45,000)			

解説 ❶売掛金残高¥2,600,000×0.02－貸倒引当金残高¥7,000＝¥45,000となる。

▶25-3

精　　　算　　　表

令和○年12月31日

勘定科目	残高試算表		整理記入		損益計算書		貸借対照表	
	借方	貸方	借方	貸方	借方	貸方	借方	貸方
現金	131,000						131,000	
当座預金	513,000						513,000	
売掛金	700,000						700,000	
貸倒引当金		3,000		(18,000)				(21,000)
繰越商品	312,000		(347,000)	(312,000)			(347,000)	
備品	420,000			(60,000)			(360,000)	
買掛金		500,000						500,000
資本金		1,300,000						1,300,000
売上		1,656,000				1,656,000		
仕入	1,185,000		(312,000)	(347,000)	(1,150,000)			
給料	134,000				134,000			
消耗品費	64,000				64,000			
貸倒引当金繰入			(18,000)		(18,000)			
減価償却費			(60,000)		(60,000)			
当期純(利益)					(❶230,000)			(❶230,000)
	3,459,000	3,459,000	737,000	737,000	1,656,000	1,656,000	2,051,000	2,051,000

解説 〈決算整理仕訳〉

a.(借)仕　　入312,000 (貸)繰越商品312,000
　　繰越商品347,000 　　仕　　入347,000

b.(借)貸倒引当金繰入 18,000 (貸)貸倒引当金 18,000
(売掛金残高¥700,000×0.03)－貸倒引当金残高¥3,000＝¥18,000

c.(借)減価償却費 60,000 (貸)備　　品 60,000

$$\frac{\text{取得原価¥480,000－残存価額¥0}}{\text{耐用年数8年}}=¥60,000$$

よって，この仕訳を精算表の整理記入欄に記入する。

❶当期純利益¥230,000は，損益計算書欄の収益総額¥1,656,000－費用総額¥1,426,000＝¥230,000，貸借対照表欄の(資産総額¥2,051,000－貸倒引当金¥21,000)－負債総額¥500,000－資本金¥1,300,000＝¥230,000から求められる。

▶**25-4**

精　　算　　表

令和○年12月31日

勘定科目	残高試算表		整理記入		損益計算書		貸借対照表	
	借方	貸方	借方	貸方	借方	貸方	借方	貸方
現金	85,000						85,000	
当座預金	689,000						689,000	
売掛金	500,000						500,000	
貸倒引当金		(2,000)		(8,000)				(10,000)
繰越商品	(437,000)		(413,000)	(437,000)			(413,000)	
備品	378,000			(63,000)			(315,000)	
買掛金		595,000						595,000
前受金		(68,000)						(68,000)
資本金		1,300,000						1,300,000
売上		1,822,000				1,822,000		
受取手数料		30,000				30,000		
仕入	1,392,000		(437,000)	(413,000)	(1,416,000)			
給料	240,000				240,000			
支払家賃	96,000				96,000			
貸倒引当金繰入			(8,000)		(8,000)			
減価償却費			(63,000)		(63,000)			
当期純(利益)					(29,000)			(29,000)
	3,817,000	3,817,000	(921,000)	(921,000)	1,852,000	1,852,000	2,002,000	2,002,000

解説　まず，問題にある元帳勘定残高の金額を残高試算表欄に正確に記入する。資産は借方，負債・資本金は貸方，収益は貸方，費用は借方に記入する。

〈決算整理仕訳〉

a.(借)仕　　入 *437,000* (貸)繰越商品 *437,000*
　　　繰越商品 *413,000* 　　仕　　入 *413,000*

b.(借)貸倒引当金繰入 *8,000* (貸)貸倒引当金 *8,000*
(売掛金残高￥*500,000*×0.02)－貸倒引当金残高￥*2,000*＝￥*8,000*

c.(借)減価償却費 *63,000* (貸)備　　品 *63,000*

▶25-5

精　算　表

令和○年12月31日

勘定科目	残高試算表		整理記入		損益計算書		貸借対照表	
	借方	貸方	借方	貸方	借方	貸方	借方	貸方
現金	140,000						140,000	
当座預金	598,000						598,000	
売掛金	1,300,000						1,300,000	
貸倒引当金		12,000		(27,000)				(39,000)
繰越商品	819,000		(853,000)	(819,000)			(853,000)	
備品	288,000			(36,000)			(252,000)	
買掛金		986,000						986,000
借入金		300,000						300,000
資本金		1,650,000						1,650,000
売上		2,579,000				2,579,000		
受取手数料		15,000				15,000		
仕入	1,845,000		(819,000)	(853,000)	(1,811,000)			
給料	230,000				230,000			
発送費	72,000				72,000			
広告料	50,000				50,000			
支払家賃	120,000				120,000			
消耗品費	37,000				37,000			
雑費	26,000				26,000			
支払利息	17,000				17,000			
	5,542,000	5,542,000						
(貸倒引当金繰入)			(27,000)		(27,000)			
(減価償却費)			(36,000)		(36,000)			
当期純(利益)					(168,000)			(168,000)
			(1,735,000)	(1,735,000)	2,594,000	2,594,000	3,143,000	3,143,000

解説 〈決算整理仕訳〉

a.(借)仕　　入 819,000 (貸)繰越商品 819,000
　　　繰越商品 853,000 　　仕　　入 853,000

b.(借)貸倒引当金繰入 27,000 (貸)貸倒引当金 27,000
(売掛金残高¥1,300,000×0.03)－貸倒引当金残高¥12,000＝¥27,000

c.(借)減価償却費 36,000 (貸)備　　品 36,000

$$\frac{\text{取得原価¥360,000}-\text{残存価額¥0}}{\text{耐用年数10年}}=¥36,000$$

▶25-6

精　算　表

令和○年12月31日

勘定科目	残高試算表		整理記入		損益計算書		貸借対照表	
	借方	貸方	借方	貸方	借方	貸方	借方	貸方
現金	895,000						895,000	
当座預金	1,960,000						1,960,000	
売掛金	3,500,000						3,500,000	
貸倒引当金		5,000		65,000				70,000
繰越商品	920,000		940,000	920,000			940,000	
備品	1,200,000			200,000			1,000,000	
買掛金		2,380,000						2,380,000
借入金		600,000						600,000
資本金		4,850,000						4,850,000
売上		9,030,000				9,030,000		
受取手数料		246,000				246,000		
仕入	6,150,000		920,000	940,000	6,130,000			
給料	1,384,000				1,384,000			
支払家賃	720,000				720,000			
水道光熱費	257,000				257,000			
雑費	83,000				83,000			
支払利息	42,000				42,000			
	17,111,000	17,111,000						
(貸倒引当金繰入)			65,000		65,000			
(減価償却費)			200,000		200,000			
当期純(利益)					395,000			395,000
			2,125,000	2,125,000	9,276,000	9,276,000	8,295,000	8,295,000

解説　元帳勘定残高の金額を精算表の残高試算表欄に記入する。ほとんどの勘定は記入済みであるが，貸倒引当金，備品勘定については記入されていないので，借方に記入するのか，貸方に記入するのか，よく確認して，その金額を記入すること。

〈決算整理仕訳〉

a．(借)仕　　入920,000　(貸)繰越商品920,000
　　　繰越商品940,000　　　仕　　入940,000

b．(借)貸倒引当金繰入 65,000　(貸)貸倒引当金 65,000
　(売掛金残高￥3,500,000×0.02)－貸倒引当金残高￥5,000＝￥65,000

c．(借)減価償却費200,000　(貸)備　　品200,000

$$\frac{\text{取得原価￥1,600,000－残存価額￥0}}{\text{耐用年数8年}}=\text{￥200,000}$$

▶25-7

(1)

精　算　表

令和○年12月31日

勘定科目	残高試算表		整理記入		損益計算書		貸借対照表	
	借方	貸方	借方	貸方	借方	貸方	借方	貸方
現金	675,000						675,000	
当座預金	1,598,000						1,598,000	
売掛金	2,700,000						2,700,000	
貸倒引当金		11,000		43,000				54,000
繰越商品	910,000		850,000	910,000			850,000	
備品	1,200,000			300,000			900,000	
買掛金		2,435,000						2,435,000
前受金		265,000						265,000
資本金		3,560,000						3,560,000
売上		9,517,000				9,517,000		
受取手数料		98,000				98,000		
仕入	6,343,000		910,000	850,000	6,403,000			
給料	1,471,000				1,471,000			
支払家賃	876,000				876,000			
消耗品費	113,000				113,000			
	15,886,000	15,886,000						
貸倒引当金繰入			43,000		43,000			
減価償却費			300,000		300,000			
当期純(利益)					409,000			409,000
			2,103,000	2,103,000	9,615,000	9,615,000	6,723,000	6,723,000

(2)

給　料　13

1,471,000	12/31	損益	1,471,000

解説　〈決算整理仕訳〉

a.(借)仕　入910,000　(貸)繰越商品910,000
　　繰越商品850,000　　　仕　入850,000

b.(借)貸倒引当金繰入 43,000　(貸)貸倒引当金 43,000
(売掛金残高¥2,700,000×0.02)－貸倒引当金残高¥11,000=¥43,000

c.(借)減価償却費300,000　(貸)備　品300,000

$$\frac{\text{取得原価¥1,800,000－残存価額¥0}}{\text{耐用年数6年}}=\text{¥300,000}$$

▶25-8

(1)

精　　算　　表

令和○年12月31日

勘定科目	残高試算表		整理記入		損益計算書		貸借対照表	
	借方	貸方	借方	貸方	借方	貸方	借方	貸方
現金	583,000						583,000	
当座預金	1,740,000						1,740,000	
売掛金	1,600,000						1,600,000	
貸倒引当金		12,000		36,000				48,000
繰越商品	690,000		710,000	690,000			710,000	
備品	520,000			130,000			390,000	
買掛金		1,801,000						1,801,000
前受金		132,000						132,000
資本金		2,746,000						2,746,000
売上		8,429,000				8,429,000		
受取手数料		62,000				62,000		
仕入	6,079,000		690,000	710,000	6,059,000			
給料	1,194,000				1,194,000			
支払家賃	732,000				732,000			
消耗品費	25,000				25,000			
雑費	19,000				19,000			
	13,182,000	13,182,000						
貸倒引当金繰入			36,000		36,000			
減価償却費			130,000		130,000			
当期純(利益)					296,000			296,000
			1,566,000	1,566,000	8,491,000	8,491,000	5,023,000	5,023,000

(2)

備　　品　　6

1/1 前期繰越	520,000	12/31	減価償却費	130,000
		〃	**次期繰越**	390,000
	520,000			520,000

解説 〈決算整理仕訳〉

a.(借)仕　　入690,000（貸)繰越商品690,000
　　繰越商品710,000　　仕　　入710,000

b.(借)貸倒引当金繰入 36,000（貸)貸倒引当金 36,000
（売掛金残高¥1,600,000×0.03）－貸倒引当金残高¥12,000＝¥36,000

c.(借)減価償却費130,000（貸)備　　品130,000

$$\frac{\text{取得原価¥780,000－残存価額¥0}}{\text{耐用年数6年}}=¥130,000$$

▶25-9

(1)

精　算　表

令和○年12月31日

勘定科目	残高試算表		整理記入		損益計算書		貸借対照表	
	借方	貸方	借方	貸方	借方	貸方	借方	貸方
現金	*980,000*						*980,000*	
当座預金	*1,647,000*						*1,647,000*	
売掛金	*2,300,000*						*2,300,000*	
貸倒引当金		*6,000*		*40,000*				*46,000*
繰越商品	*690,000*		*730,000*	*690,000*			*730,000*	
備品	*750,000*			*150,000*			*600,000*	
買掛金		*2,142,000*						*2,142,000*
前受金		*360,000*						*360,000*
資本金		*3,474,000*						*3,474,000*
売上		*9,400,000*				*9,400,000*		
受取手数料		*32,000*				*32,000*		
仕入	*6,554,000*		*690,000*	*730,000*	*6,514,000*			
給料	*1,386,000*				*1,386,000*			
支払家賃	*816,000*				*816,000*			
水道光熱費	*247,000*				*247,000*			
雑費	*44,000*				*44,000*			
	15,414,000	*15,414,000*						
貸倒引当金繰入			*40,000*		*40,000*			
減価償却費			*150,000*		*150,000*			
当期純利益					*235,000*			*235,000*
			1,610,000	*1,610,000*	*9,432,000*	*9,432,000*	*6,257,000*	*6,257,000*

(2)

備　品　6

1/1	前期繰越	*750,000*	12/31	減価償却費	*150,000*
			〃	**次期繰越**	*600,000*
		750,000			*750,000*

解説 〈決算整理事項の仕訳〉

a.(借)仕　入*690,000*　(貸)繰越商品*690,000*
　　　繰越商品*730,000*　　　仕　入*730,000*

b.(借)貸倒引当金繰入 *40,000*　(貸)貸倒引当金 *40,000*
(売掛金残高¥*2,300,000*×0.02)－貸倒引当金残高¥*6,000*＝¥*40,000*

c.(借)減価償却費*150,000*　(貸)備　品*150,000*

$$\frac{\text{備品取得原価¥}1,200,000-\text{残存価額¥}0}{\text{耐用年数8年}}=¥150,000$$

▶25-10

(1)

精　算　表

令和○年12月31日

勘定科目	残高試算表		整理記入		損益計算書		貸借対照表	
	借方	貸方	借方	貸方	借方	貸方	借方	貸方
現金	451,000						451,000	
当座預金	1,240,000						1,240,000	
売掛金	1,500,000						1,500,000	
貸倒引当金		6,000		24,000				30,000
繰越商品	594,000		648,000	594,000			648,000	
前払金	300,000						300,000	
備品	840,000			210,000			630,000	
買掛金		1,832,000						1,832,000
資本金		2,670,000						2,670,000
売上		9,450,000				9,450,000		
受取手数料		89,000				89,000		
仕入	6,858,000		594,000	648,000	6,804,000			
給料	1,356,000				1,356,000			
支払家賃	828,000				828,000			
消耗品費	64,000				64,000			
雑費	16,000				16,000			
	14,047,000	14,047,000						
貸倒引当金繰入			24,000		24,000			
減価償却費			210,000		210,000			
当期純利益					237,000			237,000
			1,476,000	1,476,000	9,539,000	9,539,000	4,769,000	4,769,000

(2)

貸倒引当金　4

日付	摘要	金額	日付	摘要	金額
6/6	売掛金	20,000	1/1	前期繰越	26,000
12/31	**次期繰越**	30,000	12/31	貸倒引当金繰入	24,000
		50,000			50,000

解説〈決算整理事項の仕訳〉

a.(借)仕　　入594,000 (貸)繰越商品594,000
　　繰越商品648,000 　　仕　　入648,000

b.(借)貸倒引当金繰入 24,000 (貸)貸倒引当金 24,000
(売掛金残高¥1,500,000×0.02)－貸倒引当金残高¥6,000＝¥24,000

c.(借)減価償却費210,000 (貸)備　　品210,000

$$\frac{\text{備品取得原価¥1,260,000－残存価額¥0}}{\text{耐用年数6年}}=¥210,000$$

▶25-11

(1)

精　　算　　表

令和○年12月31日

勘定科目	残高試算表		整理記入		損益計算書		貸借対照表	
	借方	貸方	借方	貸方	借方	貸方	借方	貸方
現金	308,000						308,000	
当座預金	871,000						871,000	
売掛金	950,000						950,000	
貸倒引当金		4,000		15,000				19,000
繰越商品	834,000		860,000	834,000			860,000	
備品	920,000			230,000			690,000	
買掛金		963,000						963,000
前受金		200,000						200,000
資本金		2,280,000						2,280,000
売上		8,207,000				8,207,000		
受取手数料		327,000				327,000		
仕入	6,210,000		834,000	860,000	6,184,000			
給料	1,044,000				1,044,000			
支払家賃	570,000				570,000			
水道光熱費	187,000				187,000			
消耗品費	62,000				62,000			
雑費	25,000				25,000			
	11,981,000	11,981,000						
貸倒引当金繰入			15,000		15,000			
減価償却費			230,000		230,000			
当期純利益					217,000			217,000
			1,939,000	1,939,000	8,534,000	8,534,000	3,679,000	3,679,000

(2)

消　耗　品　費　　16

日付	摘要	金額	日付	摘要	金額
4/21	現金	24,000	12/31	損益	62,000
9/15	現金	38,000			
		62,000			62,000

解説 〈決算整理事項の仕訳〉

a.(借)仕　　入834,000　(貸)繰越商品834,000
　　繰越商品860,000　　　仕　　入860,000

b.(借)貸倒引当金繰入 15,000　(貸)貸倒引当金 15,000
(売掛金残高¥950,000×0.02)－貸倒引当金残高¥4,000＝¥15,000

c.(借)減価償却費230,000　(貸)備　　品230,000

$$\frac{\text{備品取得原価¥1,150,000－残存価額¥0}}{\text{耐用年数5年}}=¥230,000$$

▶25-12

(1)

精　算　表

令和○年12月31日

勘定科目	残高試算表		整理記入		損益計算書		貸借対照表	
	借方	貸方	借方	貸方	借方	貸方	借方	貸方
現金	462,000						462,000	
当座預金	1,231,000						1,231,000	
売掛金	2,600,000						2,600,000	
貸倒引当金		2,000		50,000				52,000
繰越商品	654,000		789,000	654,000			789,000	
備品	480,000			160,000			320,000	
買掛金		2,105,000						2,105,000
前受金		490,000						490,000
資本金		2,468,000						2,468,000
売上		9,160,000				9,160,000		
受取手数料		31,000				31,000		
仕入	6,412,000		654,000	789,000	6,277,000			
給料	1,296,000				1,296,000			
支払家賃	864,000				864,000			
水道光熱費	239,000				239,000			
雑費	18,000				18,000			
	14,256,000	14,256,000						
貸倒引当金繰入			50,000		50,000			
減価償却費			160,000		160,000			
当期純利益					287,000			287,000
			1,653,000	1,653,000	9,191,000	9,191,000	5,402,000	5,402,000

(2)

備　品　6

1/1	前期繰越	480,000	12/31	減価償却費	160,000
			〃	**次期繰越**	320,000
		480,000			480,000

解説 決算整理事項については，3級で扱われているものがほぼ網羅されているので，いままでの学習の総まとめとして精算表作成の手順を確認する。

1．残高試算表欄を確認する。
2．決算整理事項の仕訳をおこない，これを整理記入欄に記入する。借方の合計金額と貸方の合計金額が一致していることを確認する。
3．資産・負債の各勘定と資本金勘定を貸借対照表欄に，収益・費用の各勘定を損益計算書欄に記入する。なお，整理記入欄に記入があれば，その分を加算もしくは減算してから記入する。
4．貸借対照表欄と損益計算書欄のそれぞれの貸借差額で当期純損益の金額を計算し，その金額が一致していることを確認してから締め切る。

▶25-13

精　算　表

令和○年12月31日

勘定科目	残高試算表		整理記入		損益計算書		貸借対照表	
	借方	貸方	借方	貸方	借方	貸方	借方	貸方
現金	850,000						850,000	
当座預金	1,310,000						1,310,000	
売掛金	600,000						600,000	
貸倒引当金		9,000		3,000				12,000
繰越商品	398,000		427,000	398,000			427,000	
備品	1,500,000			500,000			1,000,000	
買掛金		1,183,000						1,183,000
資本金		2,775,000						2,775,000
売上		6,009,000				6,009,000		
仕入	3,539,000		398,000	427,000	3,510,000			
給料	1,128,000				1,128,000			
支払家賃	480,000				480,000			
水道光熱費	132,000				132,000			
消耗品費	24,000				24,000			
雑費	15,000				15,000			
	9,976,000	9,976,000						
貸倒引当金繰入			3,000		3,000			
減価償却費			500,000		500,000			
当期純利益					217,000			217,000
			1,328,000	1,328,000	6,009,000	6,009,000	4,187,000	4,187,000

解説 本問は残高試算表が資料として与えられている。よって，この金額を精算表の残高試算表欄に記入する。残高試算表の借方に金額が記入されているものは精算表でも借方であり，貸方に金額が記入されているものは精算表でも貸方である。本問は，作業量が多いが，確実に丁寧に進めること。

〈決算整理事項の仕訳〉

a．(借)仕　　入398,000 (貸)繰越商品398,000
　　　繰越商品427,000 　　仕　　入427,000

b．(借)貸倒引当金繰入 3,000 (貸)貸倒引当金 3,000
(売掛金残高￥600,000×0.02)－貸倒引当金残高￥9,000＝￥3,000

c．(借)減価償却費500,000 (貸)備　　品500,000

$$\frac{\text{備品取得原価￥2,500,000－残存価額￥0}}{\text{耐用年数5年}}=\text{￥500,000}$$

▶**25-14**

精　　算　　表

令和○年12月31日

勘定科目	残高試算表		整理記入		損益計算書		貸借対照表	
	借方	貸方	借方	貸方	借方	貸方	借方	貸方
現金	505,000						505,000	
当座預金	1,340,000						1,340,000	
売掛金	2,250,000						2,250,000	
貸倒引当金		15,000		30,000				45,000
繰越商品	490,000		520,000	490,000			520,000	
備品	630,000			210,000			420,000	
買掛金		1,080,000						1,080,000
資本金		3,760,000						3,760,000
売上		❶8,360,000				8,360,000		
受取手数料		85,000				85,000		
仕入	5,710,000		490,000	520,000	5,680,000			
給料	1,150,000				1,150,000			
支払家賃	780,000				780,000			
水道光熱費	320,000				320,000			
雑費	125,000				125,000			
	13,300,000	13,300,000						
貸倒引当金繰入			30,000		30,000			
減価償却費			210,000		210,000			
当期純利益					150,000			150,000
			1,250,000	1,250,000	8,445,000	8,445,000	5,035,000	5,035,000

解説 残高試算表の金額を精算表の残高試算表欄に記入する。

❶売上勘定の金額がわからないが，貸方の合計金額￥13,300,000がわかっているので，逆算してこれを求める。

26 帳簿の締め切り (p.116)

▶26-1

	借方		貸方	
収益の振替	売上	718,000	損益	718,000
費用の振替	損益	665,000	仕入	450,000
			給料	84,000
			貸倒引当金繰入	15,000
			減価償却費	9,000
			支払家賃	60,000
			雑費	47,000
純損益の振替	損益	❶53,000	資本金	53,000

売上 11

日付	摘要	金額	日付	摘要	金額
		20,000			738,000
12/31	損益	718,000			
		738,000			738,000

仕入 12

日付	摘要	金額	日付	摘要	金額
		445,000			12,000
12/31	繰越商品	126,000	12/31	繰越商品	109,000
			〃	損益	450,000 ❷
		571,000			571,000

給料 13

日付	摘要	金額	日付	摘要	金額
		84,000	12/31	損益	84,000

貸倒引当金繰入 14

日付	摘要	金額	日付	摘要	金額
12/31	貸倒引当金	15,000	12/31	損益	15,000

減価償却費 15

日付	摘要	金額	日付	摘要	金額
12/31	備品	9,000	12/31	損益	9,000

支払家賃 16

日付	摘要	金額	日付	摘要	金額
		60,000	12/31	損益	60,000

雑費 17

日付	摘要	金額	日付	摘要	金額
		47,000	12/31	損益	47,000

損益 18

日付	摘要	金額	日付	摘要	金額
❷ 12/31	仕入	450,000	12/31	売上	718,000
〃	給料	84,000			
〃	貸倒引当金繰入	15,000			
〃	減価償却費	9,000			
〃	支払家賃	60,000			
〃	雑費	47,000			
❶ 〃	資本金	53,000			
		718,000			718,000

解説 1．決算整理事項の仕訳を転記する。

2．収益と費用の各勘定の残高を損益勘定に振り替える。

3．損益勘定の貸借差額から当期純損益を計算し，それを資本金勘定に振り替える。

4．各勘定を締め切る。

❶収益総額¥718,000－費用総額¥665,000＝当期純利益¥53,000

❷これは当期の売上原価を意味する。3分法では売上原価の計算は仕入勘定でおこなわれる。

▶26-2

(1) 整理仕訳

	借方		貸方	
a	仕入	171,000	繰越商品	171,000
	繰越商品	148,000	仕入	148,000
b	貸倒引当金繰入	❶8,000	貸倒引当金	8,000
c	減価償却費	18,000	備品	18,000

振替仕訳

	借方		貸方	
収益の振替	売上	886,000	損益	935,000
	受取手数料	49,000		
費用の振替	損益	866,000	仕入	549,000
			給料	85,000
			貸倒引当金繰入	8,000
			減価償却費	18,000
			支払家賃	120,000
			雑費	74,000
			支払利息	12,000
純損益の振替	損益	69,000	資本金	69,000

総勘定元帳

現金 1

日付	摘要	金額	日付	摘要	金額
		341,000			238,000
			12/31	次期繰越	103,000
		341,000			341,000

当座預金 2

日付	摘要	金額	日付	摘要	金額
		741,000			402,000
			12/31	次期繰越	339,000
		741,000			741,000

売掛金 3

日付	摘要	金額	日付	摘要	金額
		532,000			132,000
			12/31	次期繰越	400,000
		532,000			532,000

貸倒引当金 4

日付	摘要	金額	日付	摘要	金額
12/31	次期繰越	12,000			4,000
			12/31	貸倒引当金繰入	8,000 ❶
		12,000			12,000

繰越商品 5

日付	摘要	金額	日付	摘要	金額
		171,000	12/31	仕入	171,000
12/31	仕入	148,000	〃	次期繰越	148,000
		319,000			319,000

備品 6

日付	摘要	金額	日付	摘要	金額
		200,000	12/31	減価償却費	18,000
			〃	次期繰越	182,000
		200,000			200,000

買掛金 7

日付	摘要	金額	日付	摘要	金額
		132,000			423,000
12/31	次期繰越	291,000			
		423,000			423,000

借入金 8

	100,000		300,000
12/31 **次期繰越**	200,000		
	300,000		300,000

資本金 9

12/31 **次期繰越**	669,000		600,000
		12/31 損益	69,000
	669,000		669,000

売上 10

	15,000		901,000
12/31 損益	886,000		
	901,000		901,000

受取手数料 11

12/31 損益	49,000		49,000

仕入 12

	534,000		8,000
12/31 繰越商品	171,000	12/31 繰越商品	148,000
		〃 損益	549,000
	705,000		705,000

給料 13

	85,000	12/31 損益	85,000

貸倒引当金繰入 14

12/31 貸倒引当金	8,000	12/31 損益	8,000

減価償却費 15

12/31 備品	18,000	12/31 損益	18,000

支払家賃 16

	120,000	12/31 損益	120,000

雑費 17

	74,000	12/31 損益	74,000

支払利息 18

	12,000	12/31 損益	12,000

損益 19

12/31 仕入	549,000	12/31 売上	886,000
〃 給料	85,000	〃 受取手数料	49,000
〃 貸倒引当金繰入	8,000		
〃 減価償却費	18,000		
〃 支払家賃	120,000		
〃 雑費	74,000		
〃 支払利息	12,000		
〃 資本金	69,000		
	935,000		935,000

(2)

繰越試算表

令和○年12月31日

借方	勘定科目	貸方
103,000	現金	
339,000	当座預金	
400,000	売掛金	
	貸倒引当金	12,000
148,000	繰越商品	
182,000	備品	
	買掛金	291,000
	借入金	200,000
	資本金	669,000
1,172,000		1,172,000

解説 ❶売掛金勘定の残高を求める。売掛金の借方¥532,000から貸方¥132,000を差し引いた¥400,000が残高となる。
(売掛金残高¥400,000×0.03)－貸倒引当金残高¥4,000＝¥8,000

次の手順で帳簿決算をおこなう。

1. 決算整理事項の仕訳を転記する。
2. 収益と費用の各勘定の残高を損益勘定に振り替える。また，あわせて勘定口座を締め切る。
3. 損益勘定の貸借差額から当期純損益を計算し，それを資本金勘定に振り替える。
4. 資産・負債の各勘定と資本金勘定は，その残高は次期に繰り越されるので，「次期繰越」を用いて締め切る。
5. 資産・負債の各勘定残高と資本金勘定の残高をもとに繰越試算表を作成する。

▶26-3

(1)

	借方		貸方	
a	仕入	243,000	繰越商品	243,000
	繰越商品	269,000	仕入	269,000
b	貸倒引当金繰入	❶5,000	貸倒引当金	5,000
c	減価償却費	22,500	備品	22,500

(2)

貸倒引当金 4

12/31 **次期繰越**	6,000		1,000
		12/31 貸倒引当金繰入	5,000 ❶
	6,000		6,000

備品 6

	250,000	12/31 減価償却費	22,500
		〃 **次期繰越**	227,500
	250,000		250,000

資本金 8

12/31 **次期繰越**	919,500		750,000
		12/31 損益	169,500
	919,500		919,500

仕入 10

	1,209,000	12/31 繰越商品	269,000
12/31 繰越商品	243,000	〃 損益	1,183,000
	1,452,000		1,452,000

損　益　14

12/31 仕　入	1,183,000	12/31 売　上	1,789,000
〃 給　料	215,000		
〃 貸倒引当金繰入	5,000		
〃 減価償却費	22,500		
〃 支払家賃	120,000		
〃 雑　費	74,000		
〃 資本金	169,500		
	1,789,000		1,789,000

(3)

繰越試算表

令和○年12月31日

借　方	勘定科目	貸　方
102,000	現　金	
336,000	当座預金	
300,000	売掛金	
	貸倒引当金	6,000
269,000	繰越商品	
227,500	備　品	
	買掛金	309,000
	資本金	919,500
1,234,500		1,234,500

解説 ❶(売掛金残高¥300,000×0.02)－貸倒引当金残高¥1,000＝¥5,000

▶26-4

(1) a.

	借　方		貸　方	
①	仕　入	690,000	繰越商品	690,000
	繰越商品	730,000	仕　入	730,000
②	貸倒引当金繰入	❶24,000	貸倒引当金	24,000
③	減価償却費	72,000	備　品	72,000

b.

借　方		貸　方		
売　上	7,785,000	損　益	7,860,000	
受取手数料	75,000			
損　益	7,550,000	仕　入	5,900,000	❷
		給　料	1,080,000	
		支払家賃	420,000	
		貸倒引当金繰入	24,000	❶
		減価償却費	72,000	
		雑　費	54,000	

c.

借　方		貸　方	
損　益	310,000	資本金	310,000

(2)

貸倒引当金　14

12/31 次期繰越	24,000	12/31 貸倒引当金繰入	24,000

損　益　18

❷ 12/31 仕　入	5,900,000	12/31 売　上	7,785,000
〃 給　料	1,080,000	〃 受取手数料	75,000
〃 支払家賃	420,000		
〃 貸倒引当金繰入	24,000		
〃 減価償却費	72,000		
〃 雑　費	54,000		
〃 資本金	310,000		
	7,860,000		7,860,000

解説 ❶売掛金勘定の残高を求める。売掛金の借方¥6,580,000から貸方¥5,380,000を差し引いた¥1,200,000が残高となる。

売掛金残高¥1,200,000×0.02＝¥24,000

❷売上原価は仕入勘定で計算される。

当期純仕入高¥5,940,000＋期首商品棚卸高¥690,000－期末商品棚卸高¥730,000＝¥5,900,000

27 損益計算書(2) (p.122)

▶27-1

損益計算書

(岡　山)商店　令和○年(1)月(1)日から令和○年(12)月(31)日まで　(単位：円)

費　用	金　額	収　益	金　額
(売上原価)	❷ 705,000	(売上高)	❶ 950,000
給　料	80,000	受取手数料	15,000
広告料	40,000		
貸倒引当金繰入	23,000		
減価償却費	18,000		
雑　費	34,000		
支払利息	5,000		
(当期純利益)	❸60,000		
	965,000		965,000

解説 決算の手続きで作成された「損益」勘定の記録をもとに，損益計算書が作成される。

❶売上勘定の残高は「売上高」で表示される。

❷仕入勘定では，決算整理の手続きを経て売上原価が計算される。よって，ここでの表示は「売上原価」とする。

❸収益総額¥965,000－費用総額¥905,000=当期純利益¥60,000

▶27-2

損益計算書

(広　島)商店　令和○年(1)月(1)日から令和○年(12)月(31)日まで　(単位：円)

費　用	金　額	収　益	金　額
売上原価	❷ 785,000	売上高	❶1,270,000
給　料	153,000	雑　益	4,000
貸倒引当金繰入	15,000		
減価償却費	30,000		
支払家賃	120,000		
雑　費	62,000		
当期純利益	❸109,000		
	1,274,000		1,274,000

解説 決算整理後の総勘定元帳勘定残高をもとに，損益計算書を作成する。収益に属する勘定科目と費用に属する勘定科目の確認が必要である。

❶売上は「売上高」と記入する。

❷仕入は「売上原価」と記入する。

❸収益総額¥1,274,000－費用総額¥1,165,000=¥109,000

▶27-3

損益計算書

島根商店　令和○年(1)月(1)日から令和○年(12)月(31)日まで　(単位：円)

費　用	金　額	収　益	金　額
(売上原価)	❶1,254,000	(売上高)	1,945,000
給　料	218,000	受取手数料	34,000
(貸倒引当金繰入)	54,000		
(減価償却費)	27,000		
支払家賃	180,000		
雑　費	59,000		
(当期純利益)	❷187,000		
	1,979,000		1,979,000

解説〈決算整理仕訳〉

a.(借)仕　　入330,000　(貸)繰越商品330,000
　　　繰越商品350,000　　　仕　　入350,000

b.(借)貸倒引当金繰入 54,000　(貸)貸倒引当金 54,000
　売掛金残高¥1,080,000×0.05＝¥54,000

c.(借)減価償却費 27,000　(貸)備　　品 27,000

❶仕入勘定の残高¥1,274,000＋期首商品棚卸高¥330,000－期末商品棚卸高¥350,000＝¥1,254,000

❷収益総額¥1,979,000－費用総額¥1,792,000＝¥187,000

▶27-4

(1)

	借	方	貸	方
a	仕　入	715,000	繰越商品	715,000
	繰越商品	680,000	仕　入	680,000
b	貸倒引当金繰入	❶30,000	貸倒引当金	30,000
c	減価償却費	❷90,000	備　品	90,000

(2)

損益計算書

(三　重)商店　令和○年(1)月(1)日から令和○年(12)月(31)日まで　(単位：円)

費　用	金　額	収　益	金　額
売上原価	❸6,328,000	売上高	8,185,000
給　料	985,000	受取手数料	25,000
貸倒引当金繰入	30,000		
減価償却費	90,000		
支払家賃	288,000		
雑　費	34,000		
支払利息	14,000		
当期純利益	❹441,000		
	8,210,000		8,210,000

解説 ❶(売掛金残高¥1,600,000×0.02)－貸倒引当金残高¥2,000＝¥30,000

❷ $\dfrac{\text{取得原価¥540,000－残存価額¥0}}{\text{耐用年数6年}}$ ＝¥90,000

❸仕入勘定の残高¥6,293,000＋期首商品棚卸高¥715,000－期末商品棚卸高¥680,000＝¥6,328,000

❹収益総額¥8,210,000－費用総額¥7,769,000＝¥441,000

▶27-5

(1)

	借	方	貸	方
a	仕　入	670,000	繰越商品	670,000
	繰越商品	705,000	仕　入	705,000
b	貸倒引当金繰入	❶47,000	貸倒引当金	47,000
c	減価償却費	❷50,000	備　品	50,000

(2)

貸倒引当金　4

12/31	次期繰越	57,000	1/1	前期繰越	10,000
			12/31	貸倒引当金繰入	47,000
		57,000			57,000

仕　入　11

		4,415,000			150,000
12/31	繰越商品	670,000	12/31	繰越商品	705,000
			〃	損　益	4,230,000
		5,085,000			5,085,000

(3)

損益計算書

滋賀商店　令和○年1月1日から令和○年12月31日まで　(単位：円)

費　用	金　額	収　益	金　額
売上原価	❸4,230,000	売上高	5,678,000
給　料	637,000		
(貸倒引当金繰入)	47,000		
(減価償却費)	50,000		
支払家賃	360,000		
消耗品費	123,000		
支払利息	12,000		
(当期純利益)	❹219,000		
	5,678,000		5,678,000

解説 ❶まず，売掛金勘定の残高を求める。売掛金勘定の借方¥4,886,000－貸方¥2,986,000＝¥1,900,000
(売掛金残高¥1,900,000×0.03)－貸倒引当金残高¥10,000＝¥47,000

❷ $\dfrac{\text{取得原価¥400,000－残存価額¥0}}{\text{耐用年数8年}}$ ＝¥50,000

❸仕入勘定の残高(¥4,415,000－¥150,000)¥4,265,000＋期首商品棚卸高¥670,000－期末商品棚卸高¥705,000＝¥4,230,000

❹収益総額¥5,678,000－費用総額¥5,459,000＝¥219,000

▶27-6

(1)

	借	方	貸	方
a	仕　入	550,000	繰越商品	550,000
	繰越商品	530,000	仕　入	530,000
b	貸倒引当金繰入	❶23,000	貸倒引当金	23,000
c	減価償却費	❷195,000	備　品	195,000

(2)

備　品　6

1/1	前期繰越	780,000	12/31	減価償却費	195,000
			〃	次期繰越	585,000
		780,000			780,000

(3)

損 益 計 算 書

三重商店　令和○年1月1日から令和○年12月31日まで　(単位：円)

費　用	金　額	収　益	金　額
売上原価	❸4,914,000	売上高	7,566,000
給　料	1,356,000	受取手数料	89,000
(貸倒引当金繰入)	❶23,000		
(減価償却費)	❷195,000		
支払家賃	816,000		
消耗品費	51,000		
雑　費	26,000		
(当期純利益)	❹274,000		
	7,655,000		7,655,000

解説 備品勘定は，決算整理仕訳を転記し，残高については「次期繰越」を使って締め切る。

❶(売掛金残高¥1,500,000×0.02)－貸倒引当金残高¥7,000＝¥23,000

❷ $\frac{\text{取得原価¥975,000－残存価額¥0}}{\text{耐用年数5年}}$＝¥195,000

❸仕入勘定の残高¥4,894,000＋期首商品棚卸高¥550,000－期末商品棚卸高¥530,000＝¥4,914,000

❹収益総額¥7,655,000－費用総額¥7,381,000＝¥274,000

▶27-7

(1)

	借	方	貸	方
a	仕　入	740,000	繰越商品	740,000
	繰越商品	680,000	仕　入	680,000
b	貸倒引当金繰入	❶40,000	貸倒引当金	40,000
c	減価償却費	❷145,000	備　品	145,000

(2)

備　品　7

1/1	前期繰越	870,000	12/31	減価償却費	145,000
			〃	**次期繰越**	725,000
		870,000			870,000

(3)

損 益 計 算 書

北海道商店　令和○年1月1日から令和○年12月31日まで　(単位：円)

費　用	金　額	収　益	金　額
売上原価	❸6,150,000	売上高	9,413,000
給　料	1,662,000	受取手数料	89,000
(貸倒引当金繰入)	❶40,000		
(減価償却費)	❷145,000		
支払家賃	924,000		
水道光熱費	276,000		
雑　費	41,000		
(当期純利益)	❹264,000		
	9,502,000		9,502,000

解説 ❶(売掛金残高¥2,300,000×0.02)－貸倒引当金残高¥6,000＝¥40,000

❷ $\frac{\text{取得原価¥1,160,000－残存価額¥0}}{\text{耐用年数8年}}$＝¥145,000

❸仕入勘定の残高¥6,090,000＋期首商品棚卸高¥740,000－期末商品棚卸高¥680,000＝¥6,150,000

❹収益総額¥9,502,000－費用総額¥9,238,000＝¥264,000

▶27-8

(1)

	借	方	貸	方
a	仕　入	600,000	繰越商品	600,000
	繰越商品	560,000	仕　入	560,000
b	貸倒引当金繰入	❶24,000	貸倒引当金	24,000
c	減価償却費	❷150,000	備　品	150,000

(2)

資　本　金　10

12/31	(**次期繰越**)	(3,136,000)	1/1	前期繰越	2,934,000
			12/31	(損　益)	(202,000)
		(3,136,000)			(3,136,000)

(3)

損 益 計 算 書

四国商店　令和○年1月1日から令和○年12月31日まで　(単位：円)

費　用	金　額	収　益	金　額
売上原価	❸6,430,000	(売上高)	10,600,000
給　料	2,070,000	受取利息	32,000
(貸倒引当金繰入)	❶24,000		
(減価償却費)	❷150,000		
支払家賃	1,440,000		
広告料	123,000		
通信費	96,000		
消耗品費	58,000		
雑　費	39,000		
当期純利益	❹202,000		
	10,632,000		10,632,000

解説 損益勘定で計算された純損益を資本金勘定に転記する。その後，資本金勘定の当期末の残高を「次期繰越」を使って締め切る。

❶(売掛金残高¥1,300,000×0.02)－貸倒引当金残高¥2,000＝¥24,000

❷ $\frac{\text{取得原価¥1,200,000－残存価額¥0}}{\text{耐用年数8年}}$＝¥150,000

❸仕入勘定の残高¥6,390,000＋期首商品棚卸高¥600,000－期末商品棚卸高¥560,000＝¥6,430,000

❹収益総額¥10,632,000－費用総額¥10,430,000＝¥202,000

▶27-9

(1)

	借	方	貸	方
a	仕入	*590,000*	繰越商品	*590,000*
	繰越商品	*610,000*	仕入	*610,000*
b	貸倒引当金繰入	*54,000*	貸倒引当金	*54,000*
c	減価償却費	*178,000*	備品	*178,000*

(2)

備　　品　　6

1/1	前期繰越	*534,000*	12/31	減価償却費	*178,000*
			〃	**次期繰越**	*356,000*
		534,000			*534,000*

支　払　利　息　　18

6/30	現金	*9,000*	12/31	損益	*18,000*
12/31	現金	*9,000*			
		18,000			*18,000*

(3)

損　益　計　算　書

東北商店　令和○年1月1日から令和○年12月31日まで　(単位：円)

費用	金額	収益	金額
売上原価	*6,287,000*	(売上高)	*9,847,000*
給料	*1,968,000*	受取手数料	*28,000*
(貸倒引当金繰入)	*54,000*		
(減価償却費)	*178,000*		
支払家賃	*912,000*		
通信費	*84,000*		
消耗品費	*37,000*		
雑費	*9,000*		
支払利息	*18,000*		
(当期純利益)	*328,000*		
	9,875,000		*9,875,000*

解説 決算整理事項について，いままでの学習の総まとめとして損益計算書作成の手順を確認する。

1．元帳勘定残高を確認する。

2．決算整理事項の仕訳をおこなう。特に，計算して金額を求める貸倒見積高や減価償却高については，計算の手順を間違えないように注意する。

3．勘定口座に必要な記入をおこなう場合，決算整理仕訳を転記しなければいけないのかを判断する。また，勘定口座が，資産・負債と資本金の場合には「次期繰越」を，収益・費用の場合には「損益」を使い，締め切る。

4．損益計算書の作成については，当期の売上原価の計算をおこない，その計算結果を「売上原価」として記入する。また，元帳勘定残高から収益・費用の金額を用い，決算整理仕訳に，その勘定があれば，加算もしくは減算してから記入する。貸し倒れの見積もりと減価償却については，決算整理仕訳の金額を記入すること。

5．収益の総額と費用の総額の差額を計算し，これを当期の純損益として記入する。最後に損益計算書を締め切る。

28 貸借対照表(2) (p.130)

▶28-1

貸　借　対　照　表

(山　口)商店　令和○年(12)月(31)日　(単位：円)

資産		金額	負債および純資産	金額
現金		*120,000*	買掛金	*298,000*
当座預金		*280,000*	借入金	*200,000*
売掛金	(*340,000*)		資本金	*900,000*
貸倒引当金	(*17,000*)	*323,000*	(当期純利益)	*65,000*
(商品)		*530,000*		
備品		*210,000*		
		1,463,000		*1,463,000*

解説
・貸借対照表を作成するにあたり，勘定を資産に属するもの，負債に属するもの，資本金勘定に区別する。
・売掛金と貸倒引当金の表示方法と，控除した金額の表示形式に注意すること。
・繰越商品は商品で表示すること。
・期末の資本金は期首の資本金と当期純利益に分けて表示する。

▶28-2

貸　借　対　照　表

(奈　良)商店　令和○年(12)月(31)日　(単位：円)

資産		金額	負債および純資産	金額
(現金)		*108,000*	(買掛金)	*335,000*
(当座預金)		*314,000*	(借入金)	*230,000*
(売掛金)	*380,000*		(資本金)	*800,000*
(貸倒引当金)	(*19,000*)	*361,000*	(当期純利益)	*112,000*
(商品)		*424,000*		
(備品)		*270,000*		
		1,477,000		*1,477,000*

▶28-3

貸　借　対　照　表

(大　阪)商店　令和○年(12)月(31)日　(単位：円)

資産		金額	負債および純資産	金額
現金		*221,000*	買掛金	*610,000*
当座預金		*513,000*	(資本金)	*1,500,000*
売掛金	*820,000*		(当期純利益)	❹*197,000*
(貸倒引当金)	(❷*41,000*)	*779,000*		
(商品)		❶*575,000*		
(備品)		❸*219,000*		
		2,307,000		*2,307,000*

解説 a．(借)仕入*522,000*　(貸)繰越商品*522,000*
　　繰越商品*575,000*　　仕入*575,000*

❶期末商品棚卸高¥*575,000*が商品として表示される。

b．(借)貸倒引当金繰入 *41,000*　(貸)貸倒引当金 *41,000*

❷貸倒引当金の表示位置に注意する。

c．(借)減価償却費 *27,000*　(貸)備品 *27,000*

❸備品の元帳勘定残高¥*246,000*－当期の減価償却¥*27,000*＝¥*219,000*

❹資産総額¥*2,307,000*－負債総額¥*610,000*＝期末の資本金¥*1,697,000*
期末の資本金¥*1,697,000*－期首の資本金¥*1,500,000*＝当期純利益¥*197,000*

▶28-4

(1)

	借方		貸方	
a	仕入	*1,115,000*	繰越商品	*1,115,000*
	繰越商品	*1,068,000*	仕入	*1,068,000*
b	貸倒引当金繰入	❶*134,000*	貸倒引当金	*134,000*
c	減価償却費	❷*54,000*	備品	*54,000*

(2)

貸借対照表

和歌山商店　令和○年(12)月(31)日　(単位：円)

資産		金額	負債および純資産	金額
現金		135,000	買掛金	2,813,000
当座預金		1,282,000	(借入金)	500,000
売掛金	3,260,000		(資本金)	2,600,000
(貸倒引当金)	(❸163,000)	3,097,000	(当期純利益)	❺101,000
(商品)		1,068,000		
(備品)		❹432,000		
		6,014,000		6,014,000

解説 ❶(売掛金残高*¥3,260,000*×0.05)－貸倒引当金残高*¥29,000*＝*¥134,000*

❷ $\frac{\text{取得原価¥540,000－残存価額¥0}}{\text{耐用年数10年}}$＝*¥54,000*

❸貸倒引当金の表示位置に注意する。
貸倒引当金の元帳勘定残高*¥29,000*＋❶*¥134,000*＝*¥163,000*

❹備品の元帳勘定残高*¥486,000*－❷*¥54,000*＝*¥432,000*

❺資産総額*¥6,014,000*－負債総額*¥3,313,000*＝期末の資本金*¥2,701,000*
期末の資本金*¥2,701,000*－期首の資本金*¥2,600,000*＝当期純利益*¥101,000*

▶28-5

(1)

	借方		貸方	
a	仕入	*738,000*	繰越商品	*738,000*
	繰越商品	*753,000*	仕入	*753,000*
b	貸倒引当金繰入	❶*53,000*	貸倒引当金	*53,000*
c	減価償却費	❷*45,000*	備品	*45,000*

(2)

資本金　10

12/31	**次期繰越**	2,145,500	1/1	前期繰越	2,000,000
			12/31	損益	145,500
		2,145,500			2,145,500

(3)

損益計算書

関西商店　令和○年1月1日から令和○年12月31日まで　(単位：円)

費用	金額	収益	金額
売上原価	❸*2,460,000*	売上高	*3,619,000*
給料	*637,000*	(受取利息)	*6,500*
(貸倒引当金繰入)	*53,000*		
(減価償却費)	*45,000*		
(消耗品費)	*83,000*		
(支払家賃)	*120,000*		
(雑費)	*64,000*		
(支払利息)	*18,000*		
(当期純利益)	*145,500*		
	3,625,500		*3,625,500*

貸借対照表

関西商店　令和○年12月31日　(単位：円)

資産		金額	負債および純資産	金額
現金		112,500	買掛金	1,152,000
当座預金		856,000	借入金	250,000
売掛金	1,480,000		(資本金)	2,000,000
(貸倒引当金)	(❹74,000)	1,406,000	(当期純利益)	❻145,500
(商品)		753,000		
(貸付金)		150,000		
(備品)		❺270,000		
		3,547,500		3,547,500

解説 ❶(売掛金残高*¥1,480,000*×0.05)－貸倒引当金残高*¥21,000*＝*¥53,000*

❷ $\frac{\text{取得原価¥360,000－残存価額¥0}}{\text{耐用年数8年}}$＝*¥45,000*

❸仕入勘定の残高*¥2,475,000*＋期首商品棚卸高*¥738,000*－期末商品棚卸高*¥753,000*＝*¥2,460,000*

❹貸倒引当金の元帳勘定残高*¥21,000*＋❶*¥53,000*＝*¥74,000*

❺備品の元帳勘定残高*¥315,000*－❷*¥45,000*＝*¥270,000*

❻資産総額*¥3,547,500*－負債総額*¥1,402,000*＝期末の資本金*¥2,145,500*
期末の資本金*¥2,145,500*－期首の資本金*¥2,000,000*＝当期純利益*¥145,500*

▶28-6

(1)

	借方		貸方	
a	仕入	530,000	繰越商品	530,000
	繰越商品	540,000	仕入	540,000
b	貸倒引当金繰入	❶21,000	貸倒引当金	21,000
c	減価償却費	❷240,000	備品	240,000

(2)

支払利息　19

借方	貸方
50,000	12/31 損益 50,000

(3)

貸借対照表

鳥取商店　令和○年12月31日　(単位：円)

資産		金額	負債および純資産	金額
現金		856,000	買掛金	2,242,000
当座預金		3,487,000	(前受金)	245,000
売掛金	(1,500,000)		借入金	1,000,000
貸倒引当金	(❸30,000)	❹1,470,000	資本金	2,920,000
❺(商品)		540,000	(当期純利益)	❼426,000
備品		❻480,000		
		6,833,000		6,833,000

解説 支払利息勘定について，決算整理仕訳の転記がないので「損益」を使い，このまま締め切ることとなる。

❶(売掛金残高¥1,500,000×0.02)－貸倒引当金残高¥9,000＝¥21,000

❷ $\frac{\text{取得原価¥1,200,000－残存価額¥0}}{\text{耐用年数5年}}$＝¥240,000

❸貸倒引当金の表示位置に注意する。
貸倒引当金の元帳勘定残高¥9,000＋❶¥21,000＝¥30,000
(売掛金残高¥1,500,000の2％で¥30,000)

❹売掛金¥1,500,000－貸倒引当金¥30,000＝¥1,470,000

❺繰越商品は，貸借対照表では「商品」として記載する。なお，金額は期末商品棚卸高の¥540,000である。

❻備品の元帳勘定残高¥720,000－❷¥240,000＝¥480,000

❼資産総額¥6,833,000－負債総額¥3,487,000＝期末の資本金¥3,346,000
期末の資本金¥3,346,000－期首の資本金¥2,920,000＝当期純利益¥426,000

▶28-7

(1)

	借方		貸方	
a	仕入	623,000	繰越商品	623,000
	繰越商品	702,000	仕入	702,000
b	貸倒引当金繰入	❶34,000	貸倒引当金	34,000
c	減価償却費	❷170,000	備品	170,000

(2)

給料　14

借方	貸方
1,620,000	12/31 損益 1,620,000

(3)

貸借対照表

中部商店　令和○年12月31日　(単位：円)

資産		金額	負債および純資産	金額
現金		505,000	買掛金	1,610,000
当座預金		1,529,000	(前受金)	300,000
売掛金	(1,300,000)		資本金	3,318,000
貸倒引当金	(❸39,000)	❹1,261,000	(当期純利益)	❼389,000
❺(商品)		702,000		
(貸付金)		600,000		
備品		❻1,020,000		
		5,617,000		5,617,000

解説 給料勘定について，決算整理仕訳の転記がないので，このまま締め切ることとなる。なお，収益と費用の勘定科目は「損益」を使って締め切る。

❶(売掛金残高¥1,300,000×0.03)－貸倒引当金残高¥5,000＝¥34,000

❷ $\frac{\text{取得原価¥1,360,000－残存価額¥0}}{\text{耐用年数8年}}$＝¥170,000

❸貸倒引当金の表示位置に注意する。
貸倒引当金の元帳勘定残高¥5,000＋❶¥34,000＝¥39,000
売掛金残高¥1,300,000の3％で¥39,000

❹売掛金¥1,300,000－貸倒引当金¥39,000＝¥1,261,000

❺繰越商品は，貸借対照表では「商品」として記載する。なお，金額は期末商品棚卸高の¥702,000である。

❻備品の元帳勘定残高¥1,190,000－❷¥170,000＝¥1,020,000

❼資産総額¥5,617,000－負債総額¥1,910,000＝期末の資本金¥3,707,000
期末の資本金¥3,707,000－期首の資本金¥3,318,000＝当期純利益¥389,000

▶28-8

(1)

	借　　方		貸　　方	
a	仕　　入	*870,000*	繰越商品	*870,000*
	繰越商品	*640,000*	仕　　入	*640,000*
b	貸倒引当金繰入	❶*26,000*	貸倒引当金	*26,000*
c	減価償却費	❷*200,000*	備　　品	*200,000*

(2)

広　告　料　15

3 /30	現　金	*29,000*	12/31	損　益	*59,000*
9 /28	現　金	*30,000*			
		59,000			*59,000*

(3)

貸　借　対　照　表

九州商店　令和○年12月31日　(単位：円)

資　　産		金　額	負債および純資産	金　額
現　金		*698,000*	買掛金	*2,369,000*
当座預金		*1,726,000*	(前受金)	*150,000*
売掛金	(*1,500,000*)		資本金	*3,920,000*
貸倒引当金	(❸*30,000*)	❹*1,470,000*	(当期純利益)	❼ *195,000*
❺(商　品)		*640,000*		
貸付金		*1,300,000*		
備　品		❻*800,000*		
		6,634,000		*6,634,000*

解説　広告料勘定について，決算整理仕訳の転記がないので，このまま締め切ることとなる。なお，収益と費用の勘定科目は「損益」を使って締め切る。

❶(売掛金残高¥*1,500,000*×0.02)－貸倒引当金残高¥*4,000*＝¥*26,000*

❷ $\dfrac{\text{取得原価¥}1,200,000-\text{残存価額¥}0}{\text{耐用年数6年}}$＝¥*200,000*

❸貸倒引当金の表示位置に注意する。
貸倒引当金の元帳勘定残高¥*4,000*＋❶¥*26,000*＝¥*30,000*
(売掛金残高¥*1,500,000*の2％で¥*30,000*)

❹売掛金¥*1,500,000*－貸倒引当金¥*30,000*＝¥*1,470,000*

❺繰越商品は，貸借対照表では「商品」として記載する。なお，金額は期末商品棚卸高の¥*640,000*である。

❻備品の元帳勘定残高¥*1,000,000*－❷¥*200,000*＝¥*800,000*

❼資産総額¥*6,634,000*－負債総額¥*2,519,000*＝期末の資本金¥*4,115,000*
期末の資本金¥*4,115,000*－期首の資本金¥*3,920,000*＝当期純利益¥*195,000*

▶28-9

(1)

	借　　方		貸　　方	
a	仕　　入	*820,000*	繰越商品	*820,000*
	繰越商品	*740,000*	仕　　入	*740,000*
b	貸倒引当金繰入	❶*31,000*	貸倒引当金	*31,000*
c	減価償却費	❷*225,000*	備　　品	*225,000*

(2)

売　　上　11

		129,000			*9,701,000*
12/31	損　益	*9,572,000*			
		9,701,000			*9,701,000*

(3)

貸　借　対　照　表

北陸商店　令和○年12月31日　(単位：円)

資　　産		金　額	負債および純資産	金　額
現　金		*782,000*	買掛金	*1,480,000*
当座預金		*1,436,000*	(前受金)	*230,000*
売掛金	(*1,850,000*)		資本金	*4,520,000*
貸倒引当金	(❸*37,000*)	❹*1,813,000*	(当期純利益)	❼*591,000*
❺(商　品)		*740,000*		
貸付金		*1,600,000*		
備　品		❻*450,000*		
		6,821,000		*6,821,000*

解説　売上勘定について，決算整理仕訳の転記はないが，貸方残高¥*9,701,000*から借方残高¥*129,000*を差し引いた¥*9,572,000*が純売上高となる。これを「損益」を使い，締め切ることとなる。

❶(売掛金残高¥*1,850,000*×0.02)－貸倒引当金残高¥*6,000*＝¥*31,000*

❷ $\dfrac{\text{取得原価¥}1,350,000-\text{残存価額¥}0}{\text{耐用年数6年}}$＝¥*225,000*

❸貸倒引当金の表示位置に注意する。
貸倒引当金の元帳勘定残高¥*6,000*＋❶¥*31,000*＝¥*37,000*
(売掛金残高¥*1,850,000*の2％で¥*37,000*)

❹売掛金¥*1,850,000*－貸倒引当金¥*37,000*＝¥*1,813,000*

❺繰越商品は，貸借対照表では「商品」として記載する。なお，金額は期末商品棚卸高の¥*740,000*である。

❻備品の元帳勘定残高¥*675,000*－❷¥*225,000*＝¥*450,000*

❼資産総額¥*6,821,000*－負債総額¥*1,710,000*＝期末の資本金¥*5,111,000*
期末の資本金¥*5,111,000*－期首の資本金¥*4,520,000*＝当期純利益¥*591,000*

◎伝票・その他

29 入金伝票・出金伝票・振替伝票の起票 (p.138)

▶29-1

仕訳伝票

令和○年4月10日　No. 401

勘定科目	元丁	借方	勘定科目	元丁	貸方
現金		200000	売掛金		200000
合計		200000	合計		200000
摘要	山形商店　小切手＃16				

仕訳伝票

令和○年4月11日　No. 402

勘定科目	元丁	借方	勘定科目	元丁	貸方
仕入		400000	当座預金		100000
			買掛金		300000
合計		400000	合計		400000
摘要	青森商店　A品　20ダース　@¥20,000				

▶29-2

入金伝票

令和○年11月10日　No. 15

科目	❶売上	入金先	高知商店殿
摘要		金額	
❷A品10個@¥55,000		550000	
合計		550000	

出金伝票 ❸

令和○年11月11日　No. 23

科目	仕入	支払先	愛媛商店殿
摘要		金額	
B品15個@¥60,000		900000	
合計		900000	

振替伝票 ❹

令和○年11月13日　No. 34

勘定科目	借方	勘定科目	貸方
買掛金	300000	当座預金	300000
合計	300000	合計	300000
摘要	香川商店への掛け代金支払い　小切手振り出し		

振替伝票 ❺

令和○年11月14日　No. 35

勘定科目	借方	勘定科目	貸方
仕入	1100000	当座預金	1100000
合計	1100000	合計	1100000
摘要	宮崎商店から C品22個　@¥50,000　小切手振り出し		

振替伝票 ❻

令和○年11月15日　No. 36

勘定科目	借方	勘定科目	貸方
備品	700000	未払金	700000
合計	700000	合計	700000
摘要	大分商店から事務用備品買い入れ　月末払い		

解説 取引を仕訳すると次のとおりとなる。

11/10 (借)現　金550,000　(貸)売　上550,000

❶入金伝票に記入する。
入金なので，借方は現金である。よって貸方の勘定科目を記入する。

❷取引の概略を記入する。なお，取引の日付と伝票番号の記入も忘れないようにすること。

11/11 (借)仕　入900,000　(貸)現　金900,000

❸出金伝票に記入する。

11/13 (借)買掛金300,000　(貸)当座預金300,000

❹振替伝票に記入する。

11/14 (借)仕　入1,100,000　(貸)当座預金1,100,000

❺振替伝票に記入する。

11/15 (借)備　品700,000　(貸)未払金700,000

❻振替伝票に記入する。

▶29-3

入金伝票 ❹

令和○年1月15日　No. 4

科目	仮受金	入金先	山中三郎殿
摘要		金額	
送金小切手＃5受け取り		90000	
合計		90000	

入金伝票 ❺

令和○年1月20日　No. 5

科目	受取手数料	入金先	宮崎商店殿
摘要		金額	
商品売買の仲介		65000	
合計		65000	

入金伝票

令和○年　月　日　No.

科目		入金先	殿
摘要		金額	
合計			

出金伝票 ❷

令和○年1月10日　No. 2

科目	発送費	支払先	大隅運送店殿
摘要		金額	
運賃支払い		3000	
合計		3000	

出　金　伝　票 ❸

令和○年１月12日　　　No. 3

科目	当座預金	支払先	熊本銀行 殿
摘　要		金　額	
現金預け入れ		200000	
合　計		200000	

出　金　伝　票 ❻

令和○年１月23日　　　No. 6

科目	通信費	支払先	福岡郵便局 殿
摘　要		金　額	
郵便切手購入		8000	
合　計		8000	

振　替　伝　票 ❶

令和○年１月10日　　　No. 1

勘定科目	借　方	勘定科目	貸　方
売　掛　金	165000	売　　上	165000
合　計	165000	合　計	165000
摘要	桜島商店へ　A品　300個　@¥550　売り上げ		

解説 取引を仕訳すると次のとおりとなる。

1/10 (借)売 掛 金 *165,000*　(貸)売　　上 *165,000*

❶振替伝票に記入する。

1/10 (借)発 送 費 *3,000*　(貸)現　　金 *3,000*

❷出金伝票に記入する。

1/12 (借)当座預金 *200,000*　(貸)現　　金 *200,000*

❸出金伝票に記入する。

1/15 (借)現　　金 *90,000*　(貸)仮 受 金 *90,000*

❹入金伝票に記入する。

1/20 (借)現　　金 *65,000*　(貸)受取手数料 *65,000*

❺入金伝票に記入する。

1/23 (借)通 信 費 *8,000*　(貸)現　　金 *8,000*

❻出金伝票に記入する。

なお，記入の必要のない伝票はそのままにしておく。

▶29-4

入　金　伝　票 ❶

令和○年６月15日　　　No. 45

科目	受取利息	入金先	品川商店 殿
摘　要		金　額	
貸付金の利息の受け取り		12000	
合　計		12000	

出　金　伝　票

令和○年　月　日　　　No.

科目		支払先	殿
摘　要		金　額	
合　計			

振　替　伝　票 ❷

令和○年６月15日　　　No. 51

勘定科目	借　方	勘定科目	貸　方
買　掛　金	300000	当座預金	300000
合　計	300000	合　計	300000
摘要	中央商店の買掛金支払い		

解説 この取引を仕訳すると，次のようになる。

❶(借)現　　金 *12,000*　(貸)受取利息 *12,000*

よって，入金伝票に記入する。

❷(借)買 掛 金 *300,000*　(貸)当座預金 *300,000*

よって，振替伝票に記入する。

▶29-5

入　金　伝　票 ❶

令和○年６月19日　　　No. 48

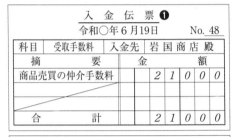

科目	受取手数料	入金先	岩国商店 殿
摘　要		金　額	
商品売買の仲介手数料		21000	
合　計		21000	

出　金　伝　票 ❸

令和○年６月19日　　　No. 51

科目	通信費	支払先	宇部郵便局 殿
摘　要		金　額	
郵便切手購入		9000	
合　計		9000	

振　替　伝　票 ❷

令和○年６月19日　　　No. 57

勘定科目	借　方	勘定科目	貸　方
広　告　料	130000	当座預金	130000
合　計	130000	合　計	130000
摘要	下関広告社に広告料支払い　小切手＃24振り出し		

解説 ❶(借)現　　金 *21,000*　(貸)受取手数料 *21,000*

よって，入金伝票に記入する。

❷(借)広 告 料 *130,000*　(貸)当座預金 *130,000*

よって，振替伝票に記入する。

❸(借)通 信 費 *9,000*　(貸)現　　金 *9,000*

よって，出金伝票に記入する。

▶29-6

入　金　伝　票 ❶

令和○年6月12日　　No. 39

科目	前受金	入金先	熊本商店 殿
摘要		金額	
商品代金の内金受け取り		48000	
合計		48000	

出　金　伝　票 ❸

令和○年6月12日　　No. 45

科目	通信費	支払先	宮崎郵便局 殿
摘要		金額	
郵便切手購入		7000	
合計		7000	

振　替　伝　票 ❷

令和○年6月12日　　No. 47

勘定科目	借方	勘定科目	貸方
備品	310000	当座預金	310000
合計	310000	合計	310000
摘要	佐賀商店から商品陳列用ケース買い入れ　小切手#17振り出し		

解説 ❶(借)現　　金 *48,000*　(貸)前 受 金 *48,000*
よって，入金伝票に記入する。
❷(借)備　　品 *310,000*　(貸)当座預金 *310,000*
よって，振替伝票に記入する。
❸(借)通 信 費 *7,000*　(貸)現　　金 *7,000*
よって，出金伝票に記入する。

▶29-7

入　金　伝　票 ❶

令和○年1月19日　　No. 17

科目	受取手数料	入金先	広島商店 殿
摘要		金額	
商品売買の仲介手数料		23000	
合計		23000	

出　金　伝　票 ❸

令和○年1月19日　　No. 13

科目	備品	支払先	渋谷家具店 殿
摘要		金額	
金庫買い入れ		250000	
合計		250000	

振　替　伝　票 ❷

令和○年1月19日　　No. 24

勘定科目	借方	勘定科目	貸方
定期預金	800000	当座預金	800000
合計	800000	合計	800000
摘要	全商銀行に定期預金預け入れ　小切手#5振り出し		

解説 ❶(借)現　　金 *23,000*　(貸)受取手数料 *23,000*
よって，入金伝票に記入する。
❷(借)定期預金 *800,000*　(貸)当座預金 *800,000*
よって，振替伝票に記入する。
❸(借)備　　品 *250,000*　(貸)現　　金 *250,000*
よって，出金伝票に記入する。

30 会計ソフトウェアの活用 (p.144)

▶30-1

(1)	イ	(2)	ウ	(3)	ア

解説 各文中の語群に関係するキーワードを読み取る。
(1)～正確かつ迅速な処理をおこなうことができる。
(2)～労力を省くだけでなく～保存にかかる費用の軽減をはかることができる。
(3)～効率的な会計業務が可能となる。

▶30-2

振替伝票 日付(D)： 10/27

借方科目	借方金額	貸方科目	貸方金額	摘　要
消耗品費	7,500	現　金	7,500	島根文具店から事務用品購入

振替伝票 日付(D)： 10/28

借方科目	借方金額	貸方科目	貸方金額	摘　要
現　金	200,000	売掛金	200,000	倉敷商店の売掛金回収　小切手＃18

解説 仕訳データは振替伝票と同じ形式なので，普通に仕訳をすればよい。

31 有価証券 (p.146)

▶31-1

	借	方	貸	方
(1)	有価証券	480,000	当座預金	480,000
(2)	有価証券	735,000	当座預金	735,000
(3)	現　金	350,000	有価証券 有価証券売却益	340,000 10,000

▶31-2

	借	方	貸	方
(1)	有価証券	❶1,040,000	当座預金	1,040,000
(2)	有価証券	❷297,000	当座預金 現　金	250,000 47,000
(3)	当座預金	720,000	有価証券 有価証券売却益	600,000 ❸120,000
(4)	当座預金 有価証券売却損	1,940,000 ❹20,000	有価証券	1,960,000

解説 ❶¥52,000×20株＝¥1,040,000

❷額面総額¥300,000×$\frac{¥99}{¥100}$＝¥297,000

❸(¥72,000－¥60,000)×10株＝¥120,000

❹社債額面¥2,000,000×$\frac{¥97}{¥100}$＝¥1,940,000

社債額面¥2,000,000×$\frac{¥98}{¥100}$＝¥1,960,000

¥1,960,000－¥1,940,000＝有価証券売却損¥20,000

▶31-3

	借	方	貸	方
(1)	有価証券	❶1,980,000	当座預金	1,980,000
(2)	現　金	980,000	有価証券 有価証券売却益	970,000 ❷10,000
(3)	当座預金	1,480,000	有価証券 有価証券売却益	1,400,000 ❸80,000
(4)	有価証券	❹628,000	現　金	628,000
(5)	現　金 有価証券売却損	780,000 20,000	有価証券	800,000

解説 ❶社債の取得原価

¥2,000,000×$\frac{¥99}{¥100}$＝¥1,980,000

❷帳簿価額¥970,000と売却価額¥980,000との差額が売却益となる。

❸帳簿価額(¥70,000×20株)¥1,400,000と売却価額(¥74,000×20株)¥1,480,000との差額が売却益となる。

❹株式の取得価額

¥62,000×10株＋買入手数料¥8,000＝¥628,000

◎全商検定試験出題形式別問題

32 仕訳の問題（p.148）

▶32-1

	借方		貸方	
(1)	小口現金	40,000	当座預金	40,000
(2)	通信費 交通費 消耗品費 雑費 小口現金	16,000 20,000 8,000 3,000 47,000	小口現金 当座預金	47,000 47,000
	（または 通信費 16,000 交通費 20,000 消耗品費 8,000 雑費 3,000		当座預金 47,000）	
(3)	普通預金	250,000	現金	250,000
(4)	仕入❶	315,000	買掛金 現金	310,000 5,000
(5)	売掛金 発送費❷	698,000 7,000	売上 現金	698,000 7,000
(6)	貸倒引当金 貸倒損失❸	38,000 2,000	売掛金	40,000
(7)	貸倒引当金	76,000	売掛金	76,000

解説 ❶商品を仕入れたときの引取運賃や保険料などは，仕入諸掛として仕入原価に含めるので，仕入勘定の借方に記入する。
❷商品を売り渡したときの発送費は，発送費勘定（費用）の借方に記入する。
❸売掛金の回収不能額が貸倒引当金勘定の残高を超えてしまった場合は，貸倒損失勘定（費用）で処理する。

▶32-2

	借方		貸方	
(1)	土地❶	6,420,000	当座預金	6,420,000
(2)	建物	4,790,000	当座預金 現金	4,500,000 290,000
(3)	備品	800,000	当座預金 未払金	500,000 300,000
(4)	貸付金❷	1,200,000	現金	1,200,000
(5)	現金	621,000	貸付金 受取利息	600,000 21,000
(6)	定期預金	500,000	現金	500,000
(7)	所得税預り金	58,000	現金	58,000

解説 ❶登記料と買入手数料は土地の取得原価に含めて計上する。
❷借用証書によって貸し付けた場合は，貸付金勘定（資産）を用いる。

▶32-3

	借方		貸方	
(1)	借入金 支払利息	450,000 9,000	現金	459,000
(2)	現金	850,000	借入金❶	850,000
(3)	現金	90,000	前受金❷	90,000
(4)	前払金❸	100,000	当座預金	100,000
(5)	前受金 売掛金	100,000 250,000	売上	350,000
(6)	仕入	420,000	前払金 買掛金	50,000 370,000
(7)	当座預金	140,000	仮受金❹	140,000

解説 ❶借用証書によって借り入れた場合は，借入金勘定（負債）の貸方に記入する。
❷商品の注文を受けただけなので売上の計上はしないで，前受金勘定（負債）を計上する。
❸商品の注文をしただけなので仕入の計上はしないで，前払金勘定（資産）を計上する。
❹内容不明の入金額は仮受金勘定（負債）の貸方に記入する。

▶32-4

	借方		貸方	
(1)	仮受金❶	50,000	売掛金	50,000
(2)	仮払金❷	50,000	現金	50,000
(3)	旅費❸ 現金	52,000 1,000	仮払金	53,000
(4)	給料	750,000	所得税預り金❹ 現金	54,000 696,000
(5)	通信費	20,000	現金	20,000
(6)	保険料	78,000	現金	78,000
(7)	現金	600,000	資本金	600,000
(8)	現金	850,000	資本金	850,000

解説 ❶内容不明の入金額が売掛金の回収額と判明したので，仮受金勘定の借方に記入する。
❷旅費の概算額の支払いなので，旅費勘定は使わずに仮払金勘定の借方に記入する。
❸旅費の金額が確定したので，前渡ししたときに記入してあった仮払金勘定から旅費勘定へ振り替える。
❹給料を支払うさい，所得税を預かるので，所得税預り金勘定の貸方に記入する。

㉝ 伝票の問題（p.152）

▶33-1

入　金　伝　票 ❷

令和○年１月23日　　No. 9

科目	受取手数料	入金先	岩手商店 殿
摘　要		金　額	
商品売買の仲介手数料		36000	
合　計		36000	

出　金　伝　票 ❶

令和○年１月23日　　No. 18

科目	広告料	支払先	岡山広告社 殿
摘　要		金　額	
広告料支払い		86000	
合　計		86000	

振　替　伝　票 ❸

令和○年１月23日　　No. 10

勘定科目	借　方	勘定科目	貸　方
借入金	480000	当座預金	480000
合　計	480000	合　計	480000
摘要	青森商店へ借入金返済　小切手＃18振り出し		

解説 ❶現金を支出した取引なので，出金伝票に記入する。摘要欄には，取引のポイントを簡潔に記入する。

(借)広告料　86,000　(貸)現　金　86,000

❷現金を受け取った取引なので，入金伝票に記入する。摘要欄には，取引のポイントを簡潔に記入する。

(借)現　金　36,000　(貸)受取手数料　36,000

❸現金の収支に関係のない取引なので，振替伝票に記入する。借方の勘定科目欄には，仕訳の借方科目を記入し，貸方の勘定科目欄には，仕訳の貸方科目を記入する。

(借)借入金　480,000　(貸)当座預金　480,000

▶33-2

入　金　伝　票 ❶

令和○年６月13日　　No. 46

科目	売掛金	入金先	彦根商店 殿
摘　要		金　額	
売掛金回収　小切手＃28		160000	
合　計		160000	

出　金　伝　票 ❸

令和○年６月13日　　No. 13

科目	通信費	支払先	大阪郵便局 殿
摘　要		金　額	
郵便切手購入		6500	
合　計		6500	

振　替　伝　票 ❷

令和○年６月13日　　No. 25

勘定科目	借　方	勘定科目	貸　方
備品	420000	未払金	420000
合　計	420000	合　計	420000
摘要	奈良商店から商品陳列用ケース購入　月末払い		

解説 ❶(借)現　金　160,000　(貸)売掛金　160,000

→入金伝票

他店が振り出した小切手を受け取った場合は，現金勘定で仕訳をおこなう。科目欄には相手勘定科目の売掛金を記入する。

❷(借)備　品　420,000　(貸)未払金　420,000

→振替伝票

❸(借)通信費　6,500　(貸)現　金　6,500

→出金伝票

科目欄には，相手勘定科目の通信費を記入する。

▶33-3

入　金　伝　票 ❸

令和○年１月20日　　No. 20

科目	受取利息	入金先	宇都宮商店 殿
摘　要		金　額	
貸付金の利息受け取り		4000	
合　計		4000	

出　金　伝　票 ❶

令和○年１月20日　　No. 15

科目	買掛金	支払先	岩手商店 殿
摘　要		金　額	
買掛金支払い		68000	
合　計		68000	

振　替　伝　票 ❷

令和○年１月20日　　No. 18

勘定科目	借　方	勘定科目	貸　方
定期預金	600000	当座預金	600000
合　計	600000	合　計	600000
摘要	全商銀行に定期預金預け入れ　小切手＃8振り出し		

解説 ❶(借)買掛金　68,000　(貸)現　金　68,000

→出金伝票

❷(借)定期預金　600,000　(貸)当座預金　600,000

→振替伝票

❸(借)現　金　4,000　(貸)受取利息　4,000

→入金伝票

▶33-4

入　金　伝　票 ❷

令和○年1月8日　　　No. 11

科目	貸付金	入金先	京都商店 殿
摘要		金額	
貸付金回収		380000	
合計		380000	

出　金　伝　票 ❸

令和○年1月8日　　　No. 19

科目	前払金	支払先	長崎商店 殿
摘要		金額	
商品注文　内金支払い		40000	
合計		40000	

振　替　伝　票 ❶

令和○年1月8日　　　No. 6

勘定科目	借方	勘定科目	貸方
買掛金	310000	当座預金	310000
合計	310000	合計	310000
摘要	静岡商店に買掛金支払い　小切手#23振り出し		

解説 ❶(借)買掛金 *310,000*　(貸)当座預金 *310,000*
→振替伝票
❷(借)現金 *380,000*　(貸)貸付金 *380,000*
→入金伝票
❸(借)前払金 *40,000*　(貸)現金 *40,000*
→出金伝票

▶33-5

入　金　伝　票 ❶

令和○年5月12日　　　No. 64

科目	前受金	入金先	愛知商店 殿
摘要		金額	
商品注文　内金受け取り		80000	
合計		80000	

出　金　伝　票 ❷

令和○年5月12日　　　No. 46

科目	普通預金	支払先	全商銀行 殿
摘要		金額	
普通預金に預け入れ		340000	
合計		340000	

振　替　伝　票 ❸

令和○年5月12日　　　No. 31

勘定科目	借方	勘定科目	貸方
備品	350000	当座預金	350000
合計	350000	合計	350000
摘要	香川商店から商品陳列用ケース購入　小切手#9振り出し		

解説 ❶(借)現金 *80,000*　(貸)前受金 *80,000*
→入金伝票
❷(借)普通預金 *340,000*　(貸)現金 *340,000*
→出金伝票
❸(借)備品 *350,000*　(貸)当座預金 *350,000*
→振替伝票

▶33-6

入　金　伝　票 ❷

令和○年6月23日　　　No. 59

科目	借入金	入金先	全商銀行 殿
摘要		金額	
借用証書により借り入れ		250000	
合計		250000	

出　金　伝　票 ❶

令和○年6月23日　　　No. 67

科目	通信費	支払先	東西通信社 殿
摘要		金額	
インターネット料金		8000	
合計		8000	

振　替　伝　票 ❸

令和○年6月23日　　　No. 41

勘定科目	借方	勘定科目	貸方
仮受金	30000	売掛金	30000
合計	30000	合計	30000
摘要	仮受金内容判明　山形商店売掛金回収		

解説 ❶(借)通信費 *8,000*　(貸)現金 *8,000*
→出金伝票
❷(借)現金 *250,000*　(貸)借入金 *250,000*
→入金伝票
❸(借)仮受金 *30,000*　(貸)売掛金 *30,000*
→振替伝票

▶33-7

入　金　伝　票 ❷

令和○年6月12日　　　No. 73

科目	資本金	入金先	事業主 殿
摘要		金額	
追加出資		1000000	
合計		1000000	

出　金　伝　票 ❸

令和○年6月12日　　　No. 68

科目	仮払金	支払先	従業員 殿
摘要		金額	
旅費の概算払い		63000	
合計		63000	

振替伝票❶			
令和○年6月12日			No. 56
勘定科目	借方	勘定科目	貸方
当座預金	110000	仮受金	110000
合計	110000	合計	110000
摘要	従業員から当座預金に入金　内容不明		

解説 ❶(借)当座預金　110,000　(貸)仮受金　110,000
→振替伝票

❷(借)現金　1,000,000　(貸)資本金　1,000,000
→入金伝票

❸(借)仮払金　63,000　(貸)現金　63,000
→出金伝票

▶33-8

入金伝票❶			
令和○年4月26日			No. 32
科目	仮受金	入金先	従業員殿
摘要		金額	
内容不明の送金小切手受け取り		50000	
合計		50000	

出金伝票❸			
令和○年4月26日			No. 27
科目	貸付金	支払先	東北商店殿
摘要		金額	
借用証書により貸し付け		900000	
合計		900000	

振替伝票❷			
令和○年4月26日			No. 38
勘定科目	借方	勘定科目	貸方
建物	6500000	当座預金	6500000
合計	6500000	合計	6500000
摘要	全商不動産㈱から建物購入　小切手＃9振り出し		

解説 ❶(借)現金　50,000　(貸)仮受金　50,000
→入金伝票

❷(借)建物　6,500,000　(貸)当座預金　6,500,000
→振替伝票

❸(借)貸付金　900,000　(貸)現金　900,000
→出金伝票

34 帳簿の問題 (p.156)

▶34-1

(1)

仕訳帳　1

令和○年		摘要		元丁	借方	貸方
1	1	前期繰越高		√	4,965,000	4,965,000
	5	仕入		12	480,000	
			買掛金	6		480,000
	7	売掛金		3	315,000	
			売上	11		315,000
	9	消耗品費		15	22,000	
			未払金	9		22,000
	12	通信費		14	54,000	
			当座預金	2		54,000
	14	備品		5	282,000	
			当座預金	2		282,000
	16	仕入		12	240,000	
			買掛金	6		240,000
	19	買掛金		6	620,000	
			当座預金	2		620,000
	20	仕入		12	270,000	
			買掛金	6		270,000
	22	現金		1	850,000	
			売掛金	3		850,000
	23	売掛金		3	508,500	
			売上	11		508,500
	25	給料		13	380,000	
			所得税預り金	8		31,000
			現金	1		349,000
	27	未払金		9	22,000	
			現金	1		22,000
	29	買掛金		6	985,000	
			当座預金	2		985,000
	31	当座預金		2	630,000	
			売掛金	3		630,000

総勘定元帳

現金　1

1/ 1	190,000	1/25	349,000
22	850,000	27	22,000

当座預金　2

1/ 1	2,350,000	1/12	54,000
31	630,000	14	282,000
		19	620,000
		29	985,000

売掛金　3

1/ 1	1,825,000	1/22	850,000
7	315,000	31	630,000
23	508,500		

繰越商品　4

1/ 1	150,000		

備品　5

1/ 1	450,000		
14	282,000		

買掛金　6

1/19	620,000	1/ 1	1,365,000
29	985,000	5	480,000
		16	240,000
		20	270,000

借　入　金　7

		1/ 1	1,100,000

所得税預り金　8

		1/25	31,000

未　払　金　9

1/27	22,000	1/ 9	22,000

資　本　金　10

		1/ 1	2,500,000

売　　上　11

		1/ 7	315,000
		23	508,500

仕　　入　12

1/ 5	480,000		
16	240,000		
20	270,000		

給　　料　13

1/25	380,000		

通　信　費　14

1/12	54,000		

消　耗　品　費　15

1/ 9	22,000		

(2)　買掛金元帳

山　梨　商　店　1

1/19	620,000	1/ 1	620,000
31	480,000	5	480,000
	1,100,000		1,100,000

長　野　商　店　2

1/29	985,000	1/ 1	745,000
31	270,000	16	240,000
		20	270,000
	1,255,000		1,255,000

(3)　残高試算表

令和○年1月31日

借　方	勘定科目	貸　方
669,000	現　金	
1,039,000	当座預金	
1,168,500	売掛金	
150,000	繰越商品	
732,000	備　品	
	買掛金	750,000
	借入金	1,100,000
	所得税預り金	31,000
	未払金	
	資本金	2,500,000
	売　上	823,500
990,000	仕　入	
380,000	給　料	
54,000	通信費	
22,000	消耗品費	
5,204,500		5,204,500

▶34-2

(1)　仕　訳　帳　1

令和○年		摘　要	元丁	借　方	貸　方
1	1	前期繰越高	√	5,250,000	5,250,000
	3	前受金	8	150,000	
		売掛金	3	494,000	
		売　上	11		644,000
	5	買掛金	7	410,000	
		当座預金	2		410,000
	8	備　品	6	440,000	
		当座預金	2		440,000
	10	前払金	4	95,000	
		現　金	1		95,000
	14	仕　入	12	232,500	
		買掛金	7		232,500
	15	現　金	1	580,000	
		売掛金	3		580,000
	18	保険料	14	96,000	
		現　金	1		96,000
	20	仕　入	12	273,000	
		前払金	4		95,000
		買掛金	7		178,000
	21	売掛金	3	393,000	
		売　上	11		393,000
	24	通信費	15	28,000	
		当座預金	2		28,000
	25	給　料	13	420,000	
		所得税預り金	9		33,000
		現　金	1		387,000
	26	現　金	1	630,000	
		売掛金	3		630,000
	30	買掛金	7	232,500	
		当座預金	2		232,500
	31	当座預金	2	264,000	
		売　上	11		264,000

総勘定元帳

現　　金　1

1/ 1	204,000	1/10	95,000
15	580,000	18	96,000
26	630,000	25	387,000

当　座　預　金　2

1/ 1	2,150,000	1/ 5	410,000
31	264,000	8	440,000
		24	28,000
		30	232,500

売　掛　金　3

1/ 1	1,970,000	1/15	580,000
3	494,000	26	630,000
21	393,000		

前　払　金　4

1/10	95,000	1/20	95,000

繰　越　商　品　5

1/ 1	536,000		

備　　品　6

1/ 1	390,000		
8	440,000		

買　掛　金　7

1/ 5	410,000	1/ 1	1,870,000
30	232,500	14	232,500
		20	178,000

前　受　金　8

1/ 3	150,000	1/ 1	150,000

所得税預り金　9

		1/25	33,000

資　本　金　10

		1/ 1	3,230,000

売　上　11

		1/ 3	644,000
		21	393,000
		31	264,000

仕　入　12

1/14	232,500		
20	273,000		

給　料　13

1/25	420,000		

保　険　料　14

1/18	96,000		

通　信　費　15

1/24	28,000		

(2)　売掛金元帳

岡　山　商　店　1

1/ 1	1,020,000	1/15	580,000
3	494,000	31	934,000
	1,514,000		1,514,000

広　島　商　店　2

1/ 1	950,000	1/26	630,000
21	393,000	31	713,000
	1,343,000		1,343,000

(3)　合計残高試算表

令和○年1月31日

残　高	合　計	勘定科目	合　計	残　高
836,000	1,414,000	現　金	578,000	
1,303,500	2,414,000	当座預金	1,110,500	
1,647,000	2,857,000	売掛金	1,210,000	
	95,000	前払金	95,000	
536,000	536,000	繰越商品		
830,000	830,000	備　品		
	642,500	買掛金	2,280,500	1,638,000
	150,000	前受金	150,000	
		所得税預り金	33,000	33,000
		資本金	3,230,000	3,230,000
		売　上	1,301,000	1,301,000
505,500	505,500	仕　入		
420,000	420,000	給　料		
96,000	96,000	保険料		
28,000	28,000	通信費		
6,202,000	9,988,000		9,988,000	6,202,000

▶34-3

(1)　仕　訳　帳　1

令和○年		摘　要	元丁	借　方	貸　方
1	1	前期繰越高	√	4,710,000	4,710,000
	4	仕　入	12	530,000	
		買掛金	6		530,000
	5	現　金	1	130,000	
		前受金	8		130,000
	7	通信費	15	15,000	
		現　金	1		15,000
	9	買掛金	6	410,000	
		当座預金	2		410,000
	11	仕　入	12	100,000	
		買掛金	6		100,000
	13	備　品	5	319,000	
		未払金	7		319,000
	14	前受金	8	130,000	
		売掛金	3	110,000	
		売　上	11		240,000
	18	当座預金	2	320,000	
		売掛金	3		320,000
	20	仕　入	12	295,000	
		買掛金	6		295,000
	22	売掛金	3	809,000	
		売　上	11		809,000
	23	保険料	14	108,000	
		現　金	1		108,000
	26	給　料	13	310,000	
		所得税預り金	9		24,000
		現　金	1		286,000
	27	現　金	1	550,000	
		売掛金	3		550,000
	30	買掛金	6	370,000	
		当座預金	2		370,000

総勘定元帳

現　金　1

1/ 1	410,000	1/ 7	15,000
5	130,000	23	108,000
27	550,000	26	286,000

当　座　預　金　2

1/ 1	1,780,000	1/ 9	410,000
18	320,000	30	370,000

売　掛　金　3

1/ 1	1,740,000	1/18	320,000
14	110,000	27	550,000
22	809,000		

繰　越　商　品　4

1/ 1	220,000		

備　品　5

1/ 1	560,000		
13	319,000		

買　掛　金　6

1/ 9	410,000	1/ 1	1,570,000
30	370,000	4	530,000
		11	100,000
		20	295,000

未　払　金　7

		1/13	319,000

前　受　金　8

1/14	130,000	1/ 5	130,000

所得税預り金　9

		1/26	24,000

資　本　金　10

		1/ 1	3,140,000

売　上　11

		1/14	240,000
		22	809,000

仕　入　12

1/ 4	530,000		
11	100,000		
20	295,000		

給　料　13

1/26	310,000		

保　険　料　14

1/23	108,000		

通　信　費　15

1/ 7	15,000		

(2) 売　掛　金　元　帳

熊　本　商　店　1

1/ 1	920,000	1/27	550,000
14	110,000	31	480,000
	1,030,000		1,030,000

大　分　商　店　2

1/ 1	820,000	1/18	320,000
22	809,000	31	1,309,000
	1,629,000		1,629,000

(3) 合計残高試算表

令和○年1月31日

残高	合計	勘定科目	合計	残高
681,000	1,090,000	現金	409,000	
1,320,000	2,100,000	当座預金	780,000	
1,789,000	2,659,000	売掛金	870,000	
220,000	220,000	繰越商品		
879,000	879,000	備品		
	780,000	買掛金	2,495,000	1,715,000
		未払金	319,000	319,000
	130,000	前受金	130,000	
		所得税預り金	24,000	24,000
		資本金	3,140,000	3,140,000
		売上	1,049,000	1,049,000
925,000	925,000	仕入		
310,000	310,000	給料		
108,000	108,000	保険料		
15,000	15,000	通信費		
6,247,000	9,216,000		9,216,000	6,247,000

▶34-4

(1) 仕　訳　帳　1

令和○年		摘要	元丁	借方	貸方
1	1	前期繰越高	√	4,250,000	4,250,000
	2	売掛金	3	239,000	
		売上	11		239,000
	4	備品	5	290,000	
		当座預金	2		290,000
	6	現金	1	640,000	
		売掛金	3		640,000
	9	仕入	12	240,000	
		買掛金	7		240,000
	11	消耗品費	14	39,000	
		現金	1		39,000
	13	買掛金	7	260,000	
		当座預金	2		260,000
	15	現金	1	370,000	
		売掛金	3		370,000
	16	売掛金	3	224,000	
		売上	11		224,000
	17	買掛金	7	310,000	
		当座預金	2		310,000
	18	仕入	12	305,000	
		買掛金	7		305,000
	19	借入金	8	600,000	
		支払利息	15	1,500	
		当座預金	2		601,500
	22	給料	13	320,000	
		所得税預り金	9		25,000
		現金	1		295,000
	25	仮払金	6	50,000	
		現金	1		50,000
	31	売掛金	3	220,500	
		売上	11		220,500

総　勘　定　元　帳

現　金　1

1/ 1	230,000	1/11	39,000
6	640,000	22	295,000
15	370,000	25	50,000

当　座　預　金　2

1/ 1	1,860,000	1/ 4	290,000
		13	260,000
		17	310,000
		19	601,500

売　掛　金　3

1/ 1	1,480,000	1/ 6	640,000
2	239,000	15	370,000
16	224,000		
31	220,500		

繰　越　商　品　4

1/ 1	160,000		

備　品　5

1/ 1	520,000		
4	290,000		

仮　払　金　6

1/25	50,000		

買　掛　金　7

1/13	260,000	1/ 1	1,350,000
17	310,000	9	240,000
		18	305,000

借　入　金　8

1/19	600,000	1/ 1	600,000

所得税預り金　9

		1/22	25,000

資　本　金　10

		1/ 1	2,300,000

売　上　11

		1/ 2	239,000
		16	224,000
		31	220,500

仕　入　12

1/ 9	240,000		
18	305,000		

給　料　13

1/22	320,000		

消耗品費　14

1/11	39,000		

支払利息　15

1/19	1,500		

(2)　買掛金元帳

山口商店　1

1/17	310,000	1/ 1	680,000
31	610,000	9	240,000
	920,000		920,000

島根商店　2

1/13	260,000	1/ 1	670,000
31	715,000	18	305,000
	975,000		975,000

(3)　合計試算表

令和○年1月31日

借　方	勘定科目	貸　方
1,240,000	現金	384,000
1,860,000	当座預金	1,461,500
2,163,500	売掛金	1,010,000
160,000	繰越商品	
810,000	備品	
50,000	仮払金	
570,000	買掛金	1,895,000
600,000	借入金	600,000
	所得税預り金	25,000
	資本金	2,300,000
	売上	683,500
545,000	仕入	
320,000	給料	
39,000	消耗品費	
1,500	支払利息	
8,359,000		8,359,000

35 文章完成と計算の問題 (p.172)

▶35-1

(1) ❶	(2) ❷	(3) ❸
ア	イ	ウ
3	6	9

解説 ❶仕訳帳や総勘定元帳は，すべての取引が記入される帳簿なので主要簿という。

❷資産・負債・純資産の内容を示した貸借対照表を作成することによって，企業の一定時点における財政状態を明らかにすることができる。

❸総勘定元帳の借方合計と貸方合計は一致するという貸借平均の原理によっている。

▶35-2

(1) ❶	(2)	(3) ❷
ア	イ	ウ
2	5	7

解説 ❶仕入先ごとの人名勘定を設けて記入する補助簿を買掛金元帳という。買掛金勘定は，買掛金元帳の記入内容をまとめて示すので統制勘定という。

❷資産・負債・純資産に属する勘定は，次期に繰り越される。収益・費用の勘定は，その会計期間における発生額を示す勘定であるから次期に繰り越されることはない。その会計期間の収益・費用の差額が純損益として資本金を増減させて，その修正後の資本金が次期に繰り越されるのである。

▶35-3

(1) ❶	(2) ❷
ア	イ
3	6

解説 ❶貸倒引当金勘定は売掛金の回収見込額を明らかにするために用いられる勘定であり，このような勘定を評価勘定という。

❷合計試算表は，総勘定元帳の各勘定の借方・貸方の合計金額を集めて作成する。一方，各勘定の残高を集めて作成するのが残高試算表である。仕訳帳にはすべての取引を記入するから，合計試算表の総合計は仕訳帳の総合計と一致する。

(注)この種の問題では，答えが与えられているのでよく考えずに解答してしまいがちである。いったん解答したあとにもう一度文章を読みなおして，十分に確認することが必要である。

▶35-4

(1) ❶	(2)	(3) ❷
ア	イ	ウ
1	6	8

解説 ❶個人企業の決算において，損益勘定の貸方に残高が生じた場合，貸方は収益側であるので純利益を意味し，資本金勘定の貸方に振り替える。

❷　仕入(決算整理後)

純仕入高	期末商品棚卸高
期首商品棚卸高	売上原価

▶35-5

(1)		(2)		(3)	
ア ❶	イ ❷	ウ ❸	エ ❹	オ ❺	カ ❻
¥2,250,000	¥ 700,000	¥1,730,000	¥ 240,000	¥6,240,000	¥2,570,000

解説 ❶期末資産＝期末負債¥1,330,000＋期末資本¥920,000
＝¥2,250,000
❷当期純利益＝収益総額¥2,140,000－費用総額¥1,980,000
＝¥160,000
期首資本＝期末資本¥920,000－当期純利益¥160,000
＝¥760,000
期首負債＝期首資産¥1,460,000－期首資本¥760,000
＝¥700,000
❸収益総額＝費用総額¥1,580,000＋当期純利益¥150,000
＝¥1,730,000
❹期首資本＝期首資産¥640,000－期首負債¥130,000
＝¥510,000
期末資本＝期首資本¥510,000＋当期純利益¥150,000
＝¥660,000
期末負債＝期末資産¥900,000－期末資本¥660,000
＝¥240,000
❺費用総額＝収益総額¥6,650,000－当期純利益¥410,000
＝¥6,240,000
❻期首資本＝期首資産¥3,940,000－期首負債¥1,780,000
＝¥2,160,000
期末資本＝期首資本¥2,160,000＋当期純利益¥410,000
＝¥2,570,000

▶35-6

(1)		(2)		(3)	(4)
ア ❶	イ ❷	ウ ❸	エ ❹	オ ❺	カ ❻
¥9,080,000	¥6,050,000	¥7,630,000	¥2,300,000	¥8,390,000	¥8,620,000

解説 ❶収益総額＝費用総額¥8,440,000＋当期純利益¥640,000
＝¥9,080,000
❷期首資本＝期末資産総額¥7,230,000－期末負債総額
¥2,000,000－当期純利益¥640,000＝¥4,590,000
期首資産総額＝期首負債総額¥1,460,000＋期首資本
¥4,590,000＝¥6,050,000
❸費用総額＝収益総額¥8,150,000－当期純利益¥520,000
＝¥7,630,000
❹期首資本＝期末資産総額¥5,800,000－期末負債総額
¥2,500,000－当期純利益¥520,000＝¥2,780,000
期首負債総額＝期首資産総額¥5,080,000－期首資本
¥2,780,000＝¥2,300,000
❺収益総額＝費用総額¥7,830,000＋当期純利益¥560,000
＝¥8,390,000
❻期首資本＝期首資産総額¥8,350,000－期首負債総額
¥3,370,000＝¥4,980,000
期末資産総額＝期末負債総額¥3,210,000＋期首資本
¥4,980,000＋当期純利益¥430,000＝¥8,620,000

▶35-7

ア	期首資本	¥ 800,000	❶
イ	当期純利益	¥ 250,000	❷
ウ	売上原価	¥ 1,520,000	❸

解説 ❶期首資本＝期首資産(¥250,000＋¥400,000
＋¥600,000＋¥750,000)－期首負債(¥700,000
＋¥500,000)＝¥800,000
❷期末資本＝期末資産(¥300,000＋¥500,000
＋¥900,000＋¥650,000)－期末負債(¥700,000
＋¥600,000)＝¥1,050,000
当期純利益＝期末資本¥1,050,000－期首資本¥800,000
＝¥250,000
❸売上原価＝期首商品棚卸高¥600,000＋当期仕入高
¥1,820,000－期末商品棚卸高¥900,000＝¥1,520,000

▶35-8

a	¥ 4,310,000❶	b	¥ 3,235,000❷

解説 ❶収益総額＝費用総額¥3,985,000＋当期純利益¥325,000
＝¥4,310,000
❷期首資本＝期首資産(現金¥670,000＋当座預金
¥1,500,000＋商品¥370,000＋備品¥680,000)
－期首負債(買掛金¥460,000＋借入金¥600,000)
＝¥2,160,000
期末の資産総額＝期末負債総額¥750,000
＋期首資本¥2,160,000＋当期純利益¥325,000
＝¥3,235,000

▶35-9

a	¥ 4,190,000❶	b	¥ 1,480,000❷

解説 ❶費用総額＝収益総額¥4,560,000－当期純利益¥370,000
＝¥4,190,000
❷期末資本＝期末資産¥3,300,000－期末負債
¥1,450,000＝¥1,850,000
期首資本＝期末資本¥1,850,000－当期純利益
¥370,000＝¥1,480,000

▶35-10

a	¥ 6,560,000❶	b	¥ 1,780,000❷

解説 ❶費用総額＝収益総額¥6,880,000－当期純利益¥320,000
＝¥6,560,000
❷期首資本＝期首資産¥2,500,000－期首負債¥800,000
＝¥1,700,000
借入金＝合計額¥3,800,000－買掛金¥1,180,000
－資本金¥1,700,000－当期純利益¥320,000
＝¥600,000
期末負債＝買掛金¥1,180,000＋借入金¥600,000
＝¥1,780,000

36 英語表記の問題 (p.176)

▶36-1

ア	イ	ウ	エ
7	4	2	5

▶36-2

ア	イ	ウ	エ
5	8	3	7

▶36-3

ア	イ	ウ	エ
2	4	7	5

37 決算の問題（p.177）

▶37-1

(1)

精　算　表

令和○年12月31日

勘定科目	残高試算表		整理記入		損益計算書		貸借対照表	
	借方	貸方	借方	貸方	借方	貸方	借方	貸方
現金	715,000						715,000	
当座預金	1,830,000						1,830,000	
売掛金	2,600,000						2,600,000	
貸倒引当金		40,000		❷ 38,000				78,000
繰越商品	900,000		❶ 860,000	❶ 900,000			860,000	
備品	750,000			❸ 150,000			600,000	
買掛金		2,190,000						2,190,000
借入金		800,000						800,000
資本金		3,000,000						3,000,000
売上		9,170,000				9,170,000		
受取手数料		45,000				45,000		
仕入	6,270,000		❶ 900,000	❶ 860,000	6,310,000			
給料	1,350,000				1,350,000			
支払家賃	600,000				600,000			
消耗品費	132,000				132,000			
雑費	50,000				50,000			
支払利息	48,000				48,000			
	15,245,000	15,245,000						
貸倒引当金繰入			❷ 38,000		38,000			
減価償却費			❸ 150,000		150,000			
当期純利益					537,000			537,000
			1,948,000	1,948,000	9,215,000	9,215,000	6,605,000	6,605,000

(2)

貸倒引当金 ❹　　4

6/20	売掛金	47,000	1/1	前期繰越	87,000
12/31	**次期繰越**	78,000	12/31	貸倒引当金繰入	38,000
		125,000			125,000

解説 ❶(借)仕　　入900,000　(貸)繰越商品900,000
（繰越商品勘定の残高を用いる）
繰越商品860,000　　仕　　入860,000
（期末商品棚卸高を用いる）

❷売掛金残高¥2,600,000×0.03＝¥78,000
¥78,000－貸倒引当金残高¥40,000＝¥38,000
※この引き算を忘れがちなので要注意。
(借)貸倒引当金繰入38,000　(貸)貸倒引当金38,000

❸定額法による年間の減価償却費

$$\frac{¥900{,}000-¥0}{6年}=¥150{,}000$$

(借)減価償却費150,000　(貸)備　　品150,000
※直接法による。

❹上記❷の仕訳を貸倒引当金勘定に転記する。貸倒引当金勘定は資産(売掛金)の評価勘定なので，「次期繰越」と記入して締め切る。

▶**37-2**

(1)

精　算　表

令和○年12月31日

勘定科目	残高試算表		整理記入		損益計算書		貸借対照表	
	借方	貸方	借方	貸方	借方	貸方	借方	貸方
現金	501,000						501,000	
当座預金	1,356,000						1,356,000	
売掛金	1,650,000						1,650,000	
貸倒引当金		23,000		❷ 10,000				33,000
繰越商品	580,000		❶ 620,000	❶ 580,000			620,000	
備品	630,000			❸ 90,000			540,000	
買掛金		1,809,000						1,809,000
前受金		72,000						72,000
資本金		2,600,000						2,600,000
売上		8,652,000				8,652,000		
受取手数料		103,000				103,000		
仕入	6,245,000		❶ 580,000	❶ 620,000	6,205,000			
給料	1,275,000				1,275,000			
支払家賃	840,000				840,000			
水道光熱費	168,000				168,000			
雑費	14,000				14,000			
	13,259,000	13,259,000						
貸倒引当金繰入			❷ 10,000		10,000			
減価償却費			❸ 90,000		90,000			
当期純利益					153,000			153,000
			1,300,000	1,300,000	8,755,000	8,755,000	4,667,000	4,667,000

(2)

売　上 ❹　10

	150,000		8,802,000
12/31 損　益	8,652,000		
	8,802,000		8,802,000

解説 ❶(借)仕　　入580,000　(貸)繰越商品580,000
　　　繰越商品620,000　　　仕　　入620,000

❷売掛金残高¥1,650,000×0.02＝¥33,000
¥33,000－貸倒引当金残高¥23,000＝¥10,000
(借)貸倒引当金繰入 10,000　(貸)貸倒引当金 10,000

❸定額法による年間の減価償却費

$$\frac{¥720,000-¥0}{8年}=¥90,000$$

(借)減価償却費 90,000　(貸)備　　品 90,000

❹売上勘定は収益勘定なので，残額は次の損益勘定に振り替える仕訳をおこない，転記してから締め切る。

(借)売　　上8,652,000　(貸)損　　益8,652,000

▶37-3

(1)

精　　算　　表

令和○年12月31日

勘定科目	残高試算表		整理記入		損益計算書		貸借対照表	
	借方	貸方	借方	貸方	借方	貸方	借方	貸方
現金	*390,000*						*390,000*	
当座預金	*570,000*						*570,000*	
売掛金	*1,100,000*						*1,100,000*	
貸倒引当金		*5,000*		❷ *17,000*				*22,000*
繰越商品	*730,000*		❶ *930,000*	❶ *730,000*			*930,000*	
備品	*900,000*			❸ *180,000*			*720,000*	
買掛金		*690,000*						*690,000*
前受金		*130,000*						*130,000*
資本金		*2,400,000*						*2,400,000*
売上		*8,100,000*				*8,100,000*		
受取手数料		*65,000*				*65,000*		
仕入	*5,700,000*		❶ *730,000*	❶ *930,000*	*5,500,000*			
給料	*1,068,000*				*1,068,000*			
支払家賃	*840,000*				*840,000*			
通信費	*72,000*				*72,000*			
雑費	*20,000*				*20,000*			
	11,390,000	*11,390,000*						
貸倒引当金繰入			❷ *17,000*		*17,000*			
減価償却費			❸ *180,000*		*180,000*			
当期純利益					*468,000*			*468,000*
			1,857,000	*1,857,000*	*8,165,000*	*8,165,000*	*3,710,000*	*3,710,000*

(2)

備　　品 ❹　　6

1/1	前期繰越	*900,000*	12/31	減価償却費	*180,000*
			〃	**次期繰越**	*720,000*
		900,000			*900,000*

解説 ❶(借)仕　　入*730,000*　(貸)繰越商品*730,000*
　　　　　繰越商品*930,000*　　　仕　　入*930,000*

❷売掛金残高¥*1,100,000*×0.02＝¥*22,000*

¥*22,000*－貸倒引当金残高¥*5,000*＝¥*17,000*

(借)貸倒引当金繰入 *17,000*　(貸)貸倒引当金 *17,000*

❸定額法による年間の減価償却費

$$\frac{¥1,080,000-¥0}{6年}=¥180,000$$

(借)減価償却費*180,000*　(貸)備　　品*180,000*

❹上記❸の仕訳を備品勘定に転記する。備品勘定は資産勘定なので,「次期繰越」と記入して締め切る。

▶37-4

(1)

	借	方	貸	方
a	仕入	510,000	繰越商品	510,000
	繰越商品	570,000	仕入	570,000
b	貸倒引当金繰入	❶34,000	貸倒引当金	34,000
c	減価償却費	❷180,000	備品	180,000

(2)

備品 ❸ 6

1/1 前期繰越	900,000	12/31 減価償却費	180,000
		〃 次期繰越	720,000
	900,000		900,000

売上 ❹ 9

	117,000		8,573,000
12/31 損益	8,456,000		
	8,573,000		8,573,000

(3)

損益計算書

三重商店　令和○年1月1日から令和○年12月31日まで　(単位：円)

費用	金額	収益	金額
売上原価	❺5,321,000	売上高	8,456,000
給料	1,560,000	受取手数料	71,000
(貸倒引当金繰入)	34,000		
(減価償却費)	180,000		
支払地代	912,000		
消耗品費	80,000		
雑費	40,000		
(当期純利益)	❻400,000		
	8,527,000		8,527,000

貸借対照表

三重商店　令和○年12月31日　(単位：円)

資産		金額	負債および純資産	金額
現金		798,000	買掛金	2,618,000
当座預金	❼	2,084,000	資本金	3,800,000
売掛金	(2,700,000)	❾	(当期純利益)	⓬400,000
貸倒引当金	(❽54,000)	2,646,000		
(商品)		❿570,000		
備品		⓫720,000		
		6,818,000		6,818,000

解説 ❶貸倒引当金は売掛金の勘定残高に2%を掛けて計算し，貸倒引当金繰入はこの金額から貸倒引当金勘定残高を差し引いて求める。

貸倒引当金：¥2,700,000×2%=¥54,000

貸倒引当金繰入：¥54,000－¥20,000=¥34,000

❷減価償却費は取得原価から残存価額を差し引いた金額を耐用年数で割って求める。

減価償却費：(¥1,080,000－¥0)÷6年=¥180,000

❸(1) c の仕訳を備品勘定に転記する。備品は資産勘定なので，決算日の日付で「次期繰越」と記入して締め切る。

❹売上は収益勘定なので，その残高は次の仕訳をおこない損益勘定に振り替える。この仕訳を転記してから売上勘定を締め切る。

(借)売　上 8,456,000　(貸)損　益 8,456,000

❺(1) a の仕訳を仕入勘定に転記したあとの残高が売上原価となる。

仕入勘定残高	¥5,381,000
＋）期首商品	¥ 510,000
－）期末商品	¥ 570,000
売上原価	¥5,321,000

❻損益計算書の貸借差額として当期純利益を求める。

❼売掛金の勘定残高¥2,700,000を記入する。

❽❶の貸倒引当金¥54,000を記入する。

❾❼の売掛金から❽の貸倒引当金を差し引いた金額を記入する。

¥2,700,000－¥54,000=¥2,646,000

❿期末商品棚卸高¥570,000を記入する。

⓫備品の勘定残高から❷の減価償却費を差し引いた金額を記入する。

¥900,000－¥180,000=¥720,000

⓬貸借対照表の貸借差額で当期純利益を求める。なお，この金額は損益計算書の当期純利益と一致する。

▶37-5

(1)

	借方		貸方	
a	仕入	720,000	繰越商品	720,000
	繰越商品	770,000	仕入	770,000
b	貸倒引当金繰入	❶42,000	貸倒引当金	42,000
c	減価償却費	❷150,000	備品	150,000

(2)

買掛金❸ 8

	1,395,000		4,343,000
12/31 次期繰越	2,948,000		
	4,343,000		4,343,000

仕入❹ 13

	5,700,000		60,000
12/31 繰越商品	720,000	12/31 繰越商品	770,000
		〃 損益	5,590,000
	6,420,000		6,420,000

(3)

損益計算書

福井商店　令和○年1月1日から令和○年12月31日まで　(単位：円)

費用	金額	収益	金額
売上原価	❺5,590,000	売上高	8,270,000
給料	1,450,000	受取利息	18,000
(貸倒引当金繰入)	42,000		
(減価償却費)	150,000		
支払家賃	480,000		
水道光熱費	170,000		
消耗品費	96,000		
雑費	56,000		
(当期純利益)	❻254,000		
	8,288,000		8,288,000

貸借対照表

福井商店　令和○年12月31日　(単位：円)

資産		金額	負債および純資産	金額
現金		568,000	買掛金	2,948,000
当座預金	❼	1,340,000	(前受金)⓬	120,000
売掛金	(2,800,000)	❾	資本金	3,000,000
貸倒引当金	(❽56,000)	2,744,000	(当期純利益)⓭	254,000
(商品)		❿770,000		
貸付金		600,000		
備品		⓫300,000		
		6,322,000		6,322,000

解説 ❶貸倒引当金は売掛金の勘定残高に2%を掛けて計算し，貸倒引当金繰入はこの金額から貸倒引当金勘定残高を差し引いて求める。

貸倒引当金：¥2,800,000×2%=¥56,000

貸倒引当金繰入：¥56,000－¥14,000=¥42,000

❷減価償却費は取得原価から残存価額を差し引いた金額を耐用年数で割って求める。

減価償却費：(¥1,200,000－¥0)÷8年=¥150,000

❸買掛金は負債勘定なので，決算日の日付で「次期繰越」と記入して締め切る。

❹(1) aの仕訳を仕入勘定に転記する。仕入は費用勘定なので，その残高(❺参照)は次の仕訳をおこない損益勘定に振り替える。この仕訳を転記してから仕入勘定を締め切る。

(借)損　益 5,590,000　(貸)仕　入 5,590,000

❺(1) aの仕訳を仕入勘定に転記したあとの残高が売上原価となる。

仕入勘定残高	¥5,640,000
＋) 期首商品	¥ 720,000
－) 期末商品	¥ 770,000
売上原価	¥5,590,000

❻損益計算書の貸借差額として当期純利益を求める。

❼売掛金の勘定残高¥2,800,000を記入する。

❽❶の貸倒引当金¥56,000を記入する。

❾❼の売掛金から❽の貸倒引当金を差し引いた金額を記入する。

¥2,800,000－¥56,000=¥2,744,000

❿期末商品棚卸高¥770,000を記入する。

⓫備品の勘定残高から❷の減価償却費を差し引いた金額を記入する。

¥450,000－¥150,000=¥300,000

⓬貸借対照表の貸方の(　)は，元帳勘定残高の中から，記入されていない負債勘定を記入する。

⓭貸借対照表の貸借差額で当期純利益を求める。なお，この金額は損益計算書の当期純利益と一致する。

▶37-6

(1)

	借	方	貸	方
a	仕　入	470,000	繰越商品	470,000
	繰越商品	450,000	仕　入	450,000
b	貸倒引当金繰入	❶14,000	貸倒引当金	14,000
c	減価償却費	❷225,000	備　品	225,000

(2)

貸倒引当金❸　4

6/12	売掛金	32,000	1/1	前期繰越	90,000
12/31	**次期繰越**	72,000	12/31	貸倒引当金繰入	14,000
		104,000			104,000

消耗品費❹　15

3/30	現金	35,000	12/31	損益	87,000
9/28	現金	52,000			
		87,000			87,000

(3)

損益計算書

愛知商店　令和○年1月1日から令和○年12月31日まで　(単位：円)

費用	金額	収益	金額
売上原価	❺3,310,000	売上高	5,410,000
給料	924,000	(受取利息)	❻ 36,000
(貸倒引当金繰入)	14,000		
(減価償却費)	225,000		
支払家賃	672,000		
消耗品費	87,000		
雑費	12,000		
(当期純利益)	❼202,000		
	5,446,000		5,446,000

貸借対照表

愛知商店　令和○年12月31日　(単位：円)

資産		金額	負債および純資産	金額
現金		582,000	買掛金	657,000
当座預金	❽	784,000	資本金	3,600,000
売掛金	(1,440,000)	❿	(当期純利益)	⓭202,000
貸倒引当金	(❾72,000)	1,368,000		
(商品)		⓫450,000		
貸付金		600,000		
備品		⓬675,000		
		4,459,000		4,459,000

解説

❶貸倒引当金は売掛金の勘定残高に5%を掛けて計算し，貸倒引当金繰入はこの金額から貸倒引当金勘定残高を差し引いて求める。
貸倒引当金：¥1,440,000×5%=¥72,000
貸倒引当金繰入：¥72,000－¥58,000=¥14,000

❷減価償却費は取得原価から残存価額を差し引いた金額を耐用年数で割って求める。
減価償却費：(¥1,800,000－¥0)÷8年=¥225,000

❸(1) b の仕訳を貸倒引当金勘定に転記する。貸倒引当金は売掛金の評価勘定なので，決算日の日付で「次期繰越」と記入して締め切る。

❹消耗品費は費用勘定なので，その残高は次の仕訳をおこない損益勘定に振り替える。この仕訳を転記してから消耗品費勘定を締め切る。
(借)損　益　87,000　(貸)消耗品費　87,000

❺(1) a の仕訳を仕入勘定に転記したあとの残高が売上原価となる。

仕入勘定残高	¥3,290,000
＋）期首商品	¥ 470,000
－）期末商品	¥ 450,000
売上原価	¥3,310,000

❻損益計算書の貸方の(　)は元帳勘定残高の中から，記入されていない収益勘定を記入する。

❼損益計算書の貸借差額として当期純利益を求める。

❽売掛金の勘定残高¥1,440,000を記入する。

❾❶の貸倒引当金¥72,000を記入する。

❿❽の売掛金から❾の貸倒引当金を差し引いた金額を記入する。
¥1,440,000－¥72,000=¥1,368,000

⓫期末商品棚卸高¥450,000を記入する。

⓬備品の勘定残高から❷の減価償却費を差し引いた金額を記入する。
¥900,000－¥225,000=¥675,000

⓭貸借対照表の貸借差額で当期純利益を求める。なお，この金額は損益計算書の当期純利益と一致する。

◎日商ではこうでる！

第1問 仕訳問題 (p.186)

※解答は選択した記号と，学習の参考とするため実際の勘定科目を明示する。

▶1

	仕		訳	
	借方科目	金額	貸方科目	金額
1	ウ(差入保証金) カ(支払手数料)	❶ 400,000 200,000	イ(当座預金)	600,000
2	カ(旅費交通費)	❷ 27,700	イ(普通預金)	27,700
3	ウ(借入金) カ(支払利息)	900,000 18,000	イ(当座預金)	918,000
4	イ(電子記録債権)	❸ 400,000	ア(売掛金)	400,000
5	カ(租税公課) オ(通信費)	❹ 30,000 21,000	ア(現金)	51,000

解説 ❶店舗や事務所に使用する不動産の賃借に際して，敷金などの保証金を支払ったときは差入保証金勘定(資産)で処理する。また，不動産業者に対して支払った手数料は，支払手数料勘定(費用)で処理する。

❷出張にかかった鉄道運賃は，会社の費用として旅費交通費勘定(費用)で処理する。

❸売掛金などの債権について，電子債権記録機関で債権の発生記録を行い電子化した場合は，売掛金勘定から電子記録債権勘定(資産)に振り替える。

❹収入印紙代は租税公課勘定(費用)で，郵便切手代は通信費勘定(費用)で処理する。

▶

	仕		訳	
	借方科目	金額	貸方科目	金額
6	ウ(受取商品券) ア(現金)	❺ 250,000 50,000	エ(売上)	300,000
7	イ(売掛金) オ(発送費)	240,000 ❻ 3,000	エ(売上) ア(現金)	240,000 3,000
8	イ(備品) カ(消耗品費)	❼ 320,000 6,000	オ(未払金)	326,000
9	ア(クレジット売掛金) エ(支払手数料)	❽ 240,000 10,000	イ(売上)	250,000
10	ウ(未払金)	❾ 80,000	ア(現金)	80,000

解説 ❺百貨店協会の共通商品券や信販会社が発行した商品券などを代金として受け取った場合は，受取商品券勘定(資産)で処理する。

❻商品の売り上げに際し，自社が負担すべき発送運賃を支払った場合は，発送費勘定(費用)で処理する。

❼1年以上使用可能で¥100,000以上(税法上)の物品を購入した場合は備品勘定(資産)で処理し，そうでない物品に関しては消耗品費勘定(費用)で処理する。

❽クレジットカードによる販売で信販会社へ支払う手数料(¥250,000×4%=¥10,000)は支払手数料勘定(費用)で処理し，売上額との差額をクレジット売掛金勘定(資産)に計上する。

❾固定資産税の納税通知書を受け取った際に費用計上が済んでいるので，今回は未払金勘定(負債)を支払った処理となる。

▶

	仕		訳	
	借方科目	金額	貸方科目	金額
11	オ(仕入) イ(仮払消費税)	350,000 ❿ 28,000	エ(買掛金)	378,000
12	オ(修繕費)	⓫ 250,000	イ(未払金)	250,000
13	エ(仮払法人税等)	⓬ 1,250,000	ウ(普通預金)	1,250,000
14	ウ(貯蔵品)	⓭ 21,000	エ(通信費)	21,000
15	ア(売掛金)	550,000	カ(売上) オ(仮受消費税)	500,000 ⓮ 50,000

解説 ❿商品を仕入れたときに支払う消費税額は，仮払消費税勘定(資産)で処理する。

⓫営業に使用している建物や車両，備品などの破損部分を修理し，原状に戻すための支出は修繕費勘定(費用)で処理する。

⓬法人税等の中間申告を行い納付した金額は，決算で確定する法人税等の金額に対しての仮払いなので，仮払法人税等勘定(資産)で処理する。

⓭決算時に郵便切手や収入印紙の未使用分があれば，費用の勘定から貯蔵品勘定(資産)に振り替え，次期の費用として繰り延べる。

⓮商品を売り上げたときに受け取る消費税額は，仮受消費税勘定(負債)で処理する。

▶

	仕		訳	
	借方科目	金額	貸方科目	金額
16	イ(現金過不足) オ(通信費)	25,000 7,000	ウ(受取手数料) エ(雑益)	30,000 ⓯ 2,000
17	イ(貸倒引当金) カ(貸倒損失)	200,000 ⓰ 50,000	ア(売掛金)	250,000
18	カ(給料)	1,560,000	イ(普通預金) エ(所得税預り金) オ(社会保険料預り金)	1,437,000 ⓱ 47,000 76,000
19	ウ(役員貸付金)	⓲ 4,000,000	イ(当座預金)	4,000,000
20	イ(当座預金)	12,000,000	オ(資本金)	⓳ 12,000,000

解説 ⓯決算日までに現金過不足の原因が判明しない場合，不足額であれば雑損勘定(費用)，過剰額であれば雑益勘定(収益)に振り替える。

⓰前期の決算で貸倒引当金を見積もった売掛金などの債権が，当期になり実際に貸倒れ処理の対象となった場合は，債権額を減額するとともに貸倒引当金勘定の借方に記入する。なお，貸倒引当金勘定の残高よりも多い金額が貸倒れになったときは，その超過した金額を貸倒損失勘定(費用)で処理する。

⓱従業員に対する給料の支払いに際し，所得税の源泉徴収額を控除した分は所得税預り金勘定(負債)として，健康保険等の掛け金負担額を控除した分は社会保険料預り金勘定(負債)で処理する。

⓲役員に対しての貸付金は，他社との取引で生じた通常の貸付金と区別するために，役員貸付金勘定(資産)で処理する。

⑲株式会社が株式を発行して資本提供を受ける額は，会社法上原則として全額を資本金勘定(資本)に計上する。

▶

	仕		訳	
	借方科目	金　額	貸方科目	金　額
21	カ(法定福利費) エ(社会保険料預り金) イ(従業員立替金)	*96,000* ⑳ *12,000* *36,000*	ア(現　　金)	*144,000*
22	カ(損　　益)	*1,400,000*	エ(繰越利益剰余金)	㉑ *1,400,000*
23	イ(未収入金) エ(備品減価償却累計額) キ(固定資産売却損)	*250,000* ㉒ *480,000* *70,000*	ウ(備　　品)	*800,000*
24	オ(電子記録債務)	㉓ *400,000*	ア(当座預金)	*400,000*
25	カ(法人税，住民税及び事業税)	*1,800,000*	ウ(仮払法人税等) エ(未払法人税等)	*800,000* ㉔ *1,000,000*

解説 ⑳従業員に対する社会保険の一つである雇用保険料は，会社負担分と従業員負担分に分かれており，支払いに際して会社負担分は法定福利費勘定(費用)で処理し，従業員負担分は給料から控除し社会保険料預り金勘定(負債)で預かっている金額を支払いに充てることになる。なお，今回のように１年分を一括して支払う場合，従業員から雇用保険料としてまだ預かっていない部分は，従業員の負担額を立て替えて支払ったことになるので，従業員立替金勘定(資産)で処理する。

㉑決算により損益勘定で計算された当期純利益は，個人企業の場合は資本金勘定に振り替えるが，株式会社の場合は繰越利益剰余金勘定(資本)へ振り替え，後日開かれる株主総会でその利益処分を審議する。

㉒減価償却費の年額は，(取得原価*¥800,000*－残存価額*¥0*)÷5年=*¥160,000*。3年間償却してきているので*¥160,000*×3年=*¥480,000*が備品減価償却累計額の金額。

㉓電子記録債務が銀行口座からの引落しにより決済されたら，電子記録債務勘定(負債)の減少として処理する。

㉔決算により確定した法人税等の金額と仮払法人税等の金額との差額は，確定申告により追加で支払うべき税額であり，未払法人税等勘定(負債)として処理する。

▶

	仕		訳	
	借方科目	金　額	貸方科目	金　額
26	ウ(所得税預り金)	*35,000*	ア(普通預金)	*35,000*
27	イ(当座預金)	*420,000*	ウ(売 掛 金)	*420,000*
28	カ(繰越利益剰余金)	*440,000*	ウ(未払配当金) オ(利益準備金) ㉕	*400,000* *40,000*
29	エ(土　　地)	㉖ *12,320,000*	イ(当座預金) ア(現　　金)	*12,200,000* *120,000*
30	オ(旅費交通費) ア(現　　金)	*60,000* *10,000*	ウ(仮 払 金)	㉗ *70,000*

解説 ㉕株主総会で繰越利益剰余金の処分が決定したら，株主への配当金分は未払配当金勘定(負債)の貸方に，利益準備金の積み立て分は利益準備金勘定(資本)の貸方に記入し，その処分額の総額を繰越利益剰余金勘定(資本)の減少として借方に記入する。

㉖土地の整地費用は，付随費用として土地の取得原価に含めて処理する。

㉗従業員の出張に際し概算額として支払った金額は仮払金勘定(資産)として処理している。従業員が帰社し旅費の精算を行った場合は，仮払金勘定の貸方に記入するとともに，実際に発生した宿泊費や鉄道運賃を旅費交通費勘定(費用)として借方に記入し，残額は現金で回収する。

第２問 補助簿・勘定記入・伝票・文章問題(p.199)

1 補助簿記入問題

▶**1**

①	②	③	④	⑤
260	40	*250*	*23,400*	*21,200*

解説 先入先出法による商品有高帳の記入

★先入先出法の場合，異なる単価で仕入れたら別の行に記入し，先に仕入れた分と左中括弧でくくる。商品を売り上げて払い出したときは，残高のうち古い仕入単価の方から順次払い出したこととして記入する。

①9月5日の日付と摘要の「仕入」にともなう受入欄の記入指示から，仕入帳の9月5日記入分と判明。①は9月5日仕入単価の*¥260*。

②20日の日付と摘要の「売上」にともなう払出欄の記入指示から，売上帳の9月20日記入分と判明。売上帳の130個売上個数から払出2行目(新しい方の9/5仕入分から払い出したと考える分)の90個を差し引いて②は40個。

③20日払出欄の1行目は古い9/1前月繰越分をすべて払い出していることから*¥10,000*÷40個＝*¥250*が③の単価。

④20日払出欄の2行目は新しい9/5仕入分の払い出しなので，単価は9/5仕入単価の*¥260*。よって④は90個×@*¥260*=*¥23,400*

⑤26日の日付と摘要の「仕入」にともなう受入欄の記入指示から，仕入帳の9月26日記入分と判明。受入数量80個×単価*¥265*=*¥21,200*が⑤の金額。

▶**2**

(1)

商品有高帳

(移動平均法)　　A 商品

X6年		摘要	受入			払出			残高		
			数量	単価	金額	数量	単価	金額	数量	単価	金額
10	1	前月繰越	200	*600*	*120,000*				200	*600*	*120,000*
	10	売　　上				150	*600*	*90,000*	50	*600*	*30,000*
	20	仕　　入	450	❶ *620*	*279,000*				500	❷ *618*	*309,000*
	25	売　　上				300	*618*	*185,400*	200	*618*	*123,600*
	31	**次月繰越**				200	*618*	*123,600*			
			650		*399,000*	650		*399,000*			

(2)

売上高	売上原価	売上総利益
¥ 456,000	¥ 275,400	¥ 180,600

解説 (1)商品有高帳

❶20日の仕入れによる受入欄の単価は，仕入価額450個×@¥610=¥274,500に仕入諸掛の引取運賃¥4,500を加えた仕入原価¥279,000を，450個で割って@¥620となる。

❷20日の残高欄の平均単価は$\frac{¥309,000}{500個}$=@¥618で，25日の売上げにともなう払出単価となる。

(2)売上高
10日の売上高150個×@¥1,000+25日の売上高300個×@¥1,020=¥456,000
売上原価
(1)商品有高帳の売上げにともなう払出欄の金額合計
10日¥90,000+25日¥185,400=¥275,400
売上総利益
売上高¥456,000−売上原価¥275,400=¥180,600

2 勘定記入問題

▶1

(イ)	(ロ)	(ハ)	(a)	(b)
前払保険料	損　益	次期繰越	20,000	24,000

解説 毎年8月1日に向こう1年分(次年度7月分まで)を支払っているので，前払いの月数は4か月分となる。(決算の翌月4月分から7月分まで。)
時系列で仕訳を考えると，

①前期末決算整理仕訳
3/31　(借)前払保険料 20,000　(貸)保険料 20,000
※前払いの金額は
$¥60,000×\frac{4か月}{12か月}=¥20,000$
4/1の「前期繰越」となり，「a」の金額は20,000

②当期首の再振替仕訳
4/1　(借)保険料 20,000　(貸)前払保険料 20,000
4/1の「イ」の勘定科目(相手勘定)

③8月1日の保険料支払い
8/1　(借)保険料 72,000　(貸)現　金 72,000

④3月31日　当期末決算整理仕訳
3/31　(借)前払保険料 24,000　(貸)保険料 24,000
※前払いの金額は
$¥72,000×\frac{4か月}{12か月}=¥24,000$
3/31の「次期繰越」(ハ)となる。

⑤3月31日　当期末決算振替仕訳
3/31　(借)損　益 68,000　(貸)保険料 68,000
3/31の「ロ」の勘定科目(相手勘定)

⑥翌期首の再振替仕訳
4/1　(借)保険料 24,000　(貸)前払保険料 24,000
4/1の「b」の金額

〈参考〉

保　険　料

4/1	(前払保険料)	(20,000)	3/31	(前払保険料)	(24,000)
8/1	現　金	72,000	〃	(損　益)	(68,000)
		(92,000)			(92,000)
4/1	(前払保険料)	(24,000)			

(前払)保険料

4/1	(前期繰越)	(20,000)	4/1	(保険料)	(20,000)
3/31	(保険料)	(24,000)	3/31	(次期繰越)	(24,000)
		44,000			44,000
4/1	(前期繰越)	(24,000)	4/1	(保険料)	(24,000)

▶2

支　払　家　賃

6/1	(現　金)	(360,000)	3/31	(前払家賃)	(120,000)
12/1	(現　金)	(360,000)	〃	(損　益)	(600,000)
		720,000			720,000

前　払　家　賃

3/31	(支払家賃)	(120,000)	3/31	(次期繰越)❶	(120,000)

解説 6/1 (借)支払家賃360,000　(貸)現　金360,000
12/1 (借)支払家賃360,000　(貸)現　金360,000
3/31 (借)前払家賃120,000　(貸)支払家賃120,000
$¥360,000×\frac{2か月(次期の4・5月分)}{6か月}=¥120,000$
(借)損　益600,000　(貸)支払家賃600,000

❶前払家賃勘定は資産勘定なので，「次期繰越」の記入のあと，締め切る。

▶3

(ア)	(イ)	(ウ)	(エ)	(オ)
5,600,000	392,000	8,200,000	4,000,000	452,000

解説 <決算整理仕訳>
①売上原価の算出
(借)仕　入 600,000　(貸)繰越商品 600,000
繰越商品 400,000　仕　入 400,000
⇒この結果，仕入勘定の残高は¥5,400,000+¥600,000−¥400,000=¥5,600,000に修正され，売上原価額を示すようになる。…(ア)の金額

<決算振替仕訳>
①損益勘定への振替え
(借)売　上 8,000,000 **(純売上高)**　(貸)損　益 8,200,000 (ウ)の金額
受取手数料 200,000
(借)損　益 7,808,000　(貸)仕　入 5,600,000 **(売上原価)**
給　料 1,900,000
貸倒引当金繰入 8,000
減価償却費 160,000
水道光熱費 140,000
⇒この結果，損益勘定の残高が当期純利益を示すようになる。
収益総額¥8,200,000−費用総額¥7,808,000=¥392,000…(イ)の金額

②当期純利益の繰越利益剰余金勘定への振替え

(借)損　　益 *392,000*　(貸)繰越利益剰余金 *392,000*

⇒この結果，繰越利益剰余金勘定の残高は*¥60,000*+*¥392,000*=*¥452,000*となり，次期に繰り越される。…(オ)の金額

〈参考〉

損　　益

3/31	仕　入	(*5,600,000*)	3/31	売　上	(*8,000,000*)
〃	給　料	*1,900,000*	〃	受取手数料	*200,000*
〃	貸倒引当金繰入	*8,000*			
〃	減価償却費	*160,000*			
〃	水道光熱費	*140,000*			
〃	(繰越利益剰余金)	(*392,000*)			
		(*8,200,000*)			(*8,200,000*)

資　本　金

3/31	次期繰越	(*4,000,000*)	4/1	前期繰越	*4,000,000*

繰越利益剰余金

3/31	次期繰越	(*452,000*)	4/1	前期繰越	*60,000*
			3/31	(損　益)	(*392,000*)
		(*452,000*)			(*452,000*)

3 伝票問題

▶1

①	②	③	④	⑤
100,000	買掛金	*50,000*	売掛金	*400,000*

解説 (1)振替伝票が仕入総額*¥300,000*で起票されていることから，いったん全額を掛け取引として起票する方法と判断する。

振替伝票(借)仕　入 *300,000*　(貸)買掛金 *300,000*

出金伝票(借)買掛金 *100,000*　(貸)現　金 *100,000*

(2)入金伝票の相手勘定科目が「売上」なので現金取引部分と振替取引部分とに分解して起票する方法と判断する。

振替伝票(借)売掛金 *400,000*　(貸)売　上 *400,000*

入金伝票(借)現　金 *50,000*　(貸)売　上 *50,000*

▶2

(1)

仕　訳　集　計　表

X7年6月1日

	借　方	元丁	勘定科目	元丁	貸　方	
❶	*658,000*	(省略)	現　金	(省略)	*379,000*	❷
❸	*30,000*		受取手形			
❹	*540,000*		売掛金		*573,000*	❺
❻	*400,000*		未収入金		*45,000*	❼
			土　地		*450,000*	❽
			支払手形		*130,000*	❾
❿	*324,000*		買掛金		*380,000*	⓫
⓬	*150,000*		未払金			
			借入金		*70,000*	⓭
			売　上		*540,000*	⓮
⓯	*380,000*		仕　入			
⓰	*35,000*		支払手数料			
⓱	*50,000*		固定資産売却損			
	2,567,000				*2,567,000*	

(2)

総　勘　定　元　帳

現　　金

X7年		摘　要	仕丁	借　方	貸　方	借/貸	残　高
6	1	前月繰越	(省略)	*521,000*		借	*521,000*
	〃	仕訳集計表		*658,000*		〃	*1,179,000*
	〃	〃			*379,000*	〃	*800,000*

買　掛　金

X7年		摘　要	仕丁	借　方	貸　方	借/貸	残　高
6	1	前月繰越	(省略)		*452,000*	貸	*452,000*
	〃	仕訳集計表			*380,000*	〃	*832,000*
	〃	〃		*324,000*		〃	*508,000*

解説 ❶入金伝票No.101からNo.105の合計金額(入金伝票は「(借)現金」の取引)

❷出金伝票No.201からNo.205の合計金額(出金伝票は「(貸)現金」の取引)

❸(借)受取手形の振替伝票No.306の金額

❹(借)売掛金の振替伝票No.303とNo.304の合計金額

❺(貸)売掛金の振替伝票No.306と入金伝票No.102とNo.104とNo.105の合計金額

❻(借)未収入金の振替伝票No.308の金額

❼(貸)未収入金となる入金伝票No.103の金額

❽(貸)土地の振替伝票No.308の金額

❾(貸)支払手形の振替伝票No.305の金額

❿(借)買掛金の振替伝票No.305とNo.307と出金伝票No.201とNo.203とNo.204の合計金額

⓫(貸)買掛金の振替伝票No.301とNo.302の合計金額

⓬(借)未払金となる出金伝票No.205の金額

⓭(貸)借入金となる入金伝票No.101の金額

⓮(貸)売上の振替伝票No.303とNo.304の合計金額

⓯(借)仕入の振替伝票No.301とNo.302の合計金額

⓰(借)支払手数料となる出金伝票No.202の金額

⓱(借)固定資産売却損の振替伝票No.308の金額

総勘定元帳の現金勘定へは，仕訳集計表の借方集計額*¥658,000*と貸方集計額*¥379,000*を，買掛金勘定へは，仕訳集計表の貸方集計額*¥380,000*と借方集計額*¥324,000*をそれぞれ転記する。

4 文章問題

▶1

①	②	③	④	⑤
コ	タ	ト	ク	エ
⑥	⑦	⑧	⑨	⑩
ソ	キ	ス	イ	セ

解説 ④　給料から差し引いて預かっている「所得税預り金」は負債として計上する。

⑤⑥前期末決算で売掛金残高に対して貸倒引当金を見積もり設定している場合，その売掛金が当期に貸倒れとなったら，設定した貸倒引当金と相殺する。

⑦⑧会計帳簿は最低限必要な主要簿と必要に応じて企業が任意で作成する補助簿とがある。仕訳帳と各勘定科目が設定される総勘定元帳は，主要簿である。

⑨⑩決算手続きは，予備手続きとして試算表を作成し，転記が正しく行われているかを確かめ，次に決算本手続きとして決算仕訳を行い，総勘定元帳を締め切る。その後各勘定残高や損益勘定

の記入内容にもとづいて，貸借対照表と損益計算書からなる財務諸表を作成し決算報告とするものである。

▶2

ア	イ	ウ	エ	オ
⑨	⑤	⑪	⑧	⑭

解説 ア．主要簿には仕訳帳と総勘定元帳がある。

ウ．当期純損益を計算する方法には「財産法」と「損益法」とがある。前者は期末資本額と期首資本額を比較して計算するのに対し，後者は収益総額と費用総額を比較して計算する。

オ．会社法の規定により株式会社が繰越利益剰余金を財源として配当を行ったときは，その配当による支出額の$\frac{1}{10}$を利益準備金として積み立てなければならない。(ただし，資本準備金と合計して資本金の$\frac{1}{4}$に達するまでという条件がある。)

第 3 問 決算問題（p.208）

▶1

精　　算　　表

勘定科目	残高試算表		修正記入		損益計算書		貸借対照表	
	借　方	貸　方	借　方	貸　方	借　方	貸　方	借　方	貸　方
現　　金	*124,000*		*4,000*				*128,000*	
普通預金	*258,000*		*100,000*				*358,000*	
当座預金	*508,000*			*6,000*			*502,000*	
受取手形	*720,000*						*720,000*	
売 掛 金	*580,000*			*100,000*			*480,000*	
仮 払 金	*60,000*			*60,000*				
繰越商品	*628,000*		*674,000*	*628,000*			*674,000*	
貸 付 金	*400,000*						*400,000*	
備　　品	*800,000*						*800,000*	
土　　地	*1,600,000*						*1,600,000*	
支払手形		*550,000*						*550,000*
買 掛 金		*420,000*						*420,000*
前 受 金		*100,000*						*100,000*
貸倒引当金		*12,000*		*12,000*				*24,000*
備品減価償却累計額		*300,000*		*200,000*				*500,000*
資 本 金		*3,000,000*						*3,000,000*
繰越利益剰余金		*578,000*						*578,000*
売　　上		*9,020,000*				*9,020,000*		
受取地代		*168,000*	*24,000*			*144,000*		
仕　　入	*6,320,000*		*628,000*	*674,000*	*6,274,000*			
給　　料	*1,254,000*				*1,254,000*			
旅費交通費	*500,000*		*56,000*		*556,000*			
支払家賃	*286,000*			*22,000*	*264,000*			
保 険 料	*90,000*			*40,000*	*50,000*			
租税公課	*20,000*		*6,000*		*26,000*			
	14,148,000	*14,148,000*						
貸倒引当金繰入			*12,000*		*12,000*			
減価償却費			*200,000*		*200,000*			
(前払)保険料			*40,000*				*40,000*	
受取利息				*4,000*		*4,000*		
(未収)利 息			*4,000*				*4,000*	
(前受)地 代				*24,000*				*24,000*
(前払)家 賃			*22,000*				*22,000*	
当期純(利益)					*532,000*			*532,000*
			1,770,000	*1,770,000*	*9,168,000*	*9,168,000*	*5,728,000*	*5,728,000*

解説　<未処理事項の仕訳>

1．現金実際有高が帳簿残高より¥*4,000*多い原因が，旅費概算額として支払った仮払金¥*60,000*の精算による入金分ということから，

（借）現　　金　*4,000*　（貸）仮 払 金　*60,000*
　　　旅費交通費　*56,000*

2．（借）普通預金　*100,000*　（貸）売 掛 金　*100,000*

3．（借）租税公課　*6,000*　（貸）当座預金　*6,000*

<決算整理事項の仕訳>

1．（借）貸倒引当金繰入　*12,000*　（貸）貸倒引当金　*12,000*
（受取手形¥*720,000*＋売掛金¥*580,000*
－上記2. ¥*100,000*）× 2％
－貸倒引当金残高¥*12,000*＝¥*12,000*

2．（借）仕　　入　*628,000*　（貸）繰越商品　*628,000*
　　　繰越商品　*674,000*　　　仕　　入　*674,000*

3．（借）減価償却費　*200,000*　（貸）備品減価償却累計額　*200,000*
備品¥*800,000*÷ 4 年＝¥*200,000*

4．（借）前払保険料　*40,000*　（貸）保 険 料　*40,000*

$$¥48,000 \times \frac{\text{前払月数10か月(次期4月から1月分)}}{\text{12か月}}$$
＝*40,000*

5．（借）未収利息　*4,000*　（貸）受取利息　*4,000*

$$\text{貸付金}¥400,000 \times 3\% \times \frac{\text{経過月数4か月(12月から3月分)}}{\text{12か月}}$$
＝*4,000*

6．奇数月の月末に向こう 2 か月分を受け取っていることから，決算日の 3 月31日に次期の 4 月と 5 月分を受け取ったと考え，¥*24,000*全額が前受地代となる。

（借）受取地代　*24,000*　（貸）前受地代　*24,000*

7．（借）前払家賃　*22,000*　（貸）支払家賃　*22,000*

▶2

貸借対照表
X8年3月31日　(単位：円)

現金		(136,000)	買掛金	240,000
当座預金		(842,000)	(未払)費用	(24,000)❻
売掛金	(240,000)		資本金	(1,700,000)
❶貸倒引当金	(4,800)	(235,200)	繰越利益剰余金	(371,200)❾
❷商品		(140,000)		
❹未収収益		(6,000)		
❺(前払)費用		(16,000)		
貸付金		600,000		
備品	(600,000)			
❸減価償却累計額	(240,000)	(360,000)		
		(2,335,200)		(2,335,200)

損益計算書
X7年4月1日からX8年3月31日まで (単位：円)

❽売上原価	(2,300,000)	売上高❼	2,994,000
給料	(272,000)	受取利息	(6,400)
旅費交通費	(40,000)		
支払家賃	(192,000)		
租税公課	(32,000)		
(貸倒引当金)繰入	(2,400)		
(減価償却費)	(60,000)		
当期純利益	(102,000)		
	(3,000,400)		(3,000,400)

解説 ＜未処理事項・決算整理事項の仕訳＞

1.(借)租税公課 8,000 (貸)仮払金 8,000
2.(借)当座預金 52,000 (貸)売掛金 52,000
3.(借)仕入 200,000 (貸)繰越商品 200,000
　繰越商品 140,000　仕入 140,000
4.(借)減価償却費 60,000 (貸)備品減価償却累計額 60,000
　備品¥600,000÷10年=¥60,000
5.(借)貸倒引当金繰入 2,400 (貸)貸倒引当金 2,400
　(売掛金¥292,000－上記2.¥52,000)×2％
　－貸倒引当金残高¥2,400=¥2,400
6.(借)未収利息 6,000 (貸)受取利息 6,000
　貸付金¥600,000×6%× $\frac{\text{経過月数2か月(2月から3月分)}}{\text{12か月}}$
　=6,000
7.(借)前払家賃 16,000 (貸)支払家賃 16,000
8.(借)給料 24,000 (貸)未払給料 24,000

＜貸借対照表の表示について＞

❶貸倒引当金は売掛金から差し引く形式で表示する。
❷繰越商品は「商品」として表示する。
❸備品減価償却累計額は「減価償却累計額」として備品から差し引く形式で表示する。
❹6.の未収利息は「未収収益」として表示する。
❺7.の前払家賃は「前払費用」として表示する。
❻8.の未払給料は「未払費用」として表示する。

＜損益計算書の表示について＞

❼売上は「売上高」として表示する。
❽3.の決算整理仕訳で，仕入勘定の残高が売上原価額を示すようになるが，損益計算書への表示は「売上原価」となる。

＜繰越利益剰余金について＞

❾貸借対照表に記載する繰越利益剰余金
　=決算整理前残高¥269,200+当期純利益¥102,000
　=¥371,200

▶3

貸借対照表
X3年3月31日　(単位：円)

現金		(526,000)	買掛金	(640,000)
普通預金		(1,282,000)	社会保険料預り金	26,000
売掛金	(800,000)		借入金	(452,000)
❶(貸倒引当金)	△(16,000)	(784,000)	未払費用	(26,000)❺
❷商品		(210,000)	未払法人税等	(136,000)
❸前払費用		(21,000)	資本金	3,600,000
(未収)収益		(24,000)	繰越利益剰余金	(1,387,000)❻
建物	(1,800,000)			
❹減価償却累計額	△(420,000)	(1,380,000)		
備品	(800,000)			
❹減価償却累計額	△(640,000)	(160,000)		
土地		1,880,000		
		(6,267,000)		(6,267,000)

損益計算書
X2年4月1日からX3年3月31日まで (単位：円)

売上原価	(3,872,000)	売上高	6,640,000
給料	960,000	受取手数料	(184,000)
広告宣伝費	(604,000)		
保険料	(15,000)		
水道光熱費	(168,000)		
法定福利費	(306,000)		
貸倒引当金繰入	(6,000)		
減価償却費	(220,000)		
(雑損)	(4,000)		
法人税,住民税及び事業税	(228,000)		
当期純(利益)	(441,000)		
	(6,824,000)		(6,824,000)

解説 ＜決算整理事項等の仕訳＞

1.(借)広告宣伝費 20,000 (貸)現金 24,000
　雑損 4,000
2.(借)当座預金 452,000 (貸)借入金 452,000
3.(借)普通預金 140,000 (貸)売掛金 140,000
4.(借)貸倒引当金繰入 6,000 (貸)貸倒引当金 6,000
　(売掛金残高¥940,000－上記3.¥140,000)×2％
　－貸倒引当金残高¥10,000=¥6,000
5.(借)仕入 282,000 (貸)繰越商品 282,000
　繰越商品 210,000　仕入 210,000
6.(借)減価償却費 220,000 (貸)建物減価償却累計額 60,000
　備品減価償却累計額 160,000
　建物分：(取得原価¥1,800,000－残存価額¥0)
　÷30年=¥ 60,000
　備品分：(取得原価¥ 800,000－残存価額¥0)
　÷5年=¥160,000
7.(借)前払保険料 21,000 (貸)保険料 21,000
　¥36,000× $\frac{\text{前払月数7か月(次期4月から10月)}}{\text{12か月}}$
　=¥21,000
8.(借)未収手数料 24,000 (貸)受取手数料 24,000
9.(借)法定福利費 26,000 (貸)未払法定福利費 26,000
10.(借)法人税,住民税及び事業税 228,000 (貸)仮払法人税等 92,000
　未払法人税等 136,000

＜貸借対照表の表示について＞

❶貸倒引当金は売掛金から控除する形式で表示する。
❷繰越商品は「商品」として表示する。
❸7.の前払保険料は「前払費用」として表示する。

❹各固定資産の減価償却累計額は，その固定資産から控除する形式で表示する。

❺9.の未払法定福利費は「未払費用」として表示する。

❻繰越利益剰余金は貸借差額で求めるが，決算整理前残高の¥946,000に，損益計算書の当期純利益¥441,000を加算して求めることもできる。

▶4

問1 決算整理後残高試算表

X6年3月31日

借方	勘定科目	貸方
1,088,000	現金	
2,307,000	普通預金	
3,200,000	売掛金	
890,000	繰越商品	
200,000	(前払)家賃	
2,250,000	備品	
1,500,000	貸付金	
	買掛金	2,310,000
	(未払金)	8,000
	(未払)消費税	827,000
	未払法人税等	95,000
	(前受)利息	30,000
	貸倒引当金	32,000
	借入金	500,000
	備品減価償却累計額	900,000
	資本金	5,000,000
	繰越利益剰余金	1,054,000
	売上	20,640,000
	受取利息	15,000
	(償却債権取立益)	18,000
12,380,000	仕入	
76,000	発送費	
1,200,000	支払家賃	
175,000	租税公課	
6,000	貸倒引当金繰入	
225,000	減価償却費	
5,512,000	その他の費用	
420,000	法人税，住民税及び事業税	
31,429,000		31,429,000

問2 当期純(利益) ¥ 679,000

解説 ＜決算整理事項等の仕訳＞

1.(借)仮受金 18,000 (貸)償却債権取立益 18,000
前期以前に貸倒処理された債権が当期に回収された場合は償却債権取立益勘定(収益)で処理する。

2.(借)発送費 8,000 (貸)未払金 8,000
当期3月分の発送費の支払いは次期4月に行われるが，当期の費用として発生済みなので「発送費」として費用計上するとともに，確定した債務として「未払金」(負債)を計上する。

3.(借)貸倒引当金繰入 6,000 (貸)貸倒引当金 6,000
売掛金残高¥3,200,000×1％
－貸倒引当金残高¥26,000＝¥6,000

4.(借)仕入 900,000 (貸)繰越商品 900,000
繰越商品 890,000 仕入 890,000

5.(借)減価償却費 225,000 (貸)備品減価償却累計額 225,000
(取得原価¥2,250,000－残存価額¥0)÷10年
＝¥225,000

6.(借)仮受消費税 2,064,000 (貸)仮払消費税 1,237,000
未払消費税 827,000

7.(借)受取利息 30,000 (貸)前受利息 30,000
貸付金¥1,500,000×3％×前受月数8か月(次期4月から11月)/12か月
＝¥30,000

8.(借)前払家賃 200,000 (貸)仮払金 200,000
引き落とされた2か月分の家賃は次期分なので，決算日においては「支払家賃」として計上せず，「前払家賃」(資産)として次期に繰り延べる。

9.(借)法人税，住民税及び事業税 420,000 (貸)仮払法人税等 325,000
未払法人税等 95,000

＜当期純損益の計算＞

決算整理後残高試算表の収益・費用の各勘定残高を使って利益計算をする。

〔収益総額〕売上¥20,640,000＋受取利息¥15,000
＋償却債権取立益¥18,000
＝¥20,673,000

〔費用総額〕仕入(売上原価)¥12,380,000
＋発送費¥76,000
＋支払家賃¥1,200,000
＋租税公課¥175,000
＋貸倒引当金繰入¥6,000
＋減価償却費¥225,000
＋その他の費用¥5,512,000
＋法人税，住民税及び事業税¥420,000
＝¥19,994,000

よって収益総額¥20,673,000－費用総額¥19,994,000＝¥679,000(当期純利益)

▶**5**

問1

決算整理後残高試算表

X3年3月31日

借　方	勘定科目	貸　方
246,000	現金	
3,782,000	普通預金	
1,600,000	売掛金	
48,000	前払保険料	
1,400,000	繰越商品	
8,000,000	建物	
3,200,000	備品	
12,000,000	土地	
	買掛金	2,236,000
	当座借越	156,000
	前受手数料	80,000
	未払法人税等	1,360,000
	貸倒引当金	32,000
	建物減価償却累計額	2,200,000
	備品減価償却累計額	1,320,000
	資本金	12,600,000
	繰越利益剰余金	5,880,000
	売上	26,400,000
	受取手数料	480,000
13,360,000	仕入	
6,000,000	給料	
220,000	旅費交通費	
192,000	保険料	
12,000	貸倒引当金繰入	
720,000	減価償却費	
4,000	雑（損）	
1,960,000	法人税，住民税及び事業税	
52,744,000		52,744,000

問2　当期純（利益）　¥　4,412,000

解説　＜決算整理事項等の仕訳＞

1.（借）雑損 4,000　（貸）現金 4,000

2.（借）当座預金 156,000　（貸）当座借越 156,000

3.（借）普通預金 632,000　（貸）売掛金 632,000

4.（借）貸倒引当金繰入 12,000　（貸）貸倒引当金 12,000

（売掛金残高¥2,232,000－上記3.¥632,000）×2%－貸倒引当金残高¥20,000＝¥12,000

5.（借）仕入 1,160,000　（貸）繰越商品 1,160,000
　繰越商品 1,400,000　仕入 1,400,000

6.（借）減価償却費 720,000　（貸）建物減価償却累計額 200,000
　備品減価償却累計額 520,000

建物分：（取得原価¥8,000,000－残存価額¥0）÷40年＝¥200,000

旧備品分：（取得原価¥2,000,000－残存価額¥0）÷5年＝¥400,000

新備品分：（取得原価¥1,200,000－残存価額¥0）÷5年×$\frac{\text{経過月数6か月（10月から3月）}}{\text{12か月}}$＝¥120,000

7.（借）受取手数料 80,000　（貸）前受手数料 80,000

8.（借）前払保険料 48,000　（貸）保険料 48,000

¥192,000×$\frac{\text{前払月数3か月（次期4月から6月）}}{\text{12か月}}$＝¥48,000

9.（借）法人税，住民税及び事業税 1,960,000　（貸）仮払法人税等 600,000
　未払法人税等 1,360,000

＜当期純損益の計算＞

決算整理後残高試算表の収益・費用の各勘定残高を使って利益計算をする。

〔収益総額〕売上¥26,400,000
　＋受取手数料¥480,000
　＝¥26,880,000

〔費用総額〕仕入（売上原価）¥13,360,000
　＋給料¥6,000,000
　＋旅費交通費¥220,000
　＋保険料¥192,000
　＋貸倒引当金繰入¥12,000
　＋減価償却費¥720,000
　＋雑損¥4,000
　＋法人税，住民税及び事業税¥1,960,000
　＝¥22,468,000

よって収益総額¥26,880,000－費用総額¥22,468,000＝¥4,412,000（当期純利益）